紫外線・熱中症を防ぐ日除け

川西利昌 著

技報堂出版

書籍のコピー,スキャン,デジタル化等による複製は,
著作権法上での例外を除き禁じられています。

まえがき

　本書は毎夏繰り返される日焼けや熱中症を予防するために，どのようにしたら有効な日除けを建設できるかを伝えることを目的として出版されたものである．日除けに関してオーストラリアは優れたガイドブック"Under Cover", "Creating Shade at Public Facilities", "Shade for Young Children"などを出版している．一方，日本では環境省が「紫外線環境保健マニュアル」，「熱中症環境保健マニュアル」を刊行している．この刊行は日本における日焼けや熱中症の予防の流れから見ると画期的な出来事であった．両マニュアルの中で日傘の利用と日陰へ入ることが推奨されている．日焼けや熱中症を防ぐには日除けが効果的であるが，従来，日除けに対する資料は個々の日除けの規模や材料に限られており，日除けをシステム的に計画し設置する手法が無かった．本書では日焼けや熱中症を防御する日除けのシステム的な計画法を提案し，さらに日除けの紫外線防御に対する新たな性能評価法について解説する．

　第1章は日除けの基礎，第2, 3章は世界と日本の日除け，第4, 5章は日射と太陽紫外線の性質と日焼けと熱中症の予防，第6, 7章は日除けの計画と設計，第8章は日射と紫外線と建築について記した．日焼けや熱中症に対する防御を，個人防御と集団防御に分類し，教育関係者，公園及び海浜管理者，スポーツマン，屋外労働者，イベント主催者にも容易に利用できるように具体的な事例を取り上げてある．

　今後，本書を積極的に活用することにより，日焼けや熱中症を防ぎ，より快適に過ごす空間を形成し，屋外空間の利用者が増大することとなれば幸いである．多くの関係者の方々に利用され洗練されていくことを期待してやまない．利用された方々から新しいご提案をいただければ幸いである．

　本書出版のきっかけとなったのは，2009年財団法人港湾空間高度化環境研究センター(現みなと総合研究財団)が「新たな視点による海岸利用者の拡大方策マニュアル検討委員会」(委員長　川西利昌)を組織して下さったことにある．その成果は「海岸利用者のための日焼け予防・日除け施設計画マニュアル」としてまとめられた．本書はこのマニュアルに小生の永年の研究成果を加筆して作成されたものである．本書を出版するに当たり多くの方々にお世話いただいた．あとがきにお名前を記して，謝意を表する．

2012年6月

日本大学教授　工学博士

川西　利昌

本書の目的

　熱中症とは高温環境下で体内の水分や塩分のバランスが崩れたり，体内の調節機構が破綻して発症する障害である。夏季に熱中症の搬送者数は消防庁の統計によると年によって異なり1万人から3.5万人に達する。重篤な場合は死にいたる健康管理上重大な問題である。一方日焼けは紫外線にあたると数時間で皮膚が赤くなり，時として数ヶ月続く状態である。長期にわたり蓄積されしみやしわとなって中高年に顕在化することがある。日焼け止め化粧品の日本市場は数百億円に達している。オーストラリア，ニュージーランド，南アフリカは皮膚がんの発症率が高く，国家や個人の医療負担が大きな問題となっている。この傾向は屋外の労働やスポーツ，レジャーが多様化し，また長期化するにしたがって強くなっており，人々が安心して活動できる屋外空間づくりが緊急の課題となっている。

　屋外空間の利用を安全なものにしてゆくには，安全性を低下させている熱中症や日焼けの発生要因に対して適切な防御を行う必要がある。これらは健康な成人のみならず，乳幼児，児童，高齢者，障がい者等といった体温調節機能に弱く，また皮膚の繊細な人々にとってもやさしい屋外空間の利用を促進する意味でも重要である。

　以上のことから本書は，屋外空間の快適で安全な利用を拡大するために，屋外空間の熱中症や日焼け対策として最も有効な日除けについて，その基礎，計画，設計について取りまとめたものである。具体的には，日除けの基礎と世界・日本の事例紹介，太陽の動き，熱中症・日焼け対策，日除けの建設の基本的な考え方や計画・設計法をしめした。

　なお，本書は熱中症と日焼け防御のための日除けを扱っているが，日焼け防御用の日除けを建設すれば熱中症防御に対しては十分な仕様となるため，日焼け防御用の日除け計画・設計の説明に重点を置いている。

学術用語

　国際照明委員会CIEで定められた「紫外放射(Ultraviolet Radiation)」が学問的に正しい表現であるが，本書ではすでに普及している「紫外線」を用いる。学術的な記述が必要な第4章，第7章の一部，付録に限って「紫外放射」を用いた。また，太陽から直接地表に来る放射を「太陽直射」または「直達」と言うが，本書では「太陽直達」に統一した。日除けによって出来る「影」，「陰」については，建築学的には「日影」を用いるので「影」に統一した。

本書の使い方

第１章

日除けの全体的かつ基本的な事項を示す。日除けの働き，歴史，日焼けと熱中症予防用日除けの違い，日除けの分類，日本の風土と日除け，優れた日除け，などを説明する

第２章

世界の日除けをオーストラリア，アラブ，フィリピンなどを中心に豊富な写真で紹介する

第３章

日本の日除けを博覧会，幼稚園，公園，大学，ビーチ，海浜公園など分野別に紹介する

第４章

太陽紫外線と日射について，太陽の動き，皮膚への影響，測定方法，日影曲線などを知る

第５章

日焼けと熱中症を解説し，その予防法を理解する

第６章

日除け施設の計画の基本であるアセスメントと，教育機関，商店街，住宅，公園，レストラン，スポーツ，海浜など分野別に説明する

第７章

日除け施設の効果を推定する計算方法および計算例を示す

第８章

日射・紫外線と建築との関係を論じる

施設管理者　建築設計者　利用者

- 日除けの基本的な考え方を知る
- 世界・日本の日除けを見て楽しむ
- 日焼け・熱中症対策の基本を学ぶ
- 日除け施設の計画の考え方を学ぶ
- 日除け施設の効果や計算方法を知る

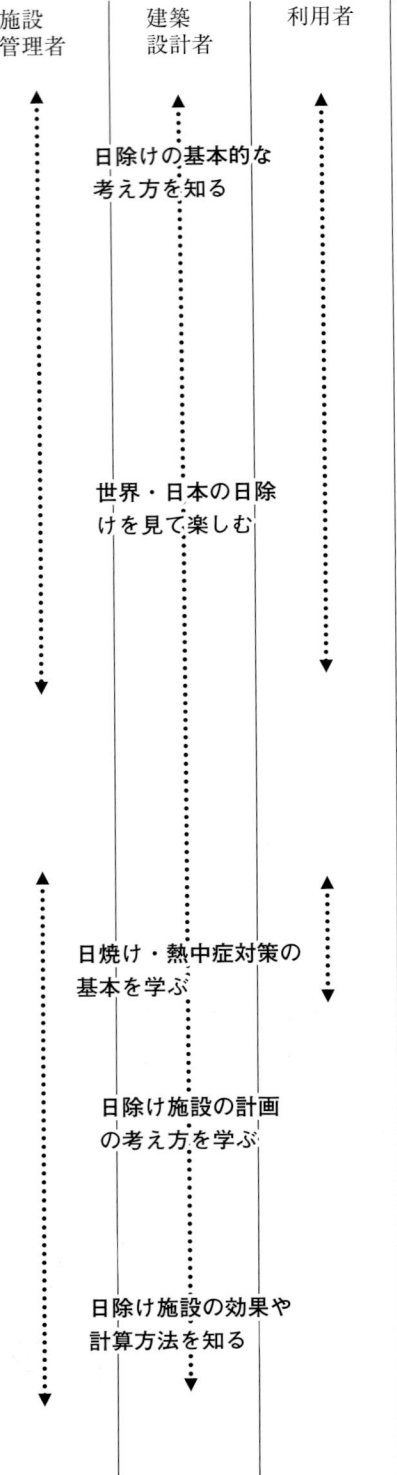

目 次

第1章　日除けの基礎 ― 1
1.1　日除けと働き ………………………………………………………… 1
1.2　日除けの歴史 ………………………………………………………… 1
1.3　日焼けと熱中症を防ぐ日除けの違い ……………………………… 4
1.4　日除けの分類 ………………………………………………………… 5
1.5　わが国の風土と日除け ……………………………………………… 5
1.6　優れた日除け ………………………………………………………… 7
1.7　日除けが必要な地域 ………………………………………………… 8
1.8　本書の使い方 ………………………………………………………… 9

第2章　海外の日除け ― 13
2.1　海外の日除け ………………………………………………………… 13
2.2　オーストラリアの日除け …………………………………………… 14
2.3　アラブ首長国連邦ドバイ，バーレーンの日除け ………………… 41
2.4　フィリピンの日除け ………………………………………………… 46
2.5　その他の日除け ……………………………………………………… 50

第3章　日本の日除け ― 57
3.1　日本の日除けの特徴 ………………………………………………… 57
3.2　万博の日除け ………………………………………………………… 58
3.3　幼稚園の日除け ……………………………………………………… 64
3.4　公園，庭園の日除け ………………………………………………… 67
3.5　大学と膜構造物の日除け …………………………………………… 69
3.6　ビーチの日除け ……………………………………………………… 72
3.7　海浜公園と休憩所の日除け ………………………………………… 75
3.8　海浜イベントの日除け ……………………………………………… 80
3.9　その他の日除け ……………………………………………………… 80

第4章　日射と紫外放射 ── 83
4.1　紫外放射と地球環境 ── 83
4.2　日射と紫外放射 ── 83
4.3　紫外放射の強さ ── 85
4.4　紫外放射と暑さ指数の測定 ── 89
4.5　太陽位置の計算 ── 92
4.6　日影曲線と日差し曲線 ── 97

第5章　日焼けと熱中症の予防 ── 101
5.1　日射および紫外線と健康 ── 101
5.2　日焼けと熱中症防御に関する手法 ── 105

第6章　日除け計画（アセスメント） ── 111
6.1　日除けの施設計画 ── 111
6.2　保育園，幼稚園の日除け ── 115
6.3　学校の日除け ── 118
6.4　商店街の日除け ── 119
6.5　住宅の日除け ── 120
6.6　公園の日除け ── 121
6.7　屋外レストランの日除け ── 122
6.8　屋外スポーツの日除け ── 123
6.9　海浜の日除けと休憩所 ── 124
6.10　海の家の日除け ── 128
6.11　海洋リゾートホテルの日除け ── 130
6.12　海浜イベントの日除け ── 133
6.13　ビーチバレー会場の日除け ── 135

第7章　日除けの設計 ── 139
7.1　日射，紫外線の軽減手段 ── 139
7.2　日除けと材料 ── 151
7.3　日差し曲線による熱中症予防の日除けの設計 ── 158
7.4　紫外線日除けチャートと建築的太陽防御指数 ASPF ── 162
7.5　日除け施設の効果を推定する計算方法 ── 168

| 7.6 | 個々の日除け施設の効果 | 174 |
| 7.7 | 構造的な検討 | 177 |

第8章　紫外線と建築　　181

8.1	紫外線と建築	181
8.2	紫外線地域と建築	181
8.3	紫外線調整と設計過程	183
8.4	建築の紫外線の導入・遮断の目的	184
8.5	ビル街の紫外線反射	186

付録1　日射，紫外放射の基礎 　193
付録2　紫外放射照度の分光計算 　195
付録3　夏至の日差し曲線 　197
索　引 　203

第1章
日除けの基礎

1.1 日除けと働き

　日除けは太陽直達による日差しを避け，暑さによる体力消耗や熱中症を防ぐ働きをする．日除けは強い光からまぶしさや見にくさを防ぐ．また日除けは雨除けになり，雨に濡れて起こる体温低下を防ぐ．天井と側面の布は風除けになり，体温低下を軽減したり，砂塵を防げる上，視線を避けられるのでプライバシーの確保もできる．

　強い日差しを避けたいときに，いつでもどこでも日差しを避けられる場があることが望ましい．海浜，スポーツ運動場，イベント広場，遊園地，学校，商店街，建設現場などで日除けはまだまだ不足している．もっと多くの日除けが夏季昼前後の強い日射や紫外線を防ぐため必要である．特に教育現場，スポーツ，リクリエーション，商業空間，労働作業の場に設置が望まれる．管理者や所有者によって日除けの重要性に対する認識が深まれば，より高質で広範な日除けが使われるようになるであろう．

　1998年に母子手帳の日光浴をすすめる記述が変更され[1.1]，2003年に環境省が紫外線保健指導マニュアル[1.2]を，また2005年に同省が熱中症環境保健マニュアル[1.3]を刊行するなど，日焼けや熱中症を予防する方策が実行されてきた．現在，教育機関や労働現場で日射や紫外線に対するさまざまな配慮が始まりつつあり，日焼けや熱中症の予防には日除けが有効な役割を果たすことが期待されている．

1.2 日除けの歴史

　人類が誕生したと同時に，太陽から身を避ける行為は発生したに違いない．何十万年前の誕生したばかりのか弱い人類が，強い日差しによる体力の消耗を防ぐため樹木の中や下の木陰に休息した．身体の健康と栄養が不十分な古代の人々にとって，日々の消耗は寿命にかかわり避けなければならなかった．アフリカのサバンナから出て，人類の飛躍へ一歩踏み出すとき日差しを上手にコントロールできた群は生き延び，それ以外の群は滅亡したであろう．夏季，強い日差しを避けるには，人工

第1章　日除けの基礎

写真-1.1　樹木下の広い木陰

的な日除けのない時代は**写真-1.1**のような樹木の影に隠れたり，南面が崖や大きな岩でできる日影で過ごした。

　人類が石器や硬い棒を使えるようになると動物を仕留められるようになり，肉を食べた後の獣皮を羽織って寒さや風をしのいだり，複数繋ぎ合わせて日除けとして使われたであろう。また原始的な道具を使うことを覚えて土を掘り，猛暑や厳寒を土中で過ごして，快適な空間を確保できるようになった。同じ頃，木々の豊富な地域では，樹木の枝を集めつるを通して平面を作り，雨露をしのいだり，風を防ぐ工夫をした。それらはまた日影を作ったり，湿気を防いだりする機能もあり，住まいに発展していったと考えられる。

　樹木をそのまま利用して日影を作る時代から，石器を使って幹を切り，柱を数本鉛直に立て，その間に枝などを横棒として置き，樹皮で葺き，つるで枝を結んで日除けとしたものもあった。現在，庭園にあるパーゴラの前身である。

　世界の四大文明が発生する頃には織物が存在した。この頃には衣服のみでなく日除けとしても布が用いられた。エジプトの石に書かれた絵や，中国王朝の絵を見ると，王の頭上に，傘がかざされ王を強い日差しから守っている。日傘は権力の象徴でもあった。後の時代になると，日傘の裾を長くし，貴人の顔を直接見えないように隠している絵も見られる。このタイプは日傘として非常に有効である。日本では平安時代に貴婦人の帽子に虫垂れぎぬを，西洋では帽子にチュールを付けて同様に働きをさせている。この他にも昔から各種の日除けが広く普及していた様子が中国北宋時代の都市風景を描いた「神品清明上河図」などからうかがえる。

　近代に入りそれまで使われていた手織り織機が機械化され，大量の織物が生産された。その結果生地が一般に普及し，日除けとしての利用も広範にされるようになった。生地の進歩はさらに進み，強度があり，しかも耐候性や防水性のある安価な素材が生まれた。最近では**写真-1.2**のように透光性，耐久性，雨に強い撥水性，紫外線カットなどの性質を持ち，さらに光触媒により汚れを落とせる素材なども出現している。

　布の引張り強さが増すと大きな日除けも作られるようになり，多人数の日除けとして使われるよ

写真-1.2　日傘

うになった。草原や砂漠で用いられる露営用テント，工事現場で用いるテント，などが今でも多く使われている。日除けの規模は利用する人数，使用される材料，すなわち生地，支柱，固定治具，ワイヤーの強度によって定まる。

　日除けが大きな発展を見せるのは，鉄や化学材料など新素材の出現による。商店街やイベント広場，公園など多数の人々が移動したり滞留する場所に，より快適な空間作りをするため，大規模な日除けが設置されるようになった。鉄により木とは桁違いに高い強度と加工性が得られ，長スパンの架構が可能となったのである。形態的な意味での大きな発展は膜構造物の登場からである。自由で柔軟性のある形態が数枚の膜により実現可能となり，従来の堅苦しい建築物と異なった自由さにあふれる建築が世界の大都市で見られるようになっている。**写真-1.3**のように膜構造物は日除けとしての空間確保が自由自在にでき，開口部の大きさや方位方向も自由である。建築としての寿命が来れば，解体も容易である。屋外でのスポーツやレジャー，イベントが盛んになるにつれて，日焼けや熱中症が増しており，それらを防止するための日除けの建設が増加している。

写真-1.3　膜で作った日除け

1.3 日焼けと熱中症を防ぐ日除けの違い

　日焼けを防ぐには太陽直達の紫外線を遮断するだけでは不十分で，天空からの紫外線もできるだけ遮断しなければならない。その理由は太陽高度60度から90度になる夏季の晴天時，紫外線が最も強くなる11時から13時に紫外線を測定すると，半分は太陽から半分は空から来ていることがわかる。したがって日除けによってできる日影にいても，見上げたとき空が見えるようでは紫外線が入り込んでいる。**写真-1.4**のようにパラソルの影が後ろにあるが，影の北端（右端）にいると**写真-1.5**のように空が見えるので紫外線を大量に浴びる。紫外線を防ぐ日除けを設計するには，まず太陽の動きから太陽を遮断することを考えて日除けの寸法を決定し，次に空からの紫外線を防ぐために日除け端部を水平か垂直に適切な長さ延伸して，日除けの寸法を最終決定する。日除け端部の側面に布，ネット，すだれや植物などを取り付けて側方からの紫外線や低高度の太陽直達を遮断するのは効果的である。

　一方，熱中症を避けるためには太陽から来る日射によって起こる温度上昇を防ぐことが最も大事である。日射は太陽直達が大部分を占めるから，日除けは太陽直達を遮断するだけで良い。また日除け内に風を通すことが望ましいので四方開放にする。日除け下にいると日除けから放射熱を受けるので，太陽直達の日射を溜めない材料を用いる。周囲には照り返しを防ぐため日射反射率の低い材料，熱を蓄積しない材料を使う[1.4)]。

　日焼けを防ぐ日除けを設計しておけば，熱中症に対しては安全側であるため，本書では主に紫外線を防ぐ日除けの計画および設計を紹介する。

写真-1.4　ビーチパラソルと日影

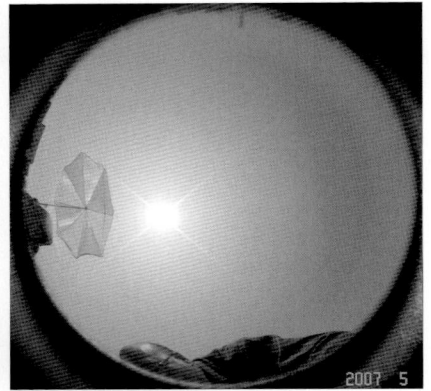

写真-1.5　日影右端での魚眼写真
［日影に入っても空からの紫外線を浴びる］

1.4 日除けの分類

　日除けには一時的なもの，一定期間使うもの，恒久的に使用するものの3種ある。恒久的なものを除いて，厳密に分けられるのではなく，しばしば転用される。一時的な日除けとは夏季海水浴場などで見かけるビーチパラソルが代表的である。キャンピングカーのタープや運動会で見られるテントも含まれる。数時間から1日単位で利用される日除けで，軽量，可搬，組立解体が容易である。日影の面積は狭く，少人数用が多い。支柱を人力で砂や土に差し込み日除けを固定する。強風や雨に弱い欠点があるが，そのような悪天候下では帰宅するため，使用されないのが普通である。日除けを設置するためのアセスメントや届出は不要である。

　二番目は長期のイベント会場や屋外レストランなどに使われる日除けである。日除けの利用期間は数ヶ月から，数年にわたる。パラソル型もあるが，ビーチパラソルに比較すると二回り大きい。屋外レストランの場合，パラソル下に4人が食卓を囲める机と，椅子を含む広さが必要である。また保育園，幼稚園で夏季に乳幼児を紫外線被曝から守るシートやネットも2,3ヶ月利用される。荒天時は職員が巻き込んで収納でき，広く普及している。万博などイベント会場には膜構造で作られ多人数を収容できる大規模な日除けがある。この程度になると，アセスメントをすることが望ましく，客の動線などの予測が必要となる。会期が終わると解体撤去される。専門家により設計施工され，基礎工事も本格的になり建設期間も長い。仮設構造物として公的機関への届出も必要である。この種の日除けは，利用目的に応じて建設・解体を繰り返すので多様性，柔軟性のある日除けとして製作する。オーニングも時刻，季節などにより長さ，傾きが調整されるが，取り付け部が固定しているので，この分類に入る。

　三番目は公園などにあるコンクリート，鉄，木でできた日除けである。競技場やバス停の屋根も含まれる。近年，膜を用いた恒久的な構造物も出現している。強風や豪雨，積雪，台風にも耐えられるよう強固に設計される。休憩所としても年間を通じて利用されている。一度建設されると場所や規模を変更できないので，適切な場所にあれば利用客が多いが，活動空間から離れた奥まった場所にあると不便で利用されない。簡単に移動できないので，計画時に良くアセスメントする必要がある。樹木なども日除けとして十分な大きさに成長するのに数十年かかるので，植樹の時に細心な配置計画を立てる。

1.5 わが国の風土と日除け

　日除けを必要とする理由は，
① 日射や紫外線のレベルは夏季昼前後に強く，屋外で，20分程度で皮膚に紅斑作用が生じる。日焼け，熱中症，疲労を防ぐには日除けが効果的である。
② 屋外スポーツやレジャーが増加している。休憩時に日影に入り体を休息させる。

③ 皮膚の綺麗さに対する関心が高い。
④ 熱中症にかかる人が多い。
⑤ 建物外部に日除けを備えた飲食スペースを作り，開放感や景観を楽しみながら過ごす人が増えた。

などである。しかしわが国では，以下に示すような風土的特徴を考慮しながら，日除けを考える必要がある[1,5]。

① 国土が地理的に中緯度にあり，日射や紫外線の強い時期は半年程度である。
② 台風，強風，降雨，積雪等のため，日除け施設を設ける場合には，日除け本体や基礎の構造を堅固にしなければならず，その建設や保守管理にも費用がかかる。
③ 夏季は強い日差しによる日焼けや熱中症を防ぐため，日除けを必要とするが，冬季は暖かい日差しを好むため，日除けの撤去や移動が必要となる。
④ 夏季は高温多湿となるため，日除け施設だけでは太陽直達を避けられるのみで涼しさ感は得られない。
⑤ 低緯度地域（例えば，赤道付近）であれば，太陽は真上から入射するため，パラソルやテントの真下にいれば，日差しを避けられるが，中緯度に位置するわが国においては，日影が常にずれ雨を防ぐ位置と，太陽直達を遮る位置は異なるため，日除け施設が双方の機能を同時に果たせないのが現状である。ただ斜めに太陽が入射するため建物に影ができ，街歩きするときにも影の中を歩き，日差しを避けられることがある。
⑥ 建築や道路交通，教育など各種の法律がかかわる。

以上のことから，わが国においては日差しや紫外線を防ぐのみといった単純な機能とすることは難しく，多雨のための雨除けなど複数の機能を持たせなければならないこと，加えて風，雨，地震，雪では外力の性質が異なるため，日除け施設の構造が複雑になり，価格が高価になる傾向がある。

一方，自然の日除けである樹木は，雨が多いため成長しやすく樹種も豊富で日除けの機能を果たせるものが多い。また落葉樹の場合，冬季は葉が落ちるため日差しを導ける。わが国において，日差しが強く，それを避けるようになるのは5月から残暑のある10月までの6ヶ月である。6月に太陽高度が最も高くなり，東京では高度が70度を越え，4，9月でも太陽高度は60度に達する。

オーストラリアは紫外線による皮膚がんの発症率が高く死亡者も多い。人々の寿命を長くし，医療費を節約するためにも，紫外線による皮膚がんの発生を抑制しなくてはならない。大きな市には対がん協会があり，紫外線防御の啓発，グッズの販売などが行われている。教育機関，会社などでも対がん対策が行われている。一方日本において皮膚がんは死亡原因の主な要因とはならない。したがって紫外線による皮膚の損傷を防ぐことは，主に女性の皮膚の健康を生涯にわたって守ることに集約される。

日本では紫外線を防止しなければならないのは，イベント広場，公園，街路，運動場，海水浴場，スキー場，ゴルフ場，建設現場，などであり，それらはおおむね熱中症予防の場と共通する。問題

は大きな日除けがなかったり，用意できそうもないときである。海水浴などでも大きな日除けを個人的にも公的にも準備できることは少ない。短期間過ぎて日除けを主目的とする建築はコスト的にも建てにくいのである。日射や紫外線の強い5月から9月までの内，6月は梅雨があり，9月下旬になると秋風が吹き始める。たった5，6ヶ月のため日除けが必要であろうか。単なる日差しや紫外線避けが目的だけでは成立しないだろう。日本のように雨量の多く四季のある国では，雨除け風避けの空間作りとしての機能を併せ持つか，むしろそれが主目的である方が成立しやすい。バス停などが代表的である。同じ紫外線でも日焼けを起こす中波長の紫外線 UVB（280〜315 nm）でなく，物品に変色や劣化を起こさせる長波長紫外線 UVA（315〜400 nm）に対する防御は一年中必要である。高価な商品や美術品の陳列，保管にも配慮が必要である。宿泊施設のカーテン，畳，カーペットなどの変色劣化を防ぐために紫外線を遮断することは，日射による建物の温度上昇や光によるグレア発生と同程度に大事な行為である。

では，日本において日除けが成り立つとはどんな場合であろうか。紫外線による日焼けを防ぐための日除け建設というより，夏季の強い日差しの不愉快さ，皮膚温度上昇，その過度の結果としての熱中症を防ぐのを主目的にした日除けといった方が，説得性がある。そして太陽直達による日影を中心に少し拡幅した広さを持つ日除けが，紫外線対策としては有効であろう。さらに雨がふり込むのを防ぐ形状的なゆとりを持てば最適解である。

1.6 優れた日除け

優れた日除けのシステムとはどんなものだろう。その基本は，

「いつでも日影に入りたいときに，そこにあり，いつでも入れる。」

である。写真-1.6，写真-1.7 の日除けは歩行者が日影や日向を選択できる。

日除け建設で最も重要なことは，

写真-1.6　サウスバンク公園通路の日除け
［右側の日影と左側の日向のどちらも選択できる］

写真-1.7　橋上の日除け
［日影と日向を選んで歩ける］

① 人の動きや滞留する場所がよく考えられている，すなわちイベント会場入り口，入場を待つ人々の行列のできるところ，人々が長時間滞在するところ，スポーツ施設の観客席や子供たちの遊び場など。
② 日影の中を目的地まで行ける。日除け同士が繋がっている。
③ 日除けが必要な時期，時刻の太陽の動きが十分判った上で作られている。
④ 十分な広さを持った日除けである。
⑤ 人のいるところから見上げて太陽が見えず，かつ空がわずか見えない日除け。すなわち日影を確保しやすい，広く低い日除けで風通しが良い。
⑥ 5月から9月に開催するイベントは多過ぎるくらい日除けを準備する。
⑦ 日除けは側面全面開放にして風通しを良くし，かつ強風による浮き上がりを防ぐ。
⑧ 仮設日除けの場合，素人が取り付け取り外しできる日除けが良い。
⑨ 清潔で座り心地のよい椅子がある。椅子は夏季に日差しが防げ，冬季に日差しを浴びられる位置に設ける。日除け下の椅子は，日本の場合，太陽高度60から70度を考慮して，日除け中心よりも北側に配置する。
⑩ 日除けは，美しく楽しく，周囲の景観とも調和している。

である。

一方，望ましくない日除けは，
① デザインを重視しすぎ，日影を十分確保できない。日除け面積が小さい。太陽の動きを考慮しておらず人々のいる場所に日影ができない。
② 日除けが飛び飛びに設置されていて連続性がない。
③ 通路から日除けが離れていて，通路上に日影ができない。
④ 構造的に粗末で，強風や台風で破損しやすい。汚れが目立つ。
⑤ 屋根に隙間があり，日差しが漏れる。紫外線を遮らない。
⑥ 人々が遊ぶ広場から離れていて利用されない。通路から離れていたり，広場の隅にあるような日除けは使われない。人々の移動する通路や，集まる場所に設けないと汚れ朽ちるだけである。
⑦ 日除け下の椅子の位置が悪く，太陽直達があたり使えない。
⑧ 椅子の手入れが悪く，壊れてたり，砂ほこりが付着していて座ると服が汚れそうで座る気がしない。
⑨ 高い日除けは日影の位置が外れるし，空からの紫外線が入り，日除けとして効果が低い。

1.7 日除けが必要な地域

必要な地域を一概にいうのは難しい。一般的に，
① 日射量の大きい地域として熱帯，亜熱帯地域である。
② 紫外線量の大きい低緯度，中緯度地域，すなわち熱帯や温帯。また高地であるスイス，オー

ストリアや南米ペルー，アジアのチベットなど。
③ 皮膚の色が白い人が多く，皮膚がんの発生率が高い地域。オーストラリア，ニュージーランド，南アフリカ，北アメリカ南部など。

である。太陽高度が45度より高くなると，個人差はあるが皮膚に暑さを感じるので，日差しを避けたくなることもある。気温が低いときは我慢できるが，高温では不快感が増す。

従来，日本で日除けがあまり普及しなかった理由は，
① 日除けを必要とする期間が限られる。
② 夏季は高湿なので屋外で日除け下にいるより室内に入りクーラーをかけた方が快適に過ごせる。
③ 取り付け具を建物と，建物反対側に支柱などを立て取り付けなければならない。
④ タープ取り付け取り外しの手間がかかる。強風時など素人が簡単に取り外せないと風にあおられて危険である。
⑤ 積雪地域だと雪が重くなり破損する。
⑥ 高湿で汚れが付着しやすい。汚れると洗濯するのが大変である。
⑦ 日除けの布，固定治具，支持棒などがよしずやすだれに比較して高価である。
⑧ 屋外で食事したり飲茶する習慣が少ない上，したくてもその広さを確保できない。
⑨ 大きな樹木がタープの代わりをする。日本は雨量が多く樹木が成長しやすい。
⑩ レジャーをする時間的なゆとりがなく，レジャーに対して贅沢というイメージがある。
⑪ 日除け建設には土地がいる。しかし狭隘な日本では土地を確保するのが難しい。
⑫ 各種法律による許認可が必要な場合があり，時間と手間がかかる。

であった。これらの諸点を解決すれば日除けの普及は進むであろう。

1.8 本書の使い方

(1) 日除け必要性チェックリスト

本書は，外部空間の管理者，教育関係者，イベント主催者，建築家や造園家が日射や紫外線を防御するための日除けを設計する際，考慮すべき基本的な考えを記したものである。日除けそのものを設計する前に取得すべき情報である。日射や紫外線から人を守るための空間として，自分が対象とする空間が，どのような特性を持っているかを**表-1.1**から調べよう。

(2) 日除け設計の流れ

設計の流れを**表-1.2**にしめす。まず日除けの必要性が生じたら，アセスメントを行う。この段階を既存資料や現地調査，ヒアリングからできるだけ詳しく調べる。二番目に必要な日影の面積を算出する。三番目に人々の動線を推定して経路上の日除けを考え，線日除け率を算出する。四番目は日差し曲線や日影曲線を使って日除けの面積を定める。五番目は日除けの紫外線に対する防御性の

表-1.1　日除けの必要性のチェックリスト

チェック欄を埋めてください。各項でAランクが多ければ日除けを建設する意義があります。

番号	項目	内容	ランク	チェック欄
1	利用者の年齢	乳幼児，小学生	A	
		中学以降成人まで	B	
		成人後	C	
2	着衣	水着	A	
		半袖，半ズボン	B	
		長袖，長ズボン	C	
3	帽子	無し	A	
		キャップ着用	B	
		ハット着用	B	
4	滞在時間	120分以上	A	
		60分から120分まで	A	
		20分から60分まで	B	
		20分以内	C	
5	来場時刻	11時から13時まで	A	
		9時から11時まで，13時から15時まで	B	
		9時以前，15時以降	C	
6	紫外線カット化粧品	不使用	A	
		使用	C	
7	作業	常時屋外	A	
		屋内	C	
8	地物反射	雪面	A	
		白砂	B	
		茶色砂，芝生	C	
9	緯度	低（赤道付近）	A	
		中（日本など）	B	
		高（北方）	C	
10	海抜	高山	A	
		平地	C	
11	用途	運動競技場，屋外プール，海浜，保育園，幼稚園，屋外作業場，公園，釣り場	A	
		商店街，歩道，停留所，住宅	B	
		森林	C	

表-1.2 設計の流れ

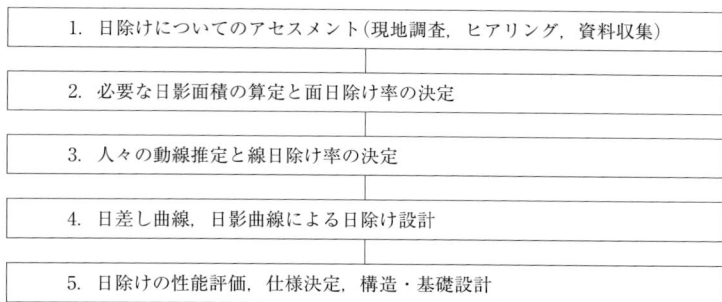

| 1. 日除けについてのアセスメント(現地調査，ヒアリング，資料収集) |
| 2. 必要な日影面積の算定と面日除け率の決定 |
| 3. 人々の動線推定と線日除け率の決定 |
| 4. 日差し曲線，日影曲線による日除け設計 |
| 5. 日除けの性能評価，仕様決定，構造・基礎設計 |

評価で，建築的太陽防御指数を求め要求に達しているか否かを検討する．これで日除けの寸法，形状が決まり，後は日除けの材質，構造，基礎を定める．

(3) UV インデックス

紫外線の強さは UV インデックスで表現される．UV インデックスとは紫外線の強さを人体への影響について判りやすく示すように考え出された指数で，世界的に採用されている．UV インデックスを**表-1.3**に示す[1.6)]．UV インデックス 3 から日影に入ることが提案されている．本書では 3 以上になる時期，時刻，地域に日除けを建設することが望ましい，6 以上では建設が必要である，という立場をとる．

表-1.3* UV インデックス （*印がついた図表は，出典を図表写真典拠にしめした．以下同）

UV インデックス	レベル	対策
1～2	弱い	安心して戸外で過せる
3～5	中	日中はできるだけ日影を利用する．長袖シャツ，日焼け止め化粧品，帽子をできるだけ利用する
6～7	強い	
8～10	非常に強い	日中の外出はできるだけ控える．長袖シャツ，日焼け止め化粧品，帽子を必ず着用する
11+	極端に強い	

(4) 魚眼写真の見方

本書には日除けの通常の写真の脇に，**写真-1.8**のような魚眼写真が添えられる事例がある．魚眼写真とは撮影した景色の映像が円形に写るもので，円中心が天頂で，円周が地平線である．画面の中心からの距離と角度が比例している等距離写真方式が通常使用される．今回，日除け下の，人が座る位置から，上を向けて撮影し，空がどの程度写り込むかをみた．画像中の空の割合が広ければ紫外線がたくさん入り，日除けとしての効果が低く，空が少なければ日除けの効果が大きい．**写真-1.9**は日除け下での魚眼写真撮影である．

写真-1.8　膜で作った日除けの魚眼写真

写真-1.9　日除けの魚眼写真撮影

(5) 日除けと休憩所の違い

本書は日除けと休憩所について次のように定義して用いている。主に夏季の日差しを遮ることを目的としているのを日除けという。ビーチパラソル，テント，タープ，膜などである。一方，年間を通じて休息などに使われるものを休憩所といい，通常堅固に作られ移設を考えていない。

(6) 日焼け，日除けについてさらに学びたい人のための本

日焼けについては参考文献 1.7)，1.8)，1.9)，1.10)，1.11)，1.12)があり，日除けについては総合的な 1.13)，1.14)，1.15)，1.16)が，乳幼児向けに 1.17)，スポーツ向けに 1.18)，1.19)がある。

第2章
海外の日除け

2.1 海外の日除け

　世界を巡るとさまざまな興味深い日除けを目にする。本章ではオーストラリアを中心として，世界各国の日除けを紹介する。

　オーストラリア，シンガポール，ベトナム，フィリピン，インドネシア，ハワイ，グアムに行くと日差しが強く，ヨーロッパでは弱く感じるように，日射や紫外線の強さは地域によって著しく異なる。図-2.1 は世界の日射分布である[2.1]。図-2.2 は世界の年平均紅斑紫外線量日積算値である[2.2]。日射や紫外線は太陽からのエネルギーなので，赤道上が最も強くなり，緯度が高くなると減少する。また夏季に強く冬季に減少する。高地では大気が薄くなるため，日射や紫外線は強くなる。日中では正午前後が最も強い。しかし，大気の条件が世界各地域で異なるため，日射や紫外線量も地域性が大きい。地球環境は気候上，熱帯，乾燥帯，温帯，冷帯，寒帯と分類されるが，日射や紫外線についても，ほぼ同様に考えられ熱帯は高日射・紫外線地域，温帯は中日射・紫外線地域，冷帯，寒帯は低日射・紫外線地域である。

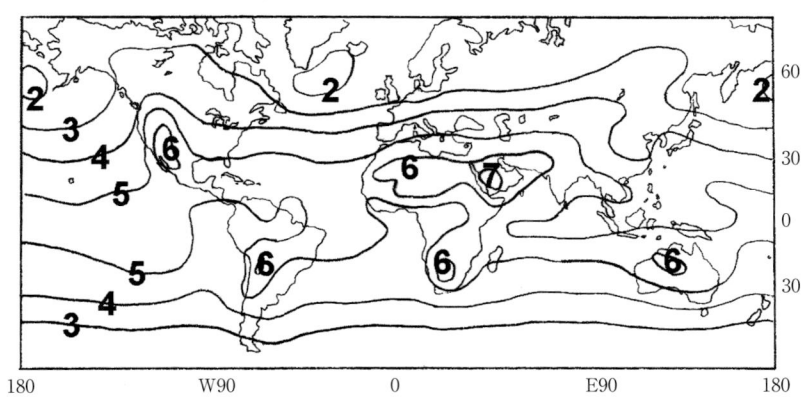

図-2.1＊　世界の年平均全天日射量［kWh/(m²·d)］

第 2 章　海外の日除け

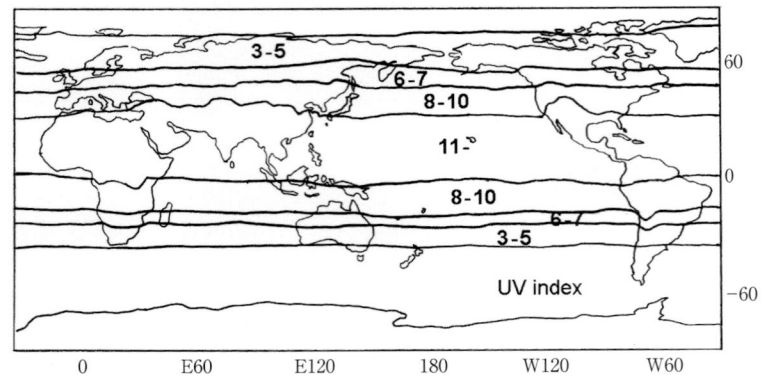

図-2.2*　世界の UV インデックス

日除けの必要さは地域，環境，人口，健康意識などにより大きく異なる。
① 日射量，紫外線量が高い地域は日除けが用いられる。いずれも赤道に近いほう，高地であるほうが高い。WHO では UV インデックス 3 以上で日影に入ることを勧めている[2,3]。したがって 3 以上の地域，時期は日除けを設けることが望ましい。
② 雨量が多く樹木が成長しやすい地域では，樹木による日影が作りやすい。都市部の公園に葉量の多い高い樹木が植えられている。
③ 熱中症や，紫外線による皮膚がんの発生率が高く，国家に予防意識の強い地域は，樹木などの自然日除けや，人工日除けが多数設けられている。

2.2　オーストラリアの日除け

2.2.1　オーストラリアの日除けの特徴

オーストラリアの日除けは，世界でもっとも先進的であり，日本も見習うべき点が数多くある。オーストラリアの日除けを取り巻く背景は，
① 紫外線が強い。
② 皮膚の色が白い人が多く，皮膚がんの発症率が高く死に至る者も多い。国家，州政府をあげて皮膚がん対策に取り組んでおり，個人と集団に対するさまざまな紫外線対策が推進されている。教育機関による紫外線対策教育が徹底している。また，対策の一環として日除け建設が位置付けられている。
③ 屋外レジャー，とくにスポーツが盛んであり，日除け施設を必要とされている。
④ 国土，都市，町，住宅地，公園などの面積が広く，日除けを建設するスペースがある。
⑤ 公共空間に日除けを建設する経済的な余裕がある。
⑥ 暑いが乾燥している地域が多く，日影に入ると快適に過ごせる気候風土であり，日除けが有効である。

⑦　ヨット文化があり，ヨットの帆や治具などの技術は容易に日除けに転用できる。
⑧　風，雪，雨が極端に多くないため，日除けの機能を単純化でき，設計・建設が容易で，安価である。
⑨　寒い冬でも人々は屋外での飲食を好む。暖房機を付けた日除けの中で飲食したり談笑している人々をよく見かける。
⑩　地域によっては雨が多く，日除けになる樹木が成長しやすい。巨大な樹木が公園にたくさんあり，樹木下に広い木陰を形成している。樹木が格好の日除けとなっている。
⑪　日除けが科学的に研究されており，日除けの設計手法が確立している。日除けの建設に関してわかりやすい解説書が多種発行されているので，教師，公園管理者，会社経営者，官公庁担当者，都市計画家などが，日除けの建設の考え方を習得しやすい。また日除け建設の専門家，デザイナーがおり，日除けを計画するときに助言をしてもらえる。

　これらの内，①〜④，⑦〜⑩はオーストラリア固有の特徴であるが，日本にも適用できるのは，⑤，⑥，⑩，⑪である。⑥に関して説明すると，日本の夏季は高湿でべとべとし快適ではないが，日除けで太陽直達を遮るだけでも，温度が低下し，快適さが増すし熱中症の発症を抑えられる。⑩は，日本にはオーストラリアのような巨木は少ないが，日影を形成できる高木は数多く存在する。これらを利用して，日影を広く形成するような造園計画を立てられる。⑪については，日本は建築家，建築環境工学者が多くおり，日本に最も効果的な日除けを設計できる可能性がある。

2.2.2　ブリスベンの日除け

　オーストラリアは紫外線が強い上，皮膚の白い人が多く，かつ屋外スポーツやレジャーが盛んである。皮膚がんの発生率が高いオーストラリアは，紫外線対策に力を入れている。中でも人口の多いクイーンズランド州ブリスベン市を歩くとさまざまな日除けに出会う。ブリスベン市は約百万人のオーストラリア第三の都会で，位置は図-2.3に示す東経153度，南緯27度である。温暖湿潤気候に属し，10月から2月の平均最高気温は28度から30度に達する。太陽高度は12月に最高になり86度，6月に最低になり40度になる。クイーンズランド州は皮膚がん防止のため，日除けの建

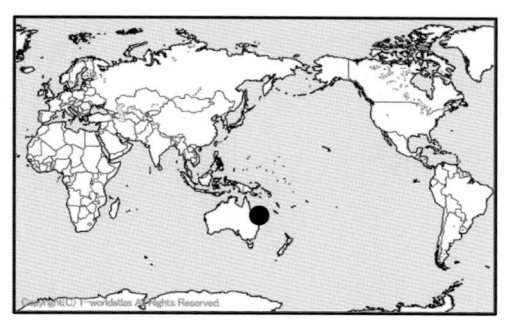

図-2.3*　オーストラリア国ブリスベン市

設を推奨しており，市内各所に数多くの日除けが見られる。都市の日除けとして基本的には三種類であり，一番目は豊富な樹木，二番目は建物1階の長めの庇とその下にあるアンブレラやテント，三番目は公園などの日除けである。

　一番目の樹木は雨が多く成長が早く，亜熱帯雨林など大型の樹木が多い。**写真-2.1**のように樹木は広い面積の日影を作れ，たくさんの人を暑い日差しから守れる。これらが街中にも豊富にあり，特に公園やイベント広場は，樹木による日影と人工の日除けが補完しながら，それぞれの特徴をうまく生かしている。公園の樹木は，樹木の持つ空気の清浄能力，気分転換，緑色の目の保養，匂い，など人間に快適である。同時に太陽からの日射や紫外線を葉や枝・幹で遮断する。雨量が多く樹木の成長も早い。**写真-2.2**は大木の根元にある椅子である。

　二番目はオフィス街，商店街の建物の庇で**写真-2.3**，**写真-2.4**に示す。建物の庇はもともと建物内部を夏季の強い日射から守るためにあり，壁面と開口部からの日射の入射を防ぐ。夏季の太陽高度は70度から80度に達するため庇の長さは短くてよい。しかし，建物前部の街路の歩行者まで日

写真-2.1　広い木陰を作る樹木

写真-2.2　大木根元の椅子

写真-2.3　商店街の連続した庇

写真-2.4　商店街の庇

射と紫外線から守るとなると長い日除けが必要である。建物に付属する庇は建物自体を設計する際に同時に設計され，施工も共に行われるために頑丈なものが多い。建物壁面に日除けの構造体が接続されている。庇はガラスやプラスチックス，鉄板，アルミ，コンクリートなどさまざまである。ガラスやプラスチックスを使って透光性を良く，歩道の明るさを確保している。ブリスベン市内の建物を見ると本当によく庇が取り付けられている。さまざまなデザインがあり，同じものは少ない。デザイナーとしては庇にも独自性を出したいのであろう。建物が連続していない場所も**写真-2.5**のような日除けがある。

　建物の前がバス停の場合，長めの庇か自立の日除けが必ずある。バスを待つ客を日射や紫外線から守るのと，風雨から守るためである。ビルの谷間にあるバス停の場合どちらかというと後者の役割が大きい。建物の庇と路上の日除けがよく調和して日射や紫外線を防いでいる。さらに周囲に数本の樹木を配置している場合もある。ここに使われる日除けは市販のアンブレラや小型テントであり，店の名前や商品名を書き派手なイメージで宣伝効果も狙っている。

　三番目は**写真-2.6**のような公園やイベント広場の日除けである。場所にゆとりがあり，遊び心や，冒険ができるので，日除け形状に柔軟性がある。膜構造物も多用される。児童公園の上部を膜で囲う事例が多く見られる。膜構造は構成の自由さがあるため日影の形状に変化を持たせられる。太陽は時刻とともにその高度方位が刻々変化する。季節によっても軌道が異なる。特に南中前後の動きは早くあっという間に影が移動している。規則性を持つ太陽であるが影は多様な変化をする。それは日除け自身の形状，高さ，方位によって，できる影も違うからである。

　日影は何時頃，誰のため，何のために，どこに，なぜ必要か，いかに作るかを知った上で日除けを建設しなくてはならない。建物の庇はそのような意味では最も一般的で普遍的なものであり，設計の自由度も少ない。しかし公園やイベント広場などの日除けは自由度が大きく工夫もきかせられる。遊具全体を覆う長方形の最も一般的なものから，膜を何重にも重ねて建築としても魅力的なものまである。ブリスベン一箇所でこのように多様な日除けがあり，じつに面白い場所といえる。

写真-2.5　街路の日除け
［ビルの庇がない所に設けられた］

写真-2.6　多数の膜を用いた児童公園の日除け

第 2 章　海外の日除け

（1）　レストランの日除け

　　レストランの場合，庇の下は飲食のスペースである。庇下にはテント日除けが設けられ，店面積の増加，屋外の開放感，眺望性，通風性を確保している。街の風景や通る人々を眺めながら食事したり飲んだり談笑したりしている。人々にとって楽しい時間の過ごし方なのであろう。屋内より，屋外テラスが繁盛している。暗い空気の淀んだ屋内より，多少自動車の騒々しさや排気ガス，歩道の埃があっても，屋外が好きなようで，真冬でも透明カーテンをテント周囲に吊り下げて寒い風を防ぎ，中にスタンド型のヒーターをつけて，のんびりと食事している姿をよく見かける。街区によってはほとんど膜日除けが連続しているところもある。テントは車道と歩道の境界線に固定された太い鉄棒によって上から釣られている。テントは道に沿って幾つも連ねて，長広い空間を形成している。車道に車が頻繁に通るにもかかわらず，**写真-2.7**，**写真-2.8** のようなテントで囲まれた空間は外界と感覚的に一部遮断しており落ち着いた雰囲気を与える。樹木も多く紫外線や日射を防ぐだけでなく清涼感を与えている。**写真-2.9** の日除けは歩道と車道との間に鉄柱をたて平坦な屋根をつけている。**写真-2.10** も同様であるが透光性の天幕を使用し，一方を建物の庇と繋いでいる。樹木の部分は**写真-2.11** のように膜を切り抜き，成長を阻害しないようにし，膜の均一さにアクセントをつけている。

　　写真-2.12，**写真-2.13** は，**写真-2.14** のような一本の太い鉄柱で正方形の膜を吊り下げた形式で，定型の膜日除けを使える上，横にいくつも展開できる。支柱が少ないため膜下のスペースを広く取れ，支柱が通行の邪魔になることもない。**写真-2.15**，**写真-2.16** はテントの内部と頂部である。**写真-2.17** は冷たい風や雨を防ぐため透明ビニールを付けた日除けである。

写真-2.7　歩道のレストランの日除け(1)

写真-2.8　歩道のレストランの日除け(2)

2.2 オーストラリアの日除け

写真-2.9　歩道のレストランの日除け(3)

写真-2.10　歩道のレストランの日除け(4)

写真-2.11　日除けを通る樹木

写真-2.12　上から支えられたテント(1)
［歩道に支柱がないので歩きやすい］

写真-2.13　上から支えられたテント(2)
［歩道に支柱がないので歩きやすい］

写真-2.14　日除けを支える柱

第 2 章　海外の日除け

写真-2.15　テントの内部
［索によって四隅を引っ張っている］

写真-2.16　テント頂部

写真-2.17　風を防ぐビニール付きテント

写真-2.18　樹木に囲まれた遊具

（2）児童公園の日除け

　クイーンズランド州は乳幼児の紫外線防御に力を入れている州で，児童公園には緑色の生地を用いた日除けが種々見られる。この日除けが比較的容易に受け入れられたのは，ヨットが普及しており，ヨットの帆と治具を使用すれば簡単に日除けが展開できるからである。児童公園全体に日除けを設置するのはコストもかかるし，夏季を除いて必要なく，採光も悪くなるので，児童が遊ぶ遊具の上にだけ日除けが取り付けてあるため，安価で済んでいる。遊具に対して十分な大きさの日除けが必要で，少し大きいかなといった感じが望ましい。

　子ども達が遊ぶ時間を午前 9 時から 15 時程度までと仮定すると，太陽直達は東西から斜めに入射し，その角度が 45 度と仮定すると日除け端部高さと同程度の長さ太陽直達が日除け内に入り込むことになる。したがって，**写真-2.18**のように樹木群の間に遊具を置いて全ての方向から太陽直達をさえぎる形も多く見られる。

a. 児童公園 Korman Family Park の日除け

　サーファーズパラダイス市内にある川縁の児童公園 Korman Family Park の日除けは単純な長方形で**写真-2.19**のように四隅を直立円筒に支持されている。日除けは幅10m，奥行6.8m，中央部高さ4.6m，端部高さ3.3mである。主に遊具の上や休憩所，バーベキュー設備の上に張られ，奥行きは高さの約2倍になっている。ブランコのみを日除けの下に置き，滑り台は日除けの外になっていた。**写真-2.20**，**写真-2.21**は，テント生地と直立円柱の結合部分や，直立円柱が地中に埋めこまれている部分を示す。

写真-2.19　市内の児童公園の日除け
［強風が吹かないので支柱は細い］

写真-2.20　児童公園の日除け
［膜と支柱の接続］

写真-2.21　児童公園の日除けの支柱

b. 児童公園 Broadwater Events Parklands, Thams Family Park の日除け

　写真-2.22はサーファーズパラダイス，Broadwater Events Parklands, Thams Family Park の児童公園には四辺形テントが二枚，三角形テントが一枚，遊具の上に張られている。四辺形は一辺の長さは8.2 m×8.2 mであり，一辺が上がっているので写真では三角形に見える。**写真-2.23**は魚

眼写真である。写真-2.24 は三角形のテントで一辺は 7.5 m で，端部は傘付の円柱に支持されている。写真-2.25 の傘はネズミ除けとも考えられる。隣には親が子どもを見守れる位置に写真-2.26 の四辺形テントがある。正方形の日除けを四本足で支え，寸法は幅 7 m，奥行 6.3 m であり，修復の後が見られる。写真-2.27 の魚眼写真からテントと樹木でほとんどの天空が遮断され日除けとして有効であることが判る。公園にはバーベキュー施設があり上に写真-2.28，写真-2.29 のような日除けテントが張られている。テントは一辺 6.1 m の正方形で，端部高さの低いほうが 2.5 m，高いほうが 3.7 m である。

　写真-2.30 は，同公園内にある樹木で樹冠も大きく枝下高さも十分あり，遊具の日除けとして役立っている。写真-2.31 は日除けされた遊具のあった場所から数百 m 離れた場所にある遊具でこちらにはまったく日除けがない。公園で遊ぶ家族連れは曇りとか春秋冬には，日除け下よりも太陽直達のあたるこちらのほうを選ぶ。天候に応じて日除けをしてあるもの，していないものを準備しどちらも選択できるようになっている。

写真-2.22　市内の公園遊具上の日除け(1)

写真-2.23　市内の公園遊具上の日除け(2)(魚眼写真)

写真-2.24　市内の公園遊具上の日除け(3)

写真-2.25　日除け支持柱の傘

2.2 オーストラリアの日除け

写真-2.26 児童公園の親が見守る日除け

写真-2.27 日除けに補修した跡

写真-2.28 バーベキュー場の日除け(1)

写真-2.29 バーベキュー場の日除け(2)(魚眼写真)

写真-2.30 児童公園の大木
　　　　　［広い木陰ができる］

写真-2.31 日除けの無い遊具

（3） 公園の日除け

ブリスベン市の河畔に**図-2.4**に示す広大な公園 Queensland South Bank Parkland があり市民に親しまれている。もともと世界万博会場だった土地を再開発したもので，プール，レストラン，図書館，博物館などがある。この公園の日除けはシステム的に計画され建設されており，公園を貫くArbourと称する通路日除けを中心に，両脇に豊富な樹木とテントや膜などでできた日除けが数多くある。散歩する人々はいつでもどこでも日影に入って休憩できる。南端には Art Center があり，中庭に**写真-2.32**の大きな膜日除けがある。夜には**写真-2.33**のようにカラフルな照明がされ実に美しい雰囲気を醸し出している。公園通路には Arbour と名付けられた枝と葉をイメージした優れたデザインの**写真-2.34**の日除けがあり，たくさんの建築デザインに関する賞を授賞している。**写真-2.34**，**写真-2.35**，**写真-2.36**の両枝型，**写真-2.37**の片枝型がある。日除けの良さは「もう一度，その日除けの下に行きたい」という感覚を持たせられるかである。その点，Arbour は下を歩いているだけで楽しくなり群を抜いている。

公園中央部に蛇行した子ども用屋外プールがある。幅3mから広い箇所で15m程度あり，水深は数十cmである。親に連れられてきた子どもたちがはしゃぎまわっている。上空は大きく開かれているため明るく開放感がある。プールの南側には樹木が生い茂り，夏季午後遅くなると水面に影を作って子ども達を太陽直達から守る。北側には4本の箱状鉄骨に支持された**写真-2.38**，**写真-**

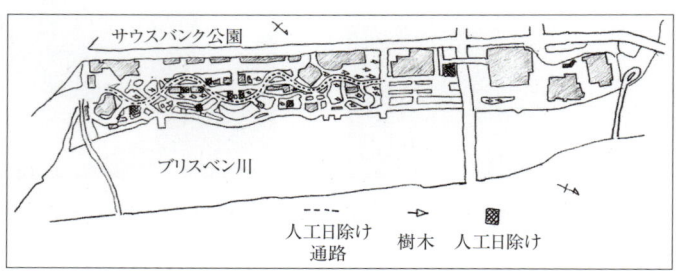

図-2.4　オーストラリア国クイーンズランド州サウスバンク公園

写真-2.32　アートセンター中庭の膜日除け

写真-2.33　夜間照明に照らされたアートセンター中庭の膜日除け

2.2 オーストラリアの日除け

写真-2.34　サウスバンク公園通路の日除け(1)
［木と枝をイメージしている］

写真-2.35　サウスバンク公園通路の日除け(2)
［右側の日影と左側の日向のどちらも選択できる］

写真-2.36　枝を模擬した日除け
［葉量が多く十分な日影ができている］

写真-2.37　サウスバンク公園通路の日除け
［両側に樹木があり美しい］

写真-2.38　プール脇の日除け(1)
［親がプールで遊ぶ子どもを見守れる］

写真-2.39　プール脇の日除け(2)
［広い椅子がある］

第 2 章　海外の日除け

2.39 のような直立型の日除けがある。曲線状のプールとはまったく対照的にごつごつした感じで親子連れを強い日差しから守るぞといった強い意思が感じられる。高さ 3.5 m 程度で**写真-2.40**，**写真-2.41** の黒色のスクリーンが水平に渡した格子に取り付けられている。この下に入ると太陽直達を見ることができるくらい光が弱まる。箱型鉄柱は地肌むき出しで塗装はされていない。隅も丸く処理されておらず子どもがぶつかったら怪我しそうである。この日除けはプールの北側にあり南中時にプールサイドまで日影を作る。日除けの寸法は幅 6 m，奥行 11 m，他方は幅 6 m，奥行 8 m である。床面はブリスベン川が描かれている。また北側には街路樹があり，子どもを見守る親が日影で休める。

　公園北部分に樹木が生い茂り，岩に囲まれた児童公園 Playground があり，中央に滑り台がある。**写真-2.42**，**写真-2.43** のような 4 枚の膜を利用した日除けが付けられている。もともと周囲の樹木が覆いかぶさるようにあり，さらに膜でプール全体を覆っているので天空はほとんど見えない。屋

写真-2.40　プール脇の日除け(3)
［ネット状のスクリーン］

写真-2.41　プール脇の日除け(4)(魚眼写真)
［周囲に樹木があるが，ネットを通して紫外線は入る］

写真-2.42　児童公園の日除け(1)
［いくつかの膜を組み合わせている］

写真-2.43　児童公園の日除け(2)
［支柱と膜の結合部］

写真-2.44　鳥翼型の日除け
［鳥が飛んでいるよう］

外プールではあるが，樹木が隣接しているため，圧迫感はあるが葉の間を透して周囲を見渡せるため窮屈に感じることはない。皮膚の弱い子どもたちを紫外線や日射から守るためには適切である。しかし真夏以外は太陽熱によってプールの水が温められないため利用期間は隣接した大きなプールより短いだろう。膜の支持はヨットの治具を転用したような簡単なものである。膜は汚れているせいか光の透過性が落ちている。北面のみに膜日除けをすればもっとプールが明るくなる。この他，屋外レストランに**写真-2.44**のような鳥が飛んでいるような膜日除けがある。

（4）　バス，タクシー乗り場の日除け

州立図書館 State Library of Queensland の北西側に**写真-2.45**，**写真-2.46**のようなバス，タクシー乗り場がある。乗り場は幅 6 m，全長 60 m である。天板は 2 枚の長方形平板から成り立ち高さは 3 m である。屋根は鉄製で，縦方向は鉄骨 10 本で支持されている。充分な幅員と真夏正午の太

写真-2.45　タクシー乗り場の日除け(1)
［直線的で清潔感溢れる日除け］

写真-2.46　タクシー乗り場の日除け(2)
［奥と手前で高さの違う 2 枚の平板が使われている］

第2章　海外の日除け

陽高度が 70 から 80 度あるのでほぼ真上に太陽があり，屋根の影が乗降客の待機空間と一致する。支持柱は木で囲み，自然な感じを出している。支柱にぶつかっても怪我が少なそうである。天井の色は白である。日除け下から上空を見た水平面魚眼写真は**写真-2.47** であり，天空から紫外線が入射しているのがわかる。車道側からの紫外線は入射するが，背面側は樹木があり紫外線が遮断されている。**写真-2.48** は車道側に顔を向けた鉛直面である。歩道表面は太陽直達がなくその面からの反射はない，車道からの反射はあるがアスファルトの紫外反射は 0.05 程度と低く無視できる。屋根と車道にはさまれた開口面の方位が北西のため夏季午後に入射する太陽直達と天空からの紫外線が問題となるであろう。この種の日除けは人間の立ち位置が車道と反対側の奥にあるのが普通である。車道に近い部分は危険であるので，バスが来てから車道側に近づきバスに乗車する。したがって，通常奥の位置の紫外線被曝を少なくすれば良い。乗り場背後に樹木を配置して緑陰を作ると同時に通風性や，見通しを確保し，犯罪を防ぐようにしている。

写真-2.47　タクシー乗り場の日除け(3)(魚眼写真)
[後ろに樹木があり紫外線を防げる]

写真-2.48　タクシー乗り場の日除け(4)(魚眼写真)
[鉛直の魚眼写真で歩道が日影になっているのが判る]

写真-2.49　バス乗り場の日除け
[道路一杯に広がるテント]

写真-2.50　商店街の日除け
[庇だけでは不足するので膜日除けを追加]

2.2 オーストラリアの日除け

写真-2.51 バス停の頑丈な日除け

写真-2.52 船着場の簡易な日除け

写真-2.53 レンタサイクル用の日除け

　写真-2.49, 写真-2.50, 写真-2.51 は通りのバス停留所で，バス待ちの人々を太陽直達や風雨から守る役割を果たす。バスの待ち時間であるから，個人の滞留時間は長くて20分程度であろう。その短時間，人間にとってシェルターの役割を果たせれば良い。日本の場合，バス停にまったく日除けがないか，あるとしても申し訳程度のものであることが多い。ここの日除けは簡単なテントを使っているが，日差しや紫外線避けには有効である。台風や強風，豪雨，雪がないためにこのような簡易なテント日除けでも充分機能する。路面への固定方法も，支持鉄柱の下に円板を溶接し，路面に置いただけで特に固定していないものもある。青色であるため透光性は低く，明るさに欠けるが，車道側はまったくの開放であるので照度は確保でき，バスへの乗り降りには支障がない。**写真-2.52** は船乗り場の簡易な日除けである。**写真-2.53** のような自転車用の変わったパラソルもある。

(5) 商店街，オフィス街，橋，街路の日除け

　ブリスベン商店街 Queen Street 商店街の日除けを**写真-2.54**, **写真-2.55** に示す。透光性のプラスチック板と不透明な板を重ねている。**写真-2.56**, **写真-2.57** は商店街の広場にある喫茶店の屋根

第 2 章　海外の日除け

写真-2.54　商店街イベント広場の日除け(1)
［プラスチック平板を幾重にも重ねてある］

写真-2.55　商店街イベント広場の日除け(2)
［日除けの下でライブがある］

写真-2.56　商店街広場の喫茶店の日除け(1)
［最上部に大きなプラスチック平板］

写真-2.57　商店街広場の喫茶店の日除け(2)
［下から見上げた軒］

写真-2.58　交差点の日除け
［交差点に商店の庇を延ばせないので，特別に作られた］

写真-2.59　橋の日除け(1)
［日差しと日向を選んで歩ける］

2.2 オーストラリアの日除け

写真-2.60　橋の日除け(2)
[日差しと日向を選んで歩ける]

写真-2.61　オフィスビルの前の頑丈な日除け

写真-2.62　オフィスビル前の膜日除け

写真-2.63　モール中庭の膜日除け
[中庭全体を包み込む]

で4重の素材で日除けが構成されデザイン的にも優れている。商店街の交差点にも**写真-2.58**のような日除けがある。橋にも**写真-2.59**, **写真-2.60**の日除けがある。歩行者は日影も日向も選べる。**写真-2.61**, **写真-2.62**はオフィス街の日除けである。**写真-2.63**はブリスベンから近いサーファーズパラダイスのモール中庭上にかけられた美しい日除けである。最上部に通気のため穴があり、青空がのぞける。

(6) 大学構内の日除け

ブリスベン大学構内にはたくさんの日除けがある。**写真-2.64**, **写真-2.65**の木製日除けがあり、学生センター前の庇は**写真-2.66**, **写真-2.67**のように2重になっている。**写真-2.68**は食事用の日除け、**写真-2.69**, **写真-2.70**はプールの水面上にかかった日除けである。

第 2 章　海外の日除け

写真-2.64　大学構内の日除け(1)

写真-2.65　大学構内の日除け(2)
［木の桟でできている］

写真-2.66　大学売店に付けられた各種の日除け

写真-2.67　大学売店に付けられた格子状の日除け

写真-2.68　大学構内の日除け(3)

写真-2.69 大学プール上の日除け(1)
［プール脇には日除けは無く，水面上にある］

写真-2.70 大学プール上の日除け(2)

(7) オーニングとタープ

　タープは布を**写真-2.71**のように支柱を立てたり，建物の側面からはわすことで日影を作るもので，布さえあれば容易にかつ手頃な広さの日影を確保できる。建物側に頑丈な固着治具を設けておく。取り付け取り外しも簡単である。住宅などのテラスに採用され，テラスでの食事や休憩時に太陽を遮断できる。建物内の家具やカーテン，じゅうたんの変色，劣化も防げる。**写真-2.72**はリバーフロントのレストランに付けられたタープで，日差しの弱いときは左側のように巻かれている。巻いた状態を**写真-2.73**に示す。風が強いときも巻き上げる。この程度のタープだと支えるワイヤーも支柱も細くて済む。動物を暑い日差しから守るためにも**写真-2.74**のようなタープが使われている。

　オーニングは**写真-2.75**のようにもともと庇を長く取れなかったり，西陽のように太陽高度が低いところから入射するのを防ぐため設けられる。**写真-2.76**のようにオーニングの張り出しが長いのは太陽高度が低いことを表している。

写真-2.71 川縁の住宅地のタープ(1)

第 2 章　海外の日除け

写真-2.72　河畔にあるロール日除け

写真-2.73　日除けを巻き上げた状態

写真-2.74　動物用の日除け

写真-2.75　川縁の住宅地のオーニング

写真-2.76　商店のオーニング

2.2 オーストラリアの日除け

【オーストラリアメルボルンの日除け】

　メルボルンはオーストラリア東南部にありビクトリア州の州都で世界で最も住みやすい都市といわれる。**写真-2.77** は王立植物園のレストランの日除けで，**写真-2.78** のようにアルミ板に小さな穴が開いている。**写真-2.79** は市営プールの水面上にある日除けである。メルボルン大学学生ホール中庭の膜構造物**写真-2.80**，**写真-2.81**，**写真-2.82** は大きな日影を提供し，学生の憩いの場として役立っている。**写真-2.83** はストリートレストランの日除けで脇にガス暖房機がある。フリンダーズ広場には**写真-2.84**，**写真-2.85** のような屋外カフェがあり，観光やショッピングの合間にお茶を楽しんでいる。**写真-2.86** はテント間の隙間に取り付けた幕で，隙間からもれる太陽や雨を防ぐ。メルボルン博物館入口には長大な日除け**写真-2.87** が取り付けられており，行列に並ぶ人々を雨や日差しから守り，機能的にもデザイン的にも優れた日除けとなっている。建物脇に小さな乳幼児用の遊び場が設けられていて，**写真-2.88** のようなカラフルなシートが張り巡らされている。**写真-2.89** は市郊外のビーチの日除けで，脇のレストランの天井には**写真-2.90** のように布が張り巡らされ，水面からの反射光によるグレアや不安定感を和らげている。

写真-2.77　植物園のレストランの金属製の日除け(1)
　[デザインが優れている]

写真-2.78　植物園のレストランの金属製の日除け(2)
　[穴あきの小片を組み合わせている]

写真-2.79　市営プールの日除け
　[水面上に日除けがある]

写真-2.80　大学学生センター中庭の日除け(1)
　[庭全体が覆われている]

写真-2.81　大学学生センター中庭の日除け(2)
　[下は広い空間]

写真-2.82　大学学生センター中庭の日除け(3)(魚眼写真)

第 2 章　海外の日除け

写真-2.83　レストランのテラス
　　　　　［屋外での食事が好まれる］

写真-2.84　フリンダース広場のレストランの日除け (1)

写真-2.85　フリンダース広場のレストランの日除け (2)

写真-2.86　日除け間の隙間を埋めるシート

写真-2.87　メルボルン博物館玄関の行列者用の日除け

写真-2.88　メルボルン博物館の乳幼児用遊び場の日除け

写真-2.89　ビーチのレストランの日除け

写真-2.90　ビーチのレストランの室内の布
　　　　　［周囲の水面反射からのグレア発生を防止する］

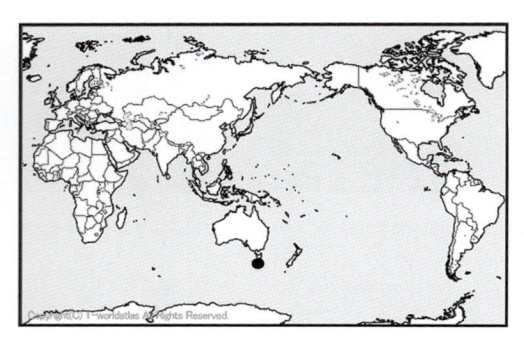

【オーストラリアタスマニア島の日除け】

　タスマニアはオーストラリアメルボルン市の南に位置し，オーストラリア南端にある島である。独特の生態系でも知られている。**図-2.5** のように東経 144〜148 度，南緯 40〜43 度で南極に近い。太陽高度の最高は 74 度，最低は 27 度である。日射や紫外線，気温はオーストラリア本土に比べて低いが，それでも日中の日差しによる日焼けは発生する。

図-2.5*　オーストラリア タスマニア

湾沿の海鮮料理を食べさせるレストランは**写真-2.91**のように屋外テラスに支柱を立て，膜を展開していた。海風を受けるため太い強度のある支柱に取り付けてあった。取り付け位置が低いので，**写真-2.92**の魚眼写真を見ても空をほとんど覆っていることがわかる。**写真-2.93**，**写真-2.94**，**写真-2.95**はショッピングモール内のレストランの日除けで，大型のパラソルとパイプ椅子を組み合わせている。タープもあるが，パラソルに比較して収納に手間取るため，ここではあまり使われていない。パラソルの支柱が外にあり，布地の下を100%利用できる形態もある。支える箇所が一箇所なこと，風で揺れやすいことが欠点であるが，このようにモールの中庭にあれば風の心配は少なくてすむ。**写真-2.96**，**写真-2.97**，**写真-2.98**は街路を使った路上レストランの日除けである。歩道全体に日影ができている。パラソル内部に電気暖房器が仕組んであり，冬場でも屋外での食事が楽しめる。

　タスマニアにはたくさんの緑豊かな公園がある。広く芝の手入れも行き届き，ゴミもない。湿気が少なく，寝転んでいてもシャツが湿る事がない。樹冠の広い木が多く，**写真-2.99**のように下に広い日影ができている。広い公園のところどころに木製ベンチがあり，老夫婦などがくつろいだり，若者が読書をしたりしている。

写真-2.91　波止場待合所のテラスの日除け(1)

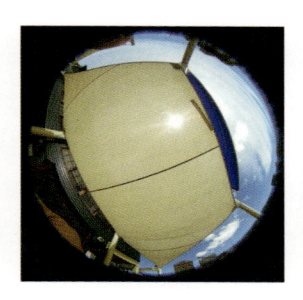

写真-2.92　波止場待合所のテラスの日除け(2)（魚眼写真）

写真-2.93　レストランの大型パラソル

写真-2.94　膜日除け

写真-2.95　上から吊った日除け
［支柱がないので，柱が邪魔にならない］

写真-2.96　路上の日除け

第 2 章　海外の日除け

写真-2.97　路上の日除け内の小型暖房装置　　写真-2.98　路上の日除け内の大型暖房装置　　写真-2.99　公園の樹木による日影

【ニュージーランドの日除け】

　ニュージーランドはオーストラリアと同様に皮膚がんの発生率の高い地域である。ニュージーランド北島中部にはオークランドが，北島南端には政治都市ウエリントンがある。いずれも大きな都市である。東経174度，南緯37度から41度に位置し，太陽高度は最高76度，最低27度である。

　写真-2.100，写真-2.101，写真-2.102は町中心部のバス発着所で，模様入りの透明ガラスにより屋根と壁が作られている。太陽光が模様を通過して路上に濃淡ある陰を作り出す。しかも太陽の移動に伴う影の動きを楽しめる。停留所にはバス待ちの客と，路上を歩行している人との間に模様入り透明ガラスがあり，視界を一部遮断するが，半ば見えるので閉塞感がない。写真-2.103，写真-2.104は歩道橋の日除けである。この歩道橋を渡っていれば紫外線被曝することはない。写真-2.105，写真-2.106，写真-2.107は建物から海岸へ向かう通路にあった日除けである。二重構成で，上部に傾斜板を多数並べ，下部に弧状の半透明プラスチック板を取り付けている。日差しは傾斜板で遮断し，雨はプラスチック板で止めるのであろう。雨や冷たい風に当たるのを防ぐために，写真-2.108のように透明のビニールカーテンが側面に吊るされる。またパラソルの脇にも写真-2.109，写真-2.110に示すような透明ガラス板を張り巡らせ，風を抑えている。写真-2.111は港に面するレストランで各階に膜，パラソルなど多様な日除けを取り付け，建物が単調になるのを防いでいる。写真-2.112は建物から支柱を水平に張り出し膜をのせたもので道路上に広い日影を作っている。

　写真-2.113，写真-2.114は幼稚園の日除けで周囲の樹木の色と一致させ，園児に落ち着きを与えている。緑は人間に安心感を与える色である。多くの日除けは片持梁で支えており，基礎がよっぽど深いのであろう。写真-2.115は小学校の校庭で行事が行われていて，その際展開されていた日除けである。カラフルで楽しい感じがする。規模も大きく生徒の半分近くは収容できる。写真-2.116，写真-2.117はスポーツ広場，クリケット場の樹木で，樹冠が大きく背も高い。樹木下には大きな日影ができる。このような大木が列を成しており，どこでも，何人でも休息できる。写真-2.118，写真-2.119，写真-2.120，写真-2.121はウエリントンの港湾にある膜構造物で，建物間にある広場を覆っている。3枚の膜をねじって変化を持たせている。魚眼写真で見ると，端では空からの紫外線を防げないが中央では十分遮断できる。一体の膜で覆うより，デザイン的な面白さや，隙間の空間による開放感が得られる。また破損しても1枚だけを作り直せばよい。写真-2.122は

2.2 オーストラリアの日除け

植物園内の休憩所のパラソルで，支柱が風で揺らがないように**写真-2.123**の橙色のテープで抑えている。これがまたこの日除けのアクセントとなっている。フェリー発着所近くにある海水浴場は大木により大きな日影ができ客が休憩をしている。隣接する児童公園の遊具は特に日除けはないが，**写真-2.124**，**写真-2.125**のように樹木により半分影になっている。

写真-2.100　バス停のガラス製日除け(1)
［ガラスに描かれた絵が路上に映し出される］

写真-2.101　バス停のガラス製日除け(2)

写真-2.102　バス停のガラス製日除け(3)

写真-2.103　歩道橋上の日除け(1)

写真-2.104　歩道橋上の日除け(2)

写真-2.105　建物と車道を結ぶ日除け(1)

写真-2.106　建物と車道を結ぶ日除け(2)
［斜めの桟を連ねている］

写真-2.107　建物と車道を結ぶ日除け(3)
［プラスチック曲板と桟の二重になっている］

写真-2.108　歩道と建物の間の緑地帯の喫茶店の日除け
［側面に風除けビニール］

第 2 章　海外の日除け

写真-2.109　道路脇のレストランのパラソルと風除け

写真-2.110　レストランの巻き上げたカーテンとガラスの風除け

写真-2.111　建物側面のタープとパラソル

写真-2.112　歩道上の波型の日除け

写真-2.113　幼稚園の極大パラソル(1)
［子ども達が自由に遊べる。吊るし型なので柱にぶつかる心配はない］

写真-2.114　幼稚園の極大パラソル(2)
［遊具全体を覆える］

写真-2.115　小学校校庭の青・緑のカラフルなテント
［多数の子ども達を収容できる］

写真-2.116　巨木の下にできる広大な日影(1)

写真-2.117　巨木の下にできる広大な日影(2)
［運動に疲れたらいつでも木陰で休める］

写真-2.118　波止場にあった3枚の膜からできた日除け(1)

写真-2.119　波止場にあった3枚の膜からできた日除け(2)

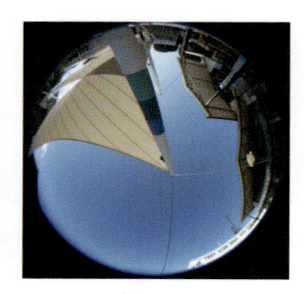

写真-2.120　波止場にあった3枚の膜からできた日除け(3)(日除け端の魚眼写真)
［紫外線が青空から入る］

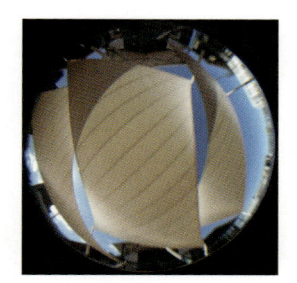

写真-2.121　波止場にあった3枚の膜からできた日除け(4)(日除け中心の魚眼写真)
[空の大部分が日除けで覆われるので紫外線を防げる]

写真-2.122　植物園の日除け(1)

写真-2.123　植物園の日除け(2)
[風によってフラフラしないようにロープで引っ張っている]

写真-2.124　海辺の公園の木陰

写真-2.125　海辺の公園の遊具
[木陰にあるので日差しを避けられる]

2.3 アラブ首長国連邦ドバイ，バーレーンの日除け

　アラブ首長国連邦ドバイは沿岸部を埋め立て，扇状の広大な居住地を建設しつつある。アラブ首長国は図-2.6に黒丸で示す緯度25度にあり，亜熱帯性気候に属し，世界中で日射や紫外線の最も高い地域の一つである。夏季は気温30度から36度で，平均最高気温は7，8月に40度を越す。湿度は100%近くになることもある。太陽高度は最高88度，最低43度になる。UVインデックスは

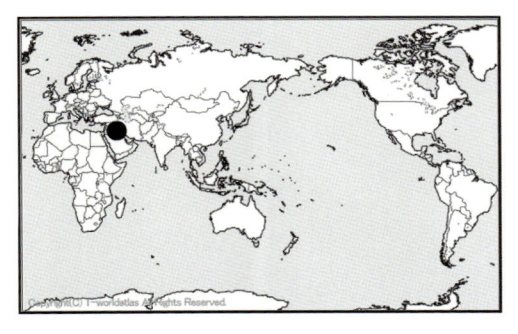

図-2.6*　アラブ首長国連邦

第 2 章　海外の日除け

14 に達することがある。これだけ日射や紫外線が強いと炎天下での移動や作業は難しくなる。したがって，新市街では徒歩での移動は少なく，車での移動が主になる。雨が少ないため道路上の街路樹は少なく，日影をつたわって歩くことはできない。ドバイのジュメイラビーチにあるホテルは建物と海との間に多様な遊戯施設を設けている。プール，子ども用プール，ビーチ，レストラン，マリーナ，テニスコート，散策路などがあり，多様な日除けが設けられている。樹木はたくさんあるがいずれも葉の量が少なくかつ高くに位置するため日除けとしての働きはない。

　写真-2.126 はホテルの駐車場で，人のみでなく車に対する日除けがたくさん作られている。中近東のように日射の強い地域では車が高温になる。高温になった車内に入る不快感より，車内の内装品や電子部品の劣化が問題になるのであろう。写真-2.127 はホテル 1 階吹き抜けロビーやレストランの外側である。窓際の客に太陽直達がささないように，建物外部に日除け群を設けて，庇とルーバーの役割を果たさせている。通常，膜ではなく，ブラインド，木製か金属製ルーバーを用いるが，ここはリゾートホテルであるので膜のように柔らかく，開放的なイメージを狙ったのであろう。写真-2.128 はホテル中二階の日除けで 4 枚の厚い膜から成り立っている。11 本の柱と多数の

写真-2.126　ホテル駐車場の車用日除け

写真-2.127　ホテル 1 階張り出し部分の日除け

写真-2.128　ホテル 2 階テラスの膜日除け

写真-2.129　プライベートビーチの大量の日除け (1)

ステーで支えられている。夜間のパーティなどで使用される空間である。写真-2.129 は海浜上のビーチパラソル群である。大量のパラソルが規則正しく設けられている。写真-2.130 も別の場所のパラソル群で，海岸に大量にさまざまなパラソルが用意され，利用者への便宜が図られている。

写真-2.131，写真-2.132 は長い布を柱の横木に這わした日除けである。紺と白の布が交互にぶら下げてある。魚眼写真からわかるように空を覆えているが，布幅がもう少し必要であろう。デザイン的には面白い試みである。ただ日本のように雨風の強い地域では採用できない。写真-2.133，写真-2.134，写真-2.135 は植物の細い枝を重ねて屋根を葺き，自然のイメージを強く持った日除けである。1 本足と 4 本足がある。この種の日除けは観光地には良いが，毎年枝を交換する手間がかかる。写真-2.136，写真-2.137 は庭園内の通路に植えられた街路樹である。南方では葉量の少ない樹が多く，魚眼写真からわかるように日影は作れない。葉や枝の間から日射や紫外線が降り注ぐ。写真-2.138，写真-2.139 はホテル庭の広場にある膜でやしの木に取り付け展開してある。隣接する空間にも同様の膜があり，膜下で直射日光を避けて休息できるようになっている。膜下から撮った魚眼写真でも空の主要な部分は覆われている。ただ空からも紫外線は来るので，長時間の滞

写真-2.130　プライベートビーチの大量の日除け(2)

写真-2.131　門型支柱間を結ぶ布による日除け(1)

写真-2.132　門型支柱間を結ぶ布による日除け(2)（魚眼写真）

第 2 章　海外の日除け

写真-2.133　ホテル庭園の木造日除け(1)

写真-2.134　ホテル庭園の木造日除け(2)(魚眼写真)

写真-2.135　ホテル庭園の木造休憩所

写真-2.136　街路樹に囲まれた通路(1)

写真-2.137　街路樹に囲まれた通路(2)(魚眼写真)
［葉量が少ないので日除けとしては役立たない］

在では被曝するだろうが，ここはお茶を飲んだり，短時間の休息場所なのでその心配はなさそうである。**写真-2.140**，**写真-2.141** は細い木を重ねた屋根で，太陽直達を半分以上妨げる。透過性もあるし，通風も確保できる。雨は通ってしまうが，雨でも外の日除けに入る人はいないから，これで十分である。**写真-2.142** はホテル内の幼児の遊び場で小さな膜付のプールや，監視台がある。

写真-2.143 はドバイの乗船場にあった日除けである。桟橋に柱を取り付け膜を張っている。風も雨も少ない地域では，日差しだけを防げればよく，このように簡単な構造で十分だろう。**写真-2.144** はバーレーンの高級住宅地内にある児童公園の日除けである。この地域は砂漠地帯で日射量や紫外線量が大きく，乾燥している。降水量が少ないため樹木が少なく，日影を作るものがない。広めの膜を張って日除けにしている。子ども達がブランコや砂場で遊んでいた。日差しが強く周囲から入る光が多いので，遮光性の素材が使われている。

写真-2.138　ホテル庭園に設けられたタープ(1)

写真-2.139　ホテル庭園に設けられたタープ(2)(魚眼写真)

写真-2.140　鉄骨柱を持つ木製の日除け(1)

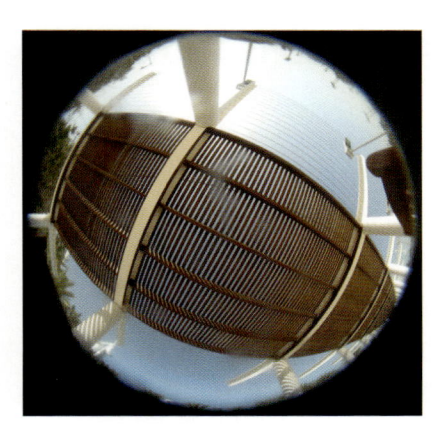

写真-2.141　鉄骨柱を持つ木製の日除け(2)(魚眼写真)

第 2 章　海外の日除け

写真-2.142　池に隣接する幼児遊び場の日除け

写真-2.143　船着場の日除け

写真-2.144　バーレーンの児童公園の 1 枚膜の日除け

2.4　フィリピンの日除け

　フィリピン，マニラ市は図-2.7 に黒丸で示す北緯 14 度で赤道に近く熱帯性気候で高温多湿の地域である。気温は年間 25 度から 30 度の間にある。太陽高度は最高 90 度，最低 54 度になる。UVインデックスは 14 に達することがある。日中，気温が高くなる上に太陽直達が当たると疲労が蓄積する。公園には早朝涼しいときに，太極拳やジャズダンスをするグループが体を動かしているが，8 時過ぎには解散して自宅に戻ってしまう。日中日差しの強い時間帯に歩き回る人はまれである。フィリピンの日除けは，日焼けを防ぐというより，日差しによる疲労や不快感を避けたり，熱帯特有の突発性の雨を避けるために設けられている。日本の沖縄の 6 月から 9 月の気候に似ているので，日除けを計画する手本となる。

　マカティ市中心部にはきわめて優れた日除け群がある。システム的にできていて，図-2.8 中の黒

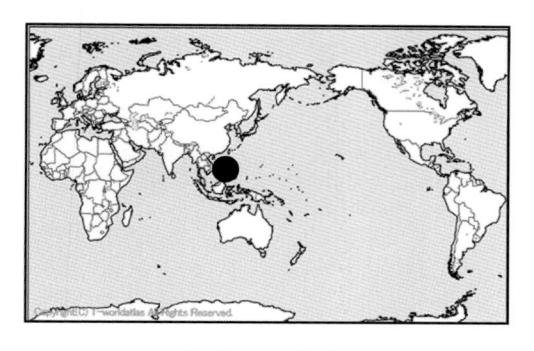

2.4 フィリピンの日除け

図-2.7 フィリピン

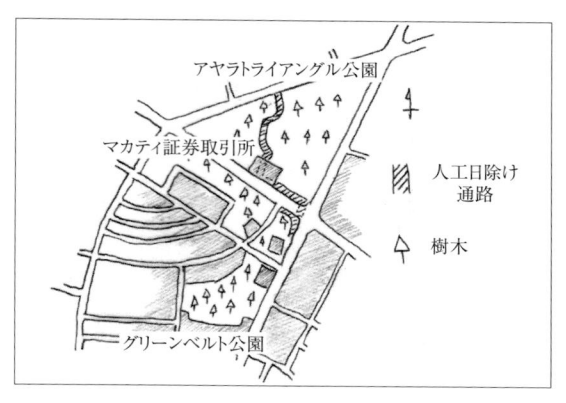

図-2.8 フィリピン国マカティ市

太斜線は日除けの繋がりを示す。アヤラ駅から出て直ぐの歩道に日除けが作られている。この下を歩けば日差しを避けながら数百 m 先まで行ける。交差点は地下道を通れば太陽を見なくて済み，地下道から地表に出た歩道には日除けが連なっている。バスの発着所にも**写真-2.145**，**写真-2.146**の頑丈な日除けがある。有名な建築家 Leandro Locsin の設計したマカティ証券取引所は門型で 1 階は立ち入り自由な広い日影空間があり，街を散歩する人々の休息場所になっている。また証券取引所からパセオ・デ・ロハス通りまでアヤラトライアングル公園を横切るのであるが，途中の通路は瀟洒なデザインの**写真-2.147**，**写真-2.148**，**写真-2.149**の日除けが連続している。これらは日避けとスコールなどの雨避け用である。背後に樹木が植えられているため日射や紫外線も入りにくい。日除け脇は土が盛られており土留めのコンクリートが椅子の役割を果たし，疲れたらどこでも休める。屋根にはところどころ三角形のガラスがはめられて採光と同時に，単調となりがちな日除けに変化をもたらしている。**写真-2.150**は三角形窓を下から見上げた様子である。**写真-2.151**の魚眼写真を見ると日除けと樹木でほとんど空からの紫外線を遮っている。通路の終わりに近づくと**写真-2.152**の平板の日除けが続いている。

写真-2.145 バス停の長大な日除け 　　　　写真-2.146 バス停の頑丈な日除け

第2章　海外の日除け

写真-2.147　歩道に沿った日除け

写真-2.148　アラヤトライアングル公園の日除け(1)
［ビル出口から車道まで曲線状に公園を横切っている］

写真-2.149　アラヤトライアングル公園の日除け(2)
［屋根は三角形に起伏させ変化を持たせている］

写真-2.150　アラヤトライアングル公園の日除け(3)
［日除け屋根に付いている三角形の天窓］

写真-2.151　アラヤトライアングル公園の日除け(4)（魚眼写真）
［日射や紫外線はほとんど入らない］

写真-2.152　アラヤトライアングル公園の日除け(5)
［曲線状の日影ができている］

2.4 フィリピンの日除け

【フィリピンマニラ市の日除け】

マニラ市内にあるフィリピン工科大学の中には青色のさまざまな日除け**写真-2.153**，**写真-2.154**があり，その下で学生達は学習したり，談笑したりしている。建物間も日除けで繋がれている。強い日差しを避けるだけでなく，雨の中でも学生達は教室を移動できる。これらの他，以下にしめす様々な日除けがある。

市内の運動公園にある独立した休憩所（**写真-2.155**）。バス停の立派な日除け（**写真-2.156**）。マニラ市中心部のリサール公園の木陰でダンスを練習する生徒達（**写真-2.157**）。植物が育ちすぎて屋根が重そうなパーゴラ（**写真-2.158**）。公園の大木で，木の下にたくさんの出店がある（**写真-2.159**）。マニラホテルのプール脇の個人用日除けで体を包むように覆いがある（**写真-2.160**），（**写真-2.161**）。魚眼写真からもきわめて効果的であることがわかる。開口部を北東方向に向けているので，昼から午後にかけて太陽を背から受け椅子内に日影ができる。職業紹介所のテント（**写真-2.162**）は，たくさんの人々が職を求めて集まっていた。外で待つにはこのような日除けが必要である。マニラ市近郊の屋外レストラン，内部は膜と同じ材質の帯を天井にはわせて変化を持たせていた（**写真-2.163**），（**写真-2.164**）。

写真-2.153　フィリピン工科大学中庭の日除け(1)
[学生たちが学習したり談笑したりしている]

写真-2.154　フィリピン工科大学中庭の日除け(2)
[校舎間を移動するのにも役立っている]

写真-2.155　公園の独立した休憩所
[市内の運動公園にある独立した休憩所。街路の簡便な日除け]

写真-2.156　バス停の屋根
[バス停の立派な日除け]

写真-2.157　公園の木陰でダンスを練習中
[マニラ市中心部のリサール公園の木陰でダンスを練習する生徒達]

写真-2.158　生い茂ったパーゴラ
[植物が育ちすぎて屋根が重そうなパーゴラ]

第 2 章　海外の日除け

写真-2.159　広い樹冠を持つ樹木
［公園の大木。木の下にたくさんの出店がある］

写真-2.160　ホテルプール脇の日除け付き一人用椅子
［マニラホテルのプール脇の個人用日除けで体を包むように覆いがある。開口部を北東方向に向けているので，昼から午後にかけて太陽を背から受け椅子内に日影ができる］

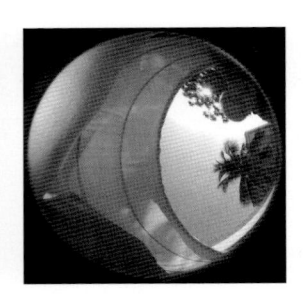

写真-2.161　ホテルプール脇の日除け付き一人用椅子（魚眼写真）
［魚眼写真からも極めて効果的であることが判る］

写真-2.162　職業紹介所の日除け
［職業紹介所のテント。たくさんの人々が職を求めて集まっていた。外で待つにはこのような日除けが必要である］

写真-2.163　マニラ郊外のレストラン(1)

写真-2.164　マニラ郊外のレストラン(2)
［内部は膜と同じ材質の帯を天井にはわせて変化を持たせていた］

2.5　その他の日除け

【その他の国の日除け】

　写真-2.165 はベトナムハノイの郷土料理レストランである。さまざまな大きさの膜を多用して，日影を作っている。樹木も多く，木漏れ日が膜に映り，これが模様のようで変化をもたらしている。大きな膜の間にパラソルを置き，テーブル上に太陽光線が届かないようにしている。ベトナムは高温多湿なので，膜内部には写真-2.166，写真-2.167 のように扇風機をつけて空気を循環させている。扇風機の風が人々の肌に当たることで，肌を冷ましている。また全体を大きな膜で覆わず，中程度の大きさの膜を重ねているので隙間が多く，そこから空気が出入りでき，外の涼しい空気と入れ替えられる。レストランであるが屋外にいるような雰囲気と快適な温度湿度であった。レストラン入口も樹木のみでなく，写真-2.168 のパラソルを置いている。

　写真-2.169 はインド中部の工業都市ハイデラバードにある研究所の中庭で開かれたパーティの

2.5 その他の日除け

写真-2.165　屋外レストランを覆う膜日除け(1)

写真-2.166　屋外レストランを覆う膜日除け(2)
［湿度を下げるため扇風機が回っている］

写真-2.167　屋外レストランを覆う膜日除け(3)
［湿度を下げるため扇風機が回っている］

写真-2.168　屋外レストラン入口のパラソル

写真-2.169　インドの研究所の4色の綺麗な仮設日除け

写真-2.170　トルコ市街地のパーゴラ
［男性達がおしゃべりを楽しんでいる］

第2章　海外の日除け

写真-2.171　広場の日除け
［バイクを置いて休憩中］

写真-2.172　広場の観光客用の簡易なレストラン

写真-2.173　スイス高山のレストラン屋上テラスのパラソル(1)

写真-2.174　スイス高山のレストラン屋上テラスのパラソル(2)

日除けである。4色のカラフルな布を細い鉄柱で支え，ステーを張って倒れないようにしている。百人以上の参会者がティータイムに集い，お茶を飲み歓談している。周囲は樹木が豊富なので空気も清浄で，景観も良い。日射は強いが，高地であるため涼しく過ごしやすい。色彩の綺麗な大きい布があればこんな快適な空間が簡単にできる。

　トルコイスタンブールは街に樹木が少ない。男性達は午後街角にある**写真-2.170**のようなパーゴラの下に集まり雑談に興じる。

　写真-2.171，**写真-2.172**はイタリアミラノ市内の広場の日除けである。ツーリング用のバイクが置いてある。いずれも四辺形のパラソル型日除けで，閉店時には屋根部分を折畳み紐で結んでおく。夜間に風が吹いても飛ばなくてすむ。日除けを連続して設置しているため，客席には太陽直達が入り込まない。周囲の古色蒼然とした建物の中でパラソルの白は際立っている。

　写真-2.173，**写真-2.174**はスイスのリギ山展望台の日除けである。遠くに雪を抱いた山々が見える。パラソルの色は黄色で山並や雪と調和して美しい。このような風景では白を使えない。半数

写真-2.175　ビル1階ファーストフード店屋外のパラソル
[太陽に直交させるため，斜めに立てている]

写真-2.176　ガラスのパラソル

写真-2.177　八百屋のパラソル型日除け

写真-2.178　広場の大型のパラソル(1)

のパラソルは絞ってあり，残りが開いている。高地で日射も紫外線も強いが，客にはどちらも選べる。床は木製で日射による温度上昇は小さい。このような素晴らしい風景の中で，ゆっくりお茶を楽しみ，同行者と雑談を楽しめれば最高であろう。**写真-2.175**の日除けはパラソルを斜めにして，お客を包み込むようにしてビルの前に喫茶空間を作っている。

　ドイツの南部の小都市で見たガラス製のパラソル型日除けを**写真-2.176**にのせる。これでは日射は防げないが，紫外線や雨は防げる。ドイツは寒い時期が多く，日射を防ぐよりも，むしろ透過させて，寒い時期に太陽を受け入れるようにしたのかも知れない。上に対する圧迫感を感じない長所もある。**写真-2.177**は古い建物の脇で開かれた八百屋である。パラソルと長方形テントを組み合わせている。シートの色は緑で野菜と調和している。**写真-2.178**は中世の町並みに囲まれた広場の喫茶店の広大なパラソル型の日除けで，パラソル型としては強度的に限界に近い。大きさの割に支柱が細いのは，高い建物に囲まれているので風が弱いからであろう。この形式の場合，風が強いと根元に力がかかり柱が曲がる。曲がると布の風を受ける面積が増し，パラソルは吹き飛ばされ

写真-2.179　広場の大型のパラソル(2) 　　　　　　写真-2.180　道路脇のパラソル

写真-2.181　模様の入ったパラソル 　　　　　　　写真-2.182　街路上のパラソル

る。緯度が高いのと周囲に高い建物があるので，日除けとして機能するのはわずかな時間である。観光客が立ち寄るので長い時間いるのではなく，街の雰囲気を楽しんだり，簡単な食事をする場所として使われている。

　写真-2.179は教会前のわずかな空間を利用して作られたお茶飲み場所の日除け。階段の上にあるので広場を見渡せる。**写真-2.180**は路上にパラソルを立てたレストラン。パラソルを立て，椅子と机を置くことでレストランが外部空間まで占有している様子がわかる。窓が小さめで暗い建物内と明るく開放的で風にもあたれる外部空間の両方を用意することで収容力を増すだけでなく，選択の自由度を大きくしている。建物にぴったりと寄り添っており，背後の建物の日影にあるので日除けは必要なさそうにみえるが，お客からすれば上に何もないより覆いがあるほうが落ち着く。**写真-2.181**のパラソルの支柱が机より奥にあるのは，太陽が斜めから入るためで，机と椅子に日影を作るためにはこのような位置になる。しかし手前の椅子に日が差しているところを見ると，パラソルそのものが小さいのであろう。

　写真-2.182はドイツ南部シュツットガルトの街中の日除けである。日除けの脇には花壇があり

花が咲き乱れている。この一角が華やかで，つい休憩してお茶を飲みたくなる。両側を高い建物に囲まれていれば多くの時間日射や紫外線を気にする必要はなく，日除けは必要ないと思われるが，時として建物の間から入り込む太陽直達は短い時間でも防がねばならず，かつ喫茶空間を主張する意味で日除けが置かれている。1人でひっそりとお茶を楽しみ通りを行く人々を観察するにはこの位置が安心できる。**写真-2.183** は同市のバス停の日除けでいかにもドイツ的で頑丈である。

写真-2.183 ドイツらしい頑丈で綺麗なバス停の屋根

第3章
日本の日除け

3.1 日本の日除けの特徴

日本の日除けは下記の特徴を持っている。

① 日除けを利用する主な期間は5月から10月までの半年間である。強い日差しによるまぶしさや熱による不快感を防ぐのに役立つ。冬は日差しが欲しくなるので，日除けは無用になる。

② 熱中症にかかる人が多く，熱中症予防としての日除けは価値がある。

③ 日焼けがこうじて皮膚がんになる人は少ない。

④ 台風の常襲国で，北方では積雪がある。したがって常設の日除けや休憩所は構造的に頑丈であることが要求され，高価になる。

⑤ 雨量が多いので，純粋の日除けではなく，雨避けの機能を併せ持つ。

⑥ 屋外で飲食する習慣が少ないので日除けは少ない。

⑦ 夏季湿度が高いので，日除け下に入って日差しを防いでもそれほど快適でない。

⑧ 日本は中緯度にあり，南端は北緯20度，北端は北緯45度と南北に長い国である。太陽高度は南端で最高90度，最低47度，北端で最高72度，最低23度と，日除けとその作る日影の位置が大きく異なる。

⑨ UVインデックスは日本南端で最高12に達するが，北端で8程度である。日除けを使用する時期は地域により著しく異なる。

⑩ イベントや入場待ち行列用の日除けが少ない。

⑪ 日除けの専門家が少なく，日除けがシステム的に計画されていない。

雨が多いことが，日本の日除けの役割を複雑化し，夏季湿度の高いことが利用する上での快適さを失わせている。諸外国の日除けのように日差しを防ぐといった単純な機能に限定することができない上，常設の日除けの場合，台風や降雨，積雪など厳しい自然環境に耐える頑丈なものとならざるをえず，日除けの建設は盛んでなかった。しかしオゾン層破壊による紫外線増加や，夏季，学校，イベント会場，屋外スポーツ場などで，熱中症で手当てを受けたり入院する人々が増加していることから日除けの必要性は増している。

第 3 章　日本の日除け

　既存の日除けや休憩所を見ると，設置位置や規模，保守・清掃などの点から利用されていない事例が少なくない。計画段階で十分アセスメントを行って，システム的な日除け建設を行えばもっと有効に利用されるであろう。最初に日除けの集合体である万博を取り上げる。

3.2 万博の日除け

　2005年愛知県瀬戸市海上町で日本国際博覧会（以下愛知万博）が開催された。愛知万博のテーマは「自然の叡智」で開催期間は 2005 年 3 月 25 日から 9 月 25 日の 185 日間である[3.1]。総入場者数は 2 204 万 9 544 人で，最高気温は 7 月 21 日の 39℃，30℃以上の真夏日は 94 あり，熱中症および熱中症疑い患者数は全部で 313 人であった。長久手会場は，人工的に造成された公園地区と，自然の植生が残されているゾーン[3]からなっている。グローバル・コモン 1〜6 と呼ばれる地区とグローバル・ループと称する道路からなる。空中回廊グローバル・ループは，全長 2.6 km，幅員 21 m，地上高 0〜14 m の歩道動線で，人にやさしい移動空間であると同時に，さまざまなパフォーマンスや文化プログラムを展開する場である。

　地区毎の会場は，中心に広場を，周囲に展示場が配置されている。日除けは，広場で休憩する人々，展示場入口付近に行列する人々のために設けられている。膜構造物の日除けが最も多いが，通常のテント形式の日除けも多い。その他，木を多用した休憩所もある。

　写真-3.1，**写真-3.2**，**写真-3.3** は日本大学斉藤公男教授の設計した張弦梁構造物で，美しい姿をしているのみでなく，組立，解体撤去が容易にできる。会場で多数利用され，屋根の形は六角形と四角形がある。椅子が基礎を兼ねている。万博終了後も各地に引き取られて使われている。

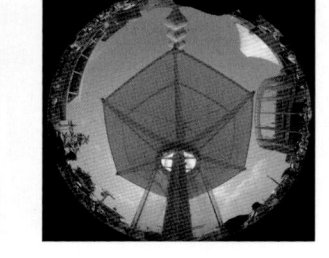

写真-3.1　張弦梁構造の日除け(1)　　写真-3.2　張弦梁構造の日除けの先端部　　写真-3.3　張弦梁構造の日除け(2)(魚眼写真)

　写真-3.4 から **写真-3.6** は展示館の広い中庭にある膜構造物で，中庭全体にかぶさるように設けられ，展示館行列待ちの人々，休憩する人々を日射，紫外線，雨から守っていた。魚眼写真から判るように周囲に建物があるため，ほとんど日射，紫外線が入らない。膜の端部と建物の間に隙間があり，空気の出入りがある。**写真-3.7** から **写真-3.9** はある展示館の外周にあったすだれを用いた日除けである。建物壁面と人々への日射を遮っている。近代的な建物と和風のすだれは良く調和し涼しさを感じる。**写真-3.10** から **写真-3.13** は中近東の展示館脇の膜構造物である。素直な設計で

中央の支柱上部から4本のワイヤーで膜を支えている。膜は十分な広さを持っており，たくさんの家族が休憩していた。膜の色は黄色と緑色でおとなしい落ち着いた感じである。**写真-3.14** から **写真-3.16** は広場に立てられた円錐形をした大型日除けである。大人数を収容できる上，日除け頂部から端部に向かって緩やかに下がって開口部を小さくしているので中心部での魚眼写真を見ても判るように，ほとんど日射や紫外線は入らない。側面から日差しが入るが，全体の面積からすれば日向ができるのはほんの僅かである。**写真-3.17**，**写真-3.18** は広場にあった長方形の大型テントである。屋根材として膜を用いている。基本形に忠実で，日除けとして十分な機能を発揮していた。**写真-3.19**，**写真-3.20** は東南アジア地域の展示館脇の廊下に吊されたすだれである。上半分にしか展開していないので，椅子に座る人々を日差しから守ることは出来ないが，アジア風の安らいだ雰囲気を醸し出し，清涼感もある。**写真-3.21** から **写真-3.23** は水上に建設された木造の休憩所で，周囲の水面から蒸発により周りの空気を冷やす効果があるようである。**写真-3.24** から **写真-3.26** は屋根瓦を持つ木造の休憩所で，梁をジョイントする部分に工夫がなされていた。**写真-3.27**，**写真-3.28** は四辺形屋根を持つ広い日除けで屋根はラチス梁で支えられている。**写真-3.29** から **写真-3.34** は回廊グローバルループ上の帆の形をした日除けで，2.6kmのループの両側に設けられている。空気を冷やすためのミスト発生装置の付いた日除けもあった。**写真-3.35** から **写真-3.38** は帆形と並んで設置されていたもので膜の代わりに木製の桟を連ねている。**写真-3.38**，**写真-3.39** は小型テントと水を入れた重りである。全支柱に取り付けられていた。これらの日除けの他，会場には，**写真-3.40** から **写真-3.52** のように多種多様な日除けが設けられていた。

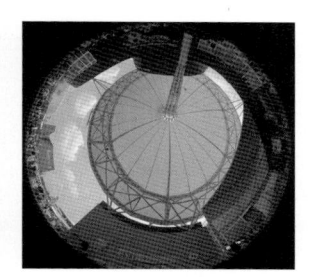

写真-3.4　展示館中庭全体に被せた膜(1)　写真-3.5　展示館中庭全体に被せた膜の天井付近　写真-3.6　展示館中庭全体に被せた膜(2)(魚眼写真)
［建物の広場全体を円錐で覆い広い日影空間を作り出している］

写真-3.7　展示館外周通路の行列者用すだれ(1)　写真-3.8　展示館外周通路の行列者用すだれ(2)　写真-3.9　展示館外周通路の行列者用すだれ(3)
［展示館の外廊下で入館を待つ人々を日差しから守るためのすだれ群］

第3章　日本の日除け

写真-3.10　中近東の展示館の中心にあった膜構造物(1)

写真-3.11　中近東の展示館の中心にあった膜構造物(2)

写真-3.12　中近東の展示館の中心にあった膜構造物(3)

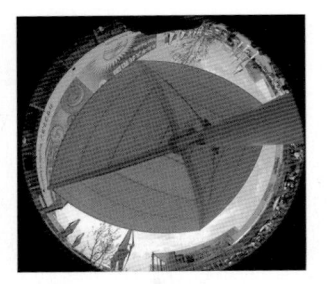

写真-3.13　膜構造物の日除け(魚眼写真)

［空がほとんど覆われているため紫外線は入らない］

写真-3.14　円形の大型日除け(1)

写真-3.15　円形の大型日除け(2)

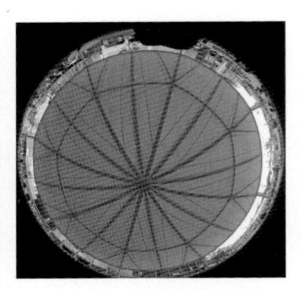

写真-3.16　円形の大型日除け(3)(魚眼写真)

［円形の大規模な日除けで頑丈に造られ太陽を遮蔽する面積も大きい。たくさんの人々がくつろいでいた］

写真-3.17　長方形の日除け

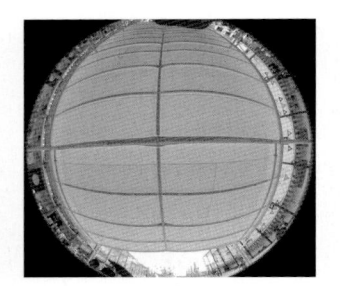

写真-3.18　長方形の休憩所(魚眼写真)

［基本に忠実な長方形の日除け。日射や紫外線を完全に防いでいる］

3.2 万博の日除け

写真-3.19 東南アジアの建物の廊下のすだれ(1)

写真-3.20 東南アジアの建物の廊下のすだれ(2)

写真-3.21 水上に建てられた休憩所

写真-3.22 水上に建てられた休憩所天井

写真-3.23 池上の木造休憩所(魚眼写真)

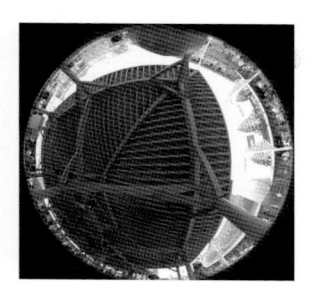

写真-3.24 瓦屋根を持つ休憩所(1)

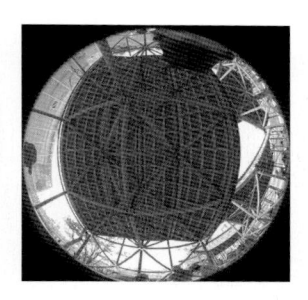

写真-3.25 瓦屋根を持つ休憩所の梁の固定金具

写真-3.26 瓦屋根を持つ休憩所(2)(魚眼写真)

[屋根の支え方に工夫がある木造の休憩所。柱と金属支持具がボルトで結合されている]

写真-3.27 四辺形屋根の日除け(1)

写真-3.28 四辺形屋根の日除け(2)(魚眼写真)

[面積の大きな日除けで,ラチス梁で支えている]

61

第 3 章　日本の日除け

写真-3.29　回廊上のヨット帆型の日除け (1) 
写真-3.30　回廊上のヨット帆型の日除け (2) 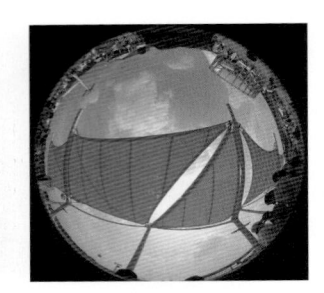
写真-3.31　回廊上のヨット帆型の日除け (3)（魚眼写真）

写真-3.32　ヨット帆型の日除けのミスト発生装置
写真-3.33　回廊上のヨット帆型の日除け (4) 
写真-3.34　回廊上のヨット帆型の日除け (5) 

［ヨット帆をイメージした回廊上の日除けで，一部にミスト発生装置が付けられている］

写真-3.35　回廊上の桟を連ねた日除け
写真-3.36　桟を連ねた日除け (1)（細部） 
写真-3.37　桟を連ねた日除け (2)（魚眼写真） 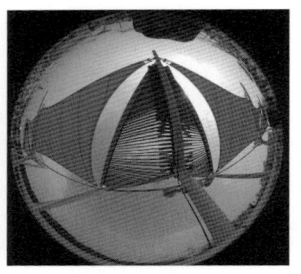

［回廊上にある桟を連ねた日除けで，隙間から日射や紫外線が透過してくる］

写真-3.38　テントによる小日除け
写真-3.39　小日除けテントの重り 

［集合スペースにある中型テントと水入りの重し］

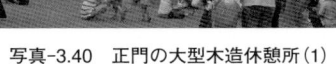

3.2 万博の日除け

写真-3.40　正門の大型木造休憩所(1) 　　写真-3.41　正門の大型木造休憩所(2) 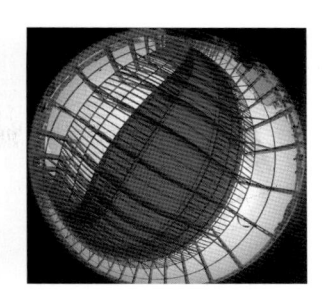　　写真-3.42　正門の大型木造休憩所(3)（魚眼写真）

［正門ゲート上にある円弧上の広大な木造の休憩所］

写真-3.43　円盤の日除け(1) 　　写真-3.44　円盤の日除け(2) 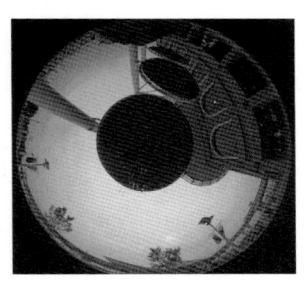　　写真-3.45　円盤の日除け(3)（魚眼写真）

［パイプで円環を作り，膜を張った日除け。高所にあるので魚眼写真を見ると空の部分が多い］

写真-3.46　広場の小規模な日除け 　　写真-3.47　建物の温度上昇を防ぐ日除け

写真-3.48　展示館入口にある行列者用の日除け 　　写真-3.49　円形の日除け 　　写真-3.50　飲物屋のオーニング

63

写真-3.51　店舗の中間に置かれた日除け

写真-3.52　建物間の通路に作られたモニュメント

3.3 幼稚園の日除け

　環境省から紫外線環境保健マニュアルが発行され，また子どもの紫外線防御を目的とした書籍も多数発行されている。乳幼児が健康な成長を遂げるには屋外の遊び場が設けられているが，夏季，園庭で遊ぶには熱中症対策に加えて紫外線対策をしないと，健康が損なわれる可能性がある。**写真-3.53** は園舎間に張り出した日除けで雨も防げる。**写真-3.54**，**写真-3.55** のように軒を長めに取り日影を広くする。園庭にも影が広がっている。

写真-3.53*　園舎間の屋根
[園舎間に張り出した日除け。雨も防げる]

写真-3.54*　園舎から長く延ばした庇(1)
[軒を長めに取り日影を広くする。園庭にも影が広がっている]

写真-3.55*　園舎から長く延ばした庇(2)

3.3 幼稚園の日除け

写真-3.56 から**写真-3.70** は保育園，幼稚園の日除け例である。

写真-3.56* 園庭の大木による広い木陰

写真-3.57* 園庭のタープ

写真-3.58* 園庭の大タープ(1)

写真-3.59* 園庭の大タープ(2)

写真-3.60* 樹木間に張ったタープ

写真-3.61* 遮光ネットによる日除け。夏季に展開する

65

第3章　日本の日除け

写真-3.62*　園舎から張り出した遮熱ネット

写真-3.63*　大きな樹木下の遊具

写真-3.64*　園舎から張り出した遮熱ネット

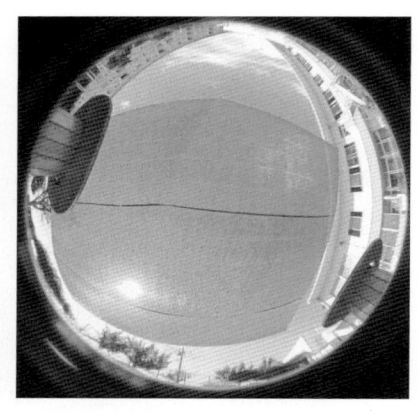

写真-3.65*　園舎から張り出した遮熱ネット（魚眼写真）

写真-3.66*　砂場の遮熱ネット（1）

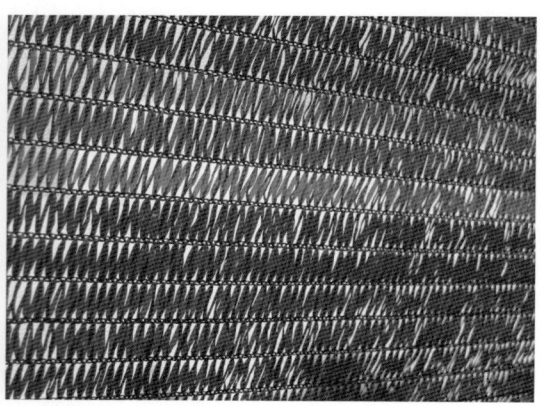

写真-3.67*　砂場の遮熱ネット（2）

写真-3.68* 園庭の遮熱ネット

写真-3.69* 巻いて園舎壁脇に収納した遮熱ネット
［風や雨の時に収納する］

写真-3.70* 赤緑2色のテント
［テントによる日除け］

3.4 公園，庭園の日除け

　公園には，遊ぶ子どもと見守る親，ボール遊びする子供たち，談笑する若者，昼休み休憩するサラリーマン，憩う高齢者達がおり，樹木と人工日除けによって夏季の強い日差しから守られている。公園の日除けは通路脇か，広場に面して置かれている。人がたくさん通る通路や，人々が集う広場の日除けは利用されているが，同じ広場でも隅であったり，遊び場所から離れていると利用されない。また屋根が小さいと収容人数が少なく利用されない。椅子が汚れていたり，朽ちそうだと服に汚れが付着するので避けられる。

　日除けと椅子は一体として考えるべきで，日本の夏季の太陽高度60，70度を考慮して，日除け南端から北へずらした位置に椅子を置くとお昼時の強い太陽直達を避けられる。椅子の最も大事な

ことは，そこに腰掛けたいと思わせるような綺麗さである。デザインの良さよりも清潔さである。日本は雨が多く，湿度が高く，椅子は汚れやすく朽ちやすい。鉄製やジュラルミン，プラスチックを使った椅子や，耐候性の椅子も出てきているが，汚れにくい椅子の開発も急がれるだろう。東西方向に向かう公園内通路は，南側に街路樹を植えて通路上に日影を作り，南北方向に向かう通路には両側に街路樹を植える。午前，午後共に日影に入りながら通行できる。街路樹は通路すぐ脇が良い。通路から離れて植えると日影が通路に届かない。

【公園の日除け】

　写真-3.71，写真-3.72，写真-3.73，写真-3.74 は日本庭園内にある休憩所とその魚眼写真である。落ち着いた雰囲気があり，ここには和服が似合う。写真-3.75～3.81 は公園の様々な休憩所である。単純なもの，複雑なもの，大きいもの，小さいもの，頑丈なもの，きゃしゃなもの，と多様な休憩所が日本全国にある。

写真-3.71　和風の休憩所(1)
［4，5人が座れる］

写真-3.72　和風の休憩所(2)
［2，3人収容］

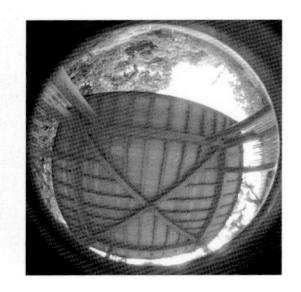

写真-3.73　和風の休憩所(3)（魚眼写真）

写真-3.74　和風の休憩所(4)（魚眼写真）
［前面の魚眼写真で樹木などが紫外線や日射を遮蔽している］

写真-3.75　正方形三連の頑丈な休憩所

写真-3.76　木製トラスの半球状の休憩所

写真-3.77 公園の隅にあった傾斜屋根の休憩所
写真-3.78 翼を広げ今にも飛びそうな休憩所 
写真-3.79 色ガラスを使った帽子型の休憩所 
写真-3.80 豊かな葉量を持つパーゴラ型休憩所 
写真-3.81 ロート状の屋根と二つ組み合わせたかわいらしい休憩所 

3.5 大学と膜構造物の日除け

　大学の日除けは，学生たちが食事や喫茶や談笑，学習，仲間同士の打ち合わせ，また運動部の着替えや休憩などに用いられる。近年，分煙が広がり野外喫煙所としても使われるようになった。通常大学キャンパスは広く，デザインは自由度が大きいので，多様な設計が可能であり，特に建築学科を有する大学であると，建築系教員や学生の格好の設計演習の対象となり，デザイン的にも構造的にも実に面白い日除けが作られている。これらの日除けを設計したり施工したりして建築系学生に鍛錬の場を提供することは教育機関として有益である。卒業研究や大学院学位論文として，膜構造物の日除けを学ぶことで，就職先にその種の建設会社を選択する学生もいる。

　関東地方にあるこの大学校庭には多種多様な膜構造の日除けがある。大学に在籍する膜構造物の専門家によって設計し，建設された。実際に休憩所として使用されているもの，大学祭イベント用に建設され，終了後撤去されたもの，などがある。**写真-3.82** は Welcome ドームと称し，当初，大学正門から授業校舎に向かう通路に設置され，7 000 人近い生徒・大学生の登校下校を見守ってきた。現在はテニスコート・陸上競技場脇に移動され，選手らの休憩用に使われている。幅 8 m，奥行 8 m，端高 2.5 m で，床面積は 64 m^2 ある。広い日影ができるので，20 人程度の大学生が着替えたり，休憩したりしている。屋根膜の材質はテフロンコーティングされたグラスファイバーで，紫外線透過率はほぼ 0 である。**写真-3.83** は六角形の張弦アンブレラの日除けである。愛知万博にも

写真-3.82　大学構内の膜日除け(1)
［広いので運動部の学生が休憩したり着替えに使っている］

写真-3.83　大学構内の膜日除け(2)
［愛知万博で使用されたものの再利用］

60張り採用された。この校庭にあるのはその再利用である。基部にH鋼が据えられ，重りと椅子を兼ねている。四角形のアンブレラもある。雨水は膜中央部に開けられた穴から落ちる。雨水は支柱に取り付けられた円筒の透明ビニール中を落下するので，椅子に座っている人は濡れない。強風時は傘のように膜を絞りロープなどで縛ることにより，破損を防げる。**写真-3.84**は屋根端から上に向けて撮影した魚眼写真である。屋根の端部を上に向けて傾斜させてあるため，開放感がある。一方，空が多く見えるため空の紫外線が多く入射する。

　写真-3.85は一辺幅5.5 m，端高3 mの正方形の日除けである。張弦梁の交差部分に支柱を立て，膜を張っている。屋根の高低差を小さくできる。もともと地面上にあったが現在は屋上に設置され喫煙所として利用されている。四本の支柱の下部にコンクリート製重錘を置き重力式基礎を構成している。**写真-3.86**は校庭内の森林の中に作られた円錐形の日除けで，トラス状の骨組で半球を作り，頂点から円錐形の膜を吊り下ろしている。直径は12 m，端高は2.5 m，中心部高さ5.5 mである。学生を30人収容できる。円周に木製の椅子が配置され，日除け中心で行うイベントを鑑賞できる。中心部が高いのでバーベキューなどにも利用されている。**写真-3.87**は日除け端部での魚眼写真で，周囲に樹木があるため日射や紫外線はほとんど入らない。可視光は透光性の膜を通じて柔らかい光線として内部に入り，周辺の緑と調和して落ち着いた空間を創出している。

　写真-3.88は大学祭で学生によって作られた膜構造物である。広大な休憩空間を作り上げている。前後の開口部が大きく開放的である。日除けは大きければ大きいほど収容能力が増し効果的なので，この種の建築は大いに役立つ。開口部が大きいため空からの紫外線は入射するが，太陽直達を広い天幕で遮っているので，日除けとしての価値は高い。残念ながら大学祭終了時に解体された。**写真-3.89**は中心部での魚眼写真で，一方には青空が，他方には雲が広がっている。**写真-3.90，写真-3.91**は校地内の樹木で，夏季に枝木下で学生が座り談笑したりするのに使われる。樹冠が大きく，下から見上げると日射や紫外線はほとんど遮断される。

3.5 大学と膜構造物の日除け

写真-3.84　大学構内の膜日除け(3)(魚眼写真)

写真-3.85　大学構内の膜日除け(4)

写真-3.86　大学構内の膜日除け(5)

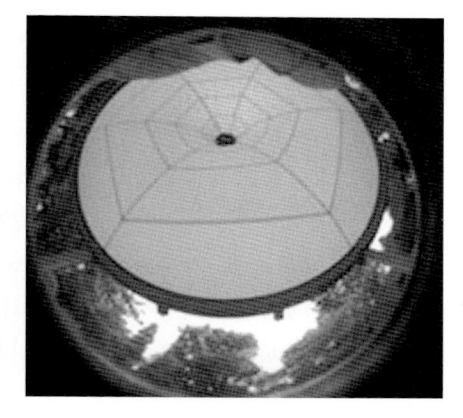

写真-3.87　大学構内の膜日除け(6)(魚眼写真)
　　　　　［周辺に樹木があり紫外線は入らない］

写真-3.88　大学祭で建設された膜構造物(1)
　　　　　［収容面積は大きい］

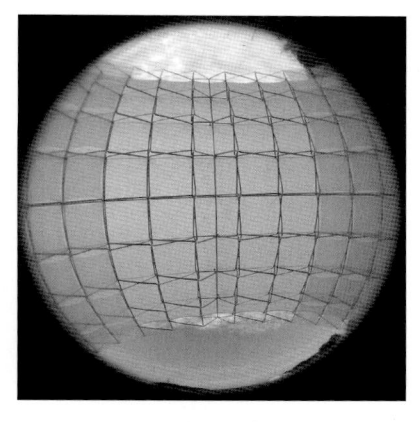

写真-3.89　大学祭で建設された膜構造物(2)(魚眼写真)

写真-3.90　大学構内の樹木(1)
［学生たちが休憩に利用している］

写真-3.91　大学構内の樹木(2)（魚眼写真）

3.6 ビーチの日除け

　夏季ビーチに海水浴に行くとたくさんのカラフルな日除けに出会う。従来パラソル形の日除けが多かったが，現在はワンタッチで広がる四辺形テントなどが見られるようになった。海水浴客が持参するテントは車のトランクに載せられる長さに限度があるため，直径2m弱，高さ1.2から2m程度が多い。海の家が貸し出すパラソルもほぼ同じような寸法である。パラソルでもリゾートホテルが用意するものはいくぶん大きく，寝椅子全体に日影をつくれるものもある。パラソルの直径が大きくなると風を受けたとき浮き上がりやすくなるので，ステーを張ったり，錘を付けている。パラソルの長所は手軽で，安価であり，設置しやすく，眺望を確保したり，風通しが良い，などである。反面，日影面積が小さく，足や頭が日差しを受けたり，太陽が移動すると日影が日向になったり，風に弱い欠点がある。傘が低いほど空から入る紫外線を防げる。太陽高度が低くなると傘の位置と日影の位置がずれ，傘の下にいても日除けの機能を果たせなくなる。パラソルと椅子・机が一体になったプラスチック製折りたたみ式のものがあるが，関東の場合最大でも太陽高度78度程度なので，南側の椅子は日が当たり日差しを防げない。

　四辺形のテント型日除けも使われている。シートを骨組に張って組み立てるタイプもあるが，ワンタッチで広がる日除けもできている。山形になるため上部の日影を作る部分が小さく，したがって日影面積も小さい。2側面をシートで覆うタイプや，風通しや眺望を確保するためネットを用いるタイプもある。いずれの形も四隅を金属やプラスチックの杭で固定する。砂浜では杭がききにくいのでスクリュータイプのアンカーを使うことがある。

　写真-3.92は大きめのビーチパラソルで，2人用である。寝そべるための椅子が両脇に置かれている。椅子の高さで上向きの魚眼写真を撮ると**写真-3.93**のように太陽と空のほとんどが遮蔽できているのがわかる。**写真-3.94**は前方に向けた魚眼写真で，空よりも砂面の面積が広く，砂からの

3.6 ビーチの日除け

写真-3.92 石垣島の海浜のパラソル(1)

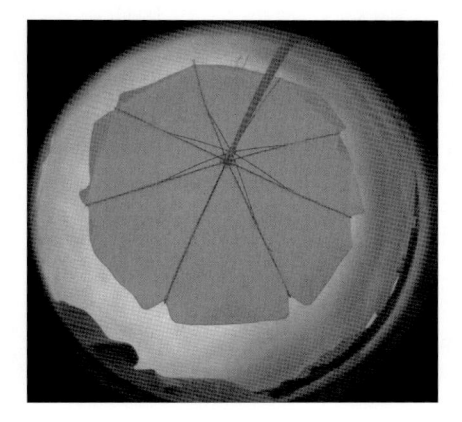

写真-3.93 石垣島の海浜のパラソル(2)(上向き魚眼写真)

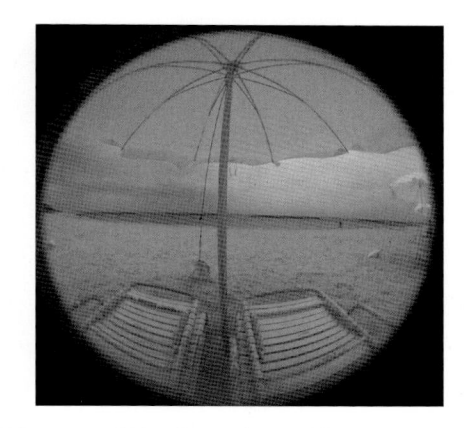

写真-3.94 石垣島の海浜のパラソル(3)(前面の魚眼写真)
［砂からの紫外線反射もある］

写真-3.95 低いパラソルの魚眼写真

写真-3.96 高いパラソルの魚眼写真

第 3 章　日本の日除け

写真-3.97　パラソルと砂袋

写真-3.98　パラソルの浮き上がり防止用砂袋

写真-3.99　ネット付き日除け (1)

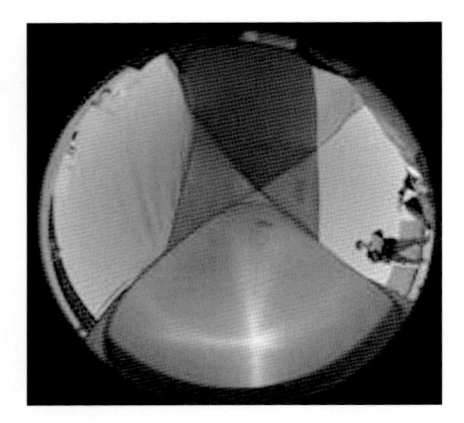

写真-3.100　ネット付き日除け (2)(魚眼写真)

紫外線反射が大きそうである。ビーチパラソルを支柱に添いながら，**写真-3.95** は高い位置から，**写真-3.96** は低い位置から上を見上げた魚眼写真で，紫外線の入る天空が大きく異なる。砂面すぐ上では空の面積が広く，空からの紫外線が大量に入る。したがってパラソルはできるだけ低く置くか，幅広のパラソルを使うべきである。海は風が強いので日除け**写真-3.97** が飛ばされないように，砂の入った袋**写真-3.98** を重しとしてワイヤーで支えている。各種の日除けとその魚眼写真を載せ比較する。**写真-3.99**，**写真-3.100** の日除けは側面が塞がれ，後方はネットで紫外線を遮断しながら通風を確保している。**写真-3.101**，**写真-3.102** の日除けは側方が開放的であるが，天井が低いので，空の見える範囲は少なく，日除けとしての効果がある。

　ヨット帆を利用した日除けはオーストラリアなどにみられる。日本でもヨットの帆の形状を真似た日除けが，東京都葛西水族園屋外休憩所や愛知万博回廊などに採用された。ヨットの帆は，日除けの生地として，① 丈夫で引張りに強い，② 風雨や塩気に強い，③ 紫外線，日射に対する劣化が少ない，④ 取り付け金具がそろっていて，かつ取り付け部分が補強されている，⑤ 綺麗な形態をしている，⑥ 入手しやすい，などの特徴がある。**写真-3.103** にディンギーヨット用の帆を使った例を紹介する。

写真-3.101　四方開放型の日除け(1)

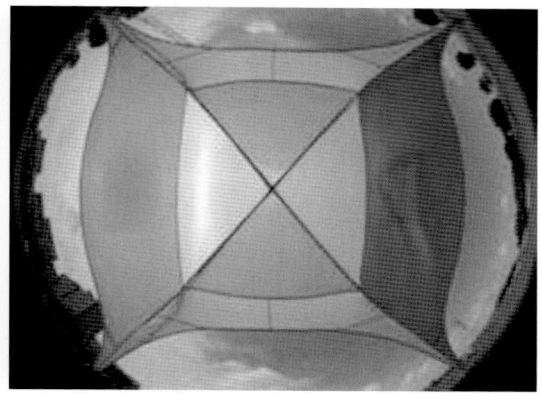

写真-3.102　四方開放型の日除け(2)(魚眼写真)

写真-3.103　ヨット帆を利用した日除け

3.7 海浜公園と休憩所の日除け

　海浜公園は海辺での自然体験学習，レクリエーション等を家族連れや高齢者など多くの人に親しまれている。海浜公園の利用者は，都市内の公園と異なり周囲に高い建設物がないため，夏季，強い日射や紫外線に曝される。

　千葉県の海岸にある木造の休憩所**写真-3.104**，**写真-3.105**，**写真-3.106**は，夏季には海水浴客のために，春秋には海岸を散歩する人々に使われている。周囲に海の家などがないため海水浴客が休憩する場所はほとんどない。本来であれば，海水浴客の休憩，食事などの空間が必要であり，海岸の休憩所にも，食堂，厨房，着替え，排泄などの機能も必要であるが，この海浜休憩所は少し歩くと機能を持つ既設建築物があるため，休憩のみの機能に限定されている。海岸斜面上端の小高い場所にコンクリート床を作り，その上に建設されていて，潮位が最高位に達しても浸水しない。建物周辺は砂浜が続き，海岸全体が見渡せ，休憩所長手方向の方位は南西，北東で，短手方向は南東，

写真-3.104　稲毛の木造海浜休憩所

写真-3.105　稲毛の木造海浜休憩所の屋根

写真-3.106　稲毛の木造海浜休憩所の魚眼写真

北西方位に向かう。休憩所南西面，南東面，北西面はコンクリートの階段で砂浜につながり，後背地に散歩道があり，さらに距離をおいて国道が走っている。長方形であり，壁は四方ともなく，開放的で眺望に優れ，四方から自由に出入りができ，使い勝手が良い。木造で，内部に椅子と机が3組備え付けてある。中央部は半透明のプラスチック波板を使って光を確保している。海岸建設時から設置され，数十年を経過しているせいか，天井が一部分破損している他は原型を留めている。机椅子も木製で木肌の色のせいか，汚れが目立たない。

夏季の強い日差しに対しても側面から数m入れば紫外線防御でき有効である。雨は，特に横風が強くない限り吹き込まない。長手方向の向きは海岸線と平行で南西であり，夏季の午後の太陽直達成分が入射しやすい。海岸にあるため，周囲に風を遮るものがなく，風が主な荷重である。壁面がないため，屋根部への風と，吹き上げを考慮すればよい。椅子は真夏の太陽高度60度～70度を考慮して，太陽直達が床面に入射する屋根の南端には設置せず，その位置より北側に配置してあるので，多くの椅子が太陽直達を防げる。塩害を防ぐとともに，海岸の自然に調和させるため，休憩所は木造で作られている。陸屋根，平面は長方形で，飾りも特になく，簡素な形態である。風除けのための壁がなく，風を防ぐことができないが，利用者の安全を確保するのには休憩所内を見通せる方が適切である。**写真-3.107**，**写真-3.108**，**写真-3.109**，**写真-3.110**は千葉県九十九里海岸の海浜公園の弧状の日除けである。砂浜に接する堤防の陸側にあり，波しぶきがかかることはない。この休憩所に座ると広大な海をながめられる。

写真-3.111は東京湾海ほたるの日除けである。大海原に建つ構造物なので休憩所から360度の

3.7 海浜公園と休憩所の日除け

写真-3.107 九十九里 海辺の公園の休憩所(1)
［風に耐えられる強度を太いコンクリート柱］

写真-3.108 九十九里 海辺の公園の休憩所(2)
［透光性の屋根］

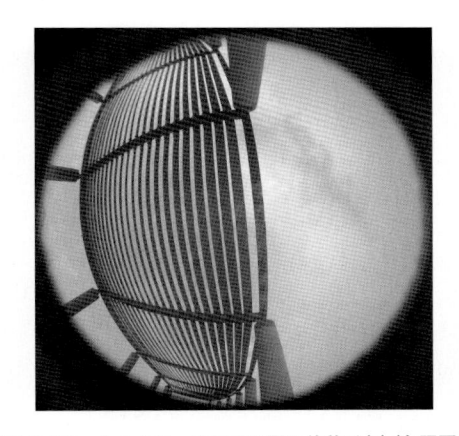

写真-3.109 九十九里 海辺の公園の休憩所(3)（魚眼写真）

写真-3.110 九十九里 海辺の公園の休憩所(4)
［曲率を持つ屋根］

写真-3.111 東京湾海ほたるの日除け

写真-3.112 海ほたるの日除けの屋根

77

第3章　日本の日除け

景観を楽しめる。屋上にある日除けは，4つの網目状屋根を鉄柱で支え，ベンチが隅に設けてある。ベンチの背後は樹木があるので座っていても風を受けることはない。海ほたるの日除けは常に塩風に曝されている。屋根部分は穴あき板(**写真-3.112**，**写真-3.113**)，椅子は汚れにくい金属で錆びないようにステンレス(**写真-3.114**)で作られている。最上階には膜構造物の帆型の日除け(**写真-3.115**)がある。

　写真-3.116から**写真-3.123**は東京湾最奥部にある東京都葛西臨海公園である。同公園は1989年に開園した。面積は805 861m²である。園内に東京都葛西臨海水族園，鳥類園，汐風広場，展望広場，東京都水辺ライン発着場，芦ケ池，ホテルがある。樹木は多く木陰で休むことができる。休憩所やパーゴラが広場に面してある。葛西渚橋で東京都葛西海浜公園と繋がっており，夏季に海浜公園は海水浴客で賑わう。橋を渡ってすぐに大型テントの日除けがある。

　写真-3.122は葛西海浜公園の海水浴場に設置された膜構造の日除けである。正方形の膜で4本の支柱によって支えられている。広い膜なので広い日影面積を形成でき，夏季になるとこの日除け

写真-3.113　海ほたるの日除けの屋根穴開き板

写真-3.114　海ほたるの日除け下の穴開き椅子
［ステンレスで錆びず，汚れず］

写真-3.115　東京湾海ほたるの膜日除け

3.7 海浜公園と休憩所の日除け

写真-3.116 葛西臨海公園の休憩所

写真-3.117 葛西臨海公園のパーゴラ

［公園内の日除けや休憩所］

写真-3.118 葛西臨海公園の船乗り場。休憩も可能である

写真-3.119 船着場の待合室

写真-3.120 葛西水族園レストランのヨット帆型日除け

［臨海公園，水族館内にあるレストランの日除け。ヨット帆を模している］

写真-3.121 公園内通路

［海浜公園の樹木と通路。ここはアスファルト舗装で夏暑く日影も無い］

写真-3.122 葛西臨海公園海水浴場の膜日除け

［広くたくさんの人が入れる］

写真-3.123 公園の樹木と十分な木陰(1)

［道の両側に樹木があると豊かな日除けとなる］

写真-3.124 沖縄離島の頑丈な休憩所

［台風に十分耐える］

写真-3.125 石垣島のリゾートの桟橋にあった日除け(1)

写真-3.126 石垣島のリゾートの桟橋にあった日除け(2)

79

から人が埋まっていく。多数の家族連れが日除け下で休憩したり飲食をして利用頻度は高い。海辺なので風を遮るものがなく，強風に曝されて破損している箇所もある。保守や一定期間経過した場合，膜を交換する必要がある。

写真-3.124 は八重山諸島の海浜の休憩所でコンクリートで頑丈に作られ，いかにも海岸の強風や塩害などの厳しさに多年耐えられるように作られている。写真-3.125 は海浜から海上まで作られたピア先端の日除けである。南国のイメージを強調するため屋根は植物で葺いてある。柱には救命浮き輪が取り付けられている。釣り人が糸を下ろして楽しんでいた。写真-3.126 は支柱上部である。

3.8 海浜イベントの日除け

ビーチバレーが盛んになり通年で行われている。海浜は日差しを防ぐ建物や樹木が少なく，ビーチバレー会場には日除けを設置することが多くなってきた。会場に要求される日除けは，多数の観客を強い日差しや紫外線から守ること，受付，売店，救護，事務局，報道者などのための管理空間としての役割を果たすこと，などで開放的な日除けが採用される。また選手，コーチらの休憩，更衣，荷物置き場，待機所の役割を果たす日除けは閉鎖的なテントが用いられる。このほかコート脇

写真-3.127　ビーチバレーの招待者席用塔状テント

の審判席，記録席，選手席など少人数にはビーチパラソルなどが使われる。ビーチバレーは興行的に開催されるので，試合コートは周囲から覗けないようになっている。写真-3.127 は大会事務局，招待者席で搭状の日除けが連なっている。

3.9 その他の日除け

【その他の日除け】

写真-3.128，写真-3.129 は京都の小路で中に入ると道幅が狭く，向かいの家がくっつきそうに建っている。窓にすだれをかけて日差しを避け，外から家の中が見えないように，中からは外の様子がわかるようにしてある。風は通るし，光も柔らかになって入る。

近郊のお寺への参詣道にお土産屋さんがある。店の反対側は川で，すだれを立て，日差しが店の中に入らないようにして気温を低下させ，商品が傷まないようにしている（写真-3.130），（写真-3.131），（写真-3.132），（写真-3.133），（写真-3.134）。赤い大きな和傘は，赤い布を敷いた縁台と組み合わせて屋外での休憩に使われる。周りの景色を楽しみながら，和風のお茶やお菓子を食べる

のは最高である。光が赤い和紙を通してくるため顔が上気して見える(**写真-3.135**)，(**写真-3.136**)，(**写真-3.137**)，(**写真-3.138**)。高台にあるお茶屋さんは風除けのため透明ビニールを吊している。寒くなっても室内は快適である(**写真-3.139**)。

　写真-3.140，**写真-3.141**は総武線市川駅にあるバス停留所の日除けである。屋根は花模様で，光が透過して路上に写し出す。実に美しい模様が路上にできる。特に夏の太陽が強いときにコントラストがはっきりする。もちろん雨避けも兼ねている。夜間は蛍光灯が点灯する。沖縄県石垣島のバス停留所の日除け**写真-3.142**，**写真-3.143**，**写真-3.144**は台風に耐えられるように強固に造られていて，屋根には模様入りの瓦を使用している。石垣島の路上の花や樹木**写真-3.145**，**写真-3.146**が日影を作るのに役立っている。また八重山群島には牛の日除け**写真-3.147**もある。

写真-3.128　京都

写真-3.129　京都のすだれ
［日除けとプライバシー保持の役割を果たす］

写真-3.130　参詣路の土産屋の日除け(1)

写真-3.131　参詣路の土産屋の日除け(2)
［一部天窓を作り採光を確保している］

写真-3.132　参詣路の土産屋の日除け(3)
［光も透過するよしず］

写真-3.133　参詣路の土産屋の日除け(4)

写真-3.134　参詣路の土産屋の日除け(5)

写真-3.135　土産屋の日傘と縁台

写真-3.136　日傘の骨組み

第３章　日本の日除け

写真-3.137　日傘と縁台(1)
［この組み合わせがあると抹茶が欲しくなる］

写真-3.138　日傘と縁台(2)

写真-3.139　茶店の赤い毛氈を被せた縁台と風除けビニール

写真-3.140　千葉県市川駅のバス停
［ガラス屋根の花模様が地上に映し出されている。実に綺麗だ］

写真-3.141　千葉県市川駅のバス停屋根

写真-3.142　沖縄県石垣島のバス停

写真-3.143　沖縄県石垣島のバス停の屋根

写真-3.144　沖縄県石垣島のバス停の瓦

写真-3.145　沖縄県石垣島の街路樹(1)
［紫色の花が咲き乱れている］

写真-3.146　沖縄県石垣島の街路樹(2)

写真-3.147　牛のための日除け

第4章
日射と紫外放射

4.1 紫外放射と地球環境

　地球はさまざまな環境問題をかかえている。放射能，地球温暖化，オゾン層破壊，酸性雨，熱帯林減少，砂漠化，野生生物種絶滅，海洋汚染，有害廃棄物処理など，地球規模の環境問題が多発している。これらの中でオゾン層破壊により，紫外放射を遮断する層がなくなり，地表へ到達する紫外放射が増加している。地球が誕生して，遠大な時間が経過してから，海中に生物が誕生したが，地上には強力な紫外放射が太陽から降り注いでおり，生物は海中から気中に出ることができなかった。海水によって，紫外放射から保護されていたのである。

　オゾン層が発達するにつれて，太陽からの紫外放射を遮蔽し，地上に届く紫外放射は徐々に弱まった。この時から海中の生物は，地上に移動をし始め，地上特有の生物として適応性を高めていったのである。我々，人類もこのような生物種の一つであり，紫外放射が弱いことが人間の存在可能な環境の最重要な要件である。近年の，紫外放射の増加は，ふたたび地上における人類の生存を脅かすものといえる。皮膚がんの増加，白内障の増加はその兆候といえよう。皮膚色によってそのリスクは異なり，白色ほどリスクが大きい。紫外放射はビタミンD生成，殺菌上，貴重な放射であるが，他の自然条件と同様，最低限必要な量と，受容できる適切な量があり，一部の地域では適切な量を越えようとしている。

4.2 日射と紫外放射

　春から夏，秋にかけて皮膚に太陽があたると暑く感じる。暑さを感じるのは日射に含まれる可視光や赤外放射が原因である。海水浴や高原に遊びに行き，数時間経つと皮膚が赤くなる。皮膚が赤くなるのは紫外放射が原因である。ひどい場合は痛くなったり水ぶくれができたりする。痛さで風呂に入るのも難しくなる。太陽からの電磁放射を日射といい，赤外放射，可視光放射，紫外放射が

注）　本章は学術的な説明を行うため，「紫外線」の正式な学術名「紫外放射」を採用する。

存在する。紫外放射は日射に含まれるが，割合が6％であること，またその働きが，日射は暑さ，紫外放射は日焼けと異なることから，ここでは日射，紫外放射は分けて論じる。

紫外放射はその働きによって，3つの波長帯 UV-A(315－400 nm)，UV-B(280－315 nm)，UV-C(100－280 nm)に分類されている[4.1]。UV-A は光化学作用を起こし，材料を変色・劣化させ，また最近は皮膚への影響も懸念されている。UV-B は紅斑作用を起こし皮膚を赤くする。またビタミンD を生じるなど健康に影響を与える。UV-C はオゾン層で吸収されるため地表にはわずかしか到達しない。殺菌作用を有する。

日除け設計者が日射，紫外放射について知っておく知識は次のとおり。

① 太陽の動きとともに日影が動くので，1日，1年の太陽の動きを知っておく。
② 太陽が真上に来るほど日射や紫外放射が強くなる。1日では昼が一番強い。緯度が低くなるほど強い。
③ 曇りでも紫外放射が降り注ぐ。その量は雲量と雲の種類，位置，厚み，高さによって異なる。
④ 地面から反射が来る。白浜や雪面からの紫外反射が大きい。一方，芝生，樹木や茶・黒の土からの反射は少ない。
⑤ 日射は大部分が太陽から直接来る。空から来る量は少ないので，日影に入れば日射を防げる。紫外放射は太陽高度が高くなると，太陽と空から同じ程度来る。したがって太陽から来る紫外放射のみでなく空から来る紫外放射も防ぐこと。見上げたとき空ができるだけ見えないようにする。

表-4.1 紫外放射，可視光，日射の違い

	紫外放射	可視光・日射
波長による変化	あり	あり
太陽放射中に含まれるエネルギー	小	大
視覚による認識	不可能で直感的に判りづらい	可視光は可能で性質が判りやすい
観測データ量	観測データは増えつつある。天空放射輝度分布観測データは少ない	日射，可視光の観測データは多い。天空輝度分布観測データは多い
太陽直射・天空放射の分離	観測データ少により難しいが，一部で試みられている	可
材料透過率・反射率	波長の関数である。帯域値として取扱うことがある	波長の関数であるが，帯域値として取り扱える
検討面	水平面・鉛直面	水平面・鉛直面・傾斜面
影響	①日焼け，皮膚がん，白内障，②材料変色，劣化，③殺菌	①光，②グレア（輝度対比），③熱
効果	ビタミンD，殺菌	昼光照明，暖冷房，太陽光発電
曲線	紅斑作用曲線，光化学作用曲線，殺菌曲線	視感度曲線
反応時間	長い（紅斑発生，黒化，皮膚がん）	短い（明暗応時間），長い（熱応答）
測定	エネルギーが小さいので高感度センサーが必要である。センサーが劣化しやすい。感度曲線に一致させにくい。校正が必要である	エネルギーが大きいので，センサーは製作しやすく，精度の高い測定が可能である

⑥　紫外放射は皮膚が赤くなるサンバーンと色素沈着するサンタンを発生させる。
⑦　日焼けを起こす紫外放射の強さは国際照明委員会 CIE で提唱された UV インデックスで表す。UV インデックスとは皮膚に日焼けを起こす紫外放射の効果量である。

■紫外放射と日射の違い

　紫外放射と日射の違いを**表-4.1**に記す。紫外放射の理論は，日射や可視光の理論に比較して著しく遅れていた。その理由は，可視光線は見えるためその特性を容易に把握できる。しかし，紫外放射は人間の目に見えないため，その性質をとらえにくかった。また，紫外放射はエネルギーが小さいため高感度な測定器が発達するまで，観測することが難しかった。近年，紫外放射への関心が深まるにつれて，半導体を用いた高感度な紫外放射測定器が開発され市販されるようになって，紫外放射の観測が随所で開始された。今後，観測網の拡充によって，紫外放射の特性が明確にされるであろう。

4.3　紫外放射の強さ

（1）　UV インデックスで表現

　第1章1.8節に記したように皮膚に日焼けを起こす紫外放射の強さは UV インデックスで表現される。太陽紫外放射を分光測定し，国際照明委員会 CIE で定めた紅斑作用スペクトルで重み付けした数値を測定結果に乗じて算出する[4.2]。

　UV インデックスを計算する式は，λ を波長(nm)，$E(\lambda)$ を波長別紫外放射強度 mW/(m²・nm)，$S_{er}(\lambda)$ を CIE 紅斑作用のスペクトルとすると
紅斑紫外放射量 I_{CIE} は

$$I_{CIE} = \int_{250nm}^{400nm} E(\lambda) \cdot S_{er}(\lambda) d\lambda \quad \text{mW/m}^2 \tag{4.1}$$

UV インデックス I_{UV} は

$$I_{UV} = \frac{I_{CIE}}{25} \tag{4.2}$$

である。分母の 25 は紅斑紫外放射量を一般的に使いやすい数字にする無次元化のための値で，単位は mW/m² である。

（2）　太陽が高くなる時期，時刻，地域ほど日射や紫外放射が強い

　日本は南に行くほど太陽は高くなり，紫外放射量は大きくなる。**図-4.1** は 1997 年から 2008 年までの 8 月の日最大 UV インデックスを平均したものである[4.3]。南に行くほど太陽が高くなるので紫外放射量は多い。日本は全域 3 以上で，南半分は 6 以上になり，九州南部から南は 8 以上になる。
　図-4.2 は那覇のある年の日最大 UV インデックスを平滑化した年間推移である[4.4]。実線は日最大値で，点線は 1990 年から 2010 年までの累年平均値を示す。日最大値を見ると，那覇は 1 年通し

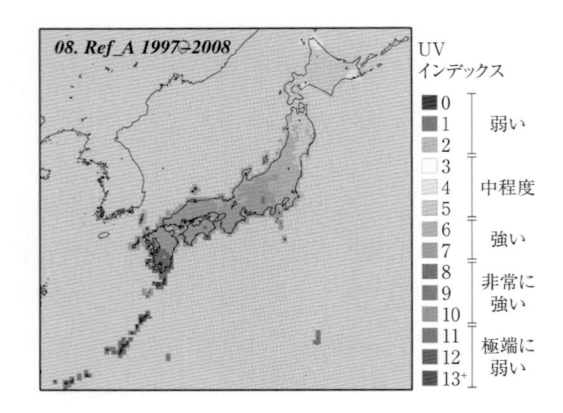

図-4.1* 日本の8月のUVインデックス

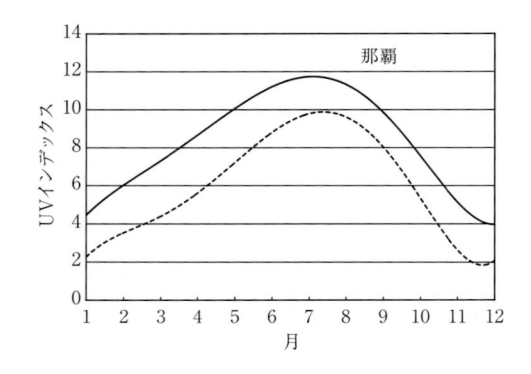

図-4.2* 沖縄県那覇市の月別UVインデックス

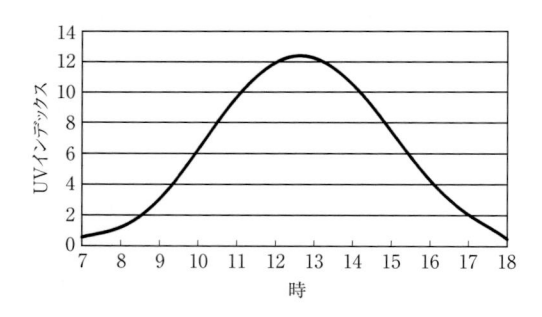

図-4.3* 沖縄県那覇市のUVインデックスの時刻歴

てUVインデックスは4を越し7, 8月は12に達する。

1日では12時に太陽が高くなり, 1年では夏季が高い。**図-4.3**は2011年7月那覇のUVインデックスの1日変化である[4,5]。那覇は30分程度時差がある。9時にはUVインデックス3を越し, 10時には6以上に, 12時半(真太陽時12時)に最大値12となり, 3より下がるのは17時近い。すなわちほぼ1日中, 中程度以上の紫外放射に曝される。

図-4.4に千葉県船橋市で観測した太陽直達紫外放射, 天空紫外放射, 全天紫外放射の日変化を記

4.3 紫外放射の強さ

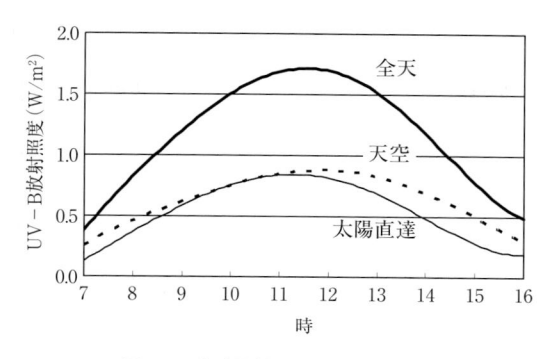

図-4.4　紫外放射 UV-B の時刻歴

す[4.6]。太陽直達紫外放射は太陽からの紫外放射の内，大気を直進し地表に到達する成分をいい，天空紫外放射は大気で散乱されたものをいう。全天紫外放射とは太陽直達紫外放射と天空紫外放射の合計で，通常測定される量はこの水平成分に相当する。7, 8 月に測定された地面での紫外放射を図に示す。太陽直達紫外放射と天空紫外放射は双方とも 7 時から上昇し始め，11 時 45 分（真太陽時 12 時）に最高値に達し 17 時に 0 になる。12 時では太陽直達紫外放射と天空紫外放射はほぼ同程度である。9 時や 15 時は太陽直達紫外放射より，天空紫外放射が大気中の散乱により大きくなる。

雲による紫外放射の変化を記すと，太陽直達紫外放射は曇天で小さくなるが，天空紫外放射は曇天でも存在する。その量は雲の種類，形状，厚み，位置によって著しく異なる。紫外放射が少ない時間帯であっても，外に長時間いれば，最も強い時間帯にいたのと同程度の被曝量となる。このため，時刻のみでなく，活動時間や皮膚露出などを考慮すべきである。

(3) 紫外放射の方位による違い

方位による UV-B 全天紫外放射の変化を図-4.5 に示す[4.7]。水平面に対して南面鉛直の放射照度は 2.5 分の 1 である。東西面は 8～9 時，14～15 時が最大となり，水平面の約半分に達するのは注目すべきことである。身体でいえば，頭頂部が最大で，顔はその半分の紫外放射があたっていることになる。北面は水平面の 4 分の 1 程度になる。したがって，紫外放射被曝を防ぐには水平面を屋

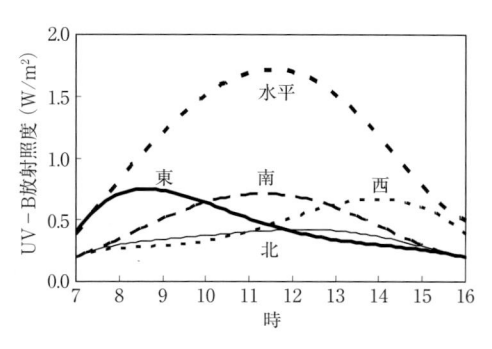

図-4.5　方位別紫外放射照度

第4章 日射と紫外放射

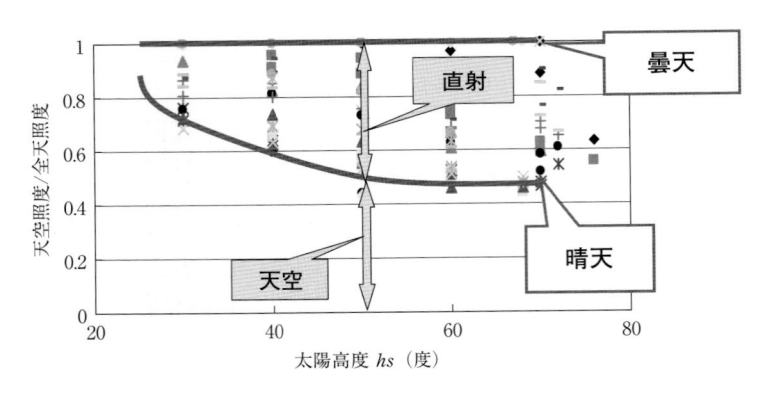

図-4.6 全天紫外放射量に天空紫外放射量の占める割合

根などで遮断するのに加えて，朝8時頃から東，昼は南，14時から西の入射を防がねばならない。東西面は太陽高度が低くなるので，すだれ，ネットなどが有効である。**図-4.6**は太陽と空から来る紫外放射の量を比較している[4.8]。晴天で太陽高度が高い場合，5対5程度になる。したがって太陽から来る紫外放射のみを遮っても，空から来る紫外放射を遮らなければ被曝する。

(4) 紫外放射は空のどの方角から来るか

写真-4.1は晴天空の魚眼写真である。このように空を見上げてみると，どこが明るいかすぐにわかる。しかし紫外放射は目に見えないため，空のどこからどの程度降り注いでいるかわからないので，日除けを設計する際，どの方位，高度に日除けを設置するかわかり難い。もちろん太陽直達紫外放射を防ぐ方位・高度に日除けを設置すれば良いのであるが，天空からの紫外放射も大きいためそれだけでは不十分である。**図-4.7**は太陽高度70度，晴天時の天空紫外放射輝度分布である[4.9), 4.10)]。0度は太陽方位で南，180度は北である。太陽およびその近傍では大きな放射輝度比を示し色が濃くなっている。天空の全方位の放射輝度が高く，あらゆる方向から紫外放射が入る。紫外放射のように波長が短いと，Rayleigh散乱の影響が強く表れるのが判る。

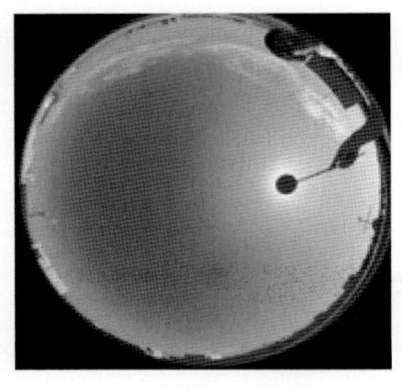

写真-4.1

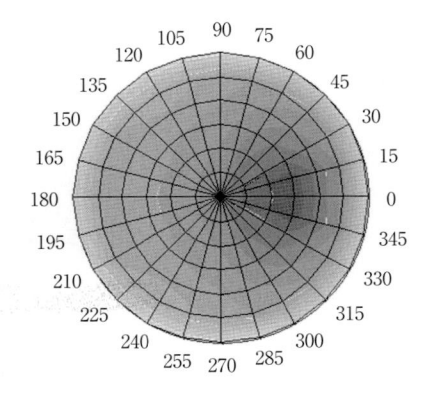

図-4.7 紫外放射の天空輝度分布

(5) 紫外放射と海岸域

　海岸域は，陸域に比較すると，紫外放射は強いといわれている。上空から来る日射や紫外放射は陸域と変わらないが，都市部に比べて空気が澄んでいる上，周囲には紫外放射を遮るものがなく，さらに砂などの地面からの反射が加わるため，強くなる。夏季の海岸は，自然の美しさ，開放感，水に触れる楽しさ，など魅力に富んでいて多くの人を引きつけ水着・薄着の遊泳客があふれるが，強い紫外放射が容赦なく，皮膚に降りかかり，皮膚を傷つける。現在では紫外放射の危険性が認識されつつあり，過度の日焼けを防ぐため，紫外線カット化粧品を皮膚に塗って防衛している。紫外放射の強い海岸域には，人間を紫外放射から防ぐさまざまな日除けが必要であり，今後，そのような配慮がなされてゆくであろう。

4.4 紫外放射と暑さ指数の測定

4.4.1　紫外放射の測定
(1)　紫外放射測定の基礎

　紫外放射を測定する機器は2種あり。UVA，UVB，UVC 各波長域全体を測る帯域型と，波長ごとに測る分光器がある。一般的には帯域型が使用される。紫外放射測定は可視光測定に比較して著しく難しい。その理由は次の通りである。

① 　紫外放射の場合，光のような視感度のみを対象にできず，光化学反応，紅斑作用，殺菌作用などがあり，それぞれの分光感度が異なる。したがって，分光型の放射照度計が必要であるが複雑で高価になる。また帯域全体を測定する一般的な紫外放射照度計は，各社の分光感度曲線が異なるため測定値を比較できない。分光感度が公表され専門家が使用する型と安価で携帯でき主に日焼けから皮膚を守る健康美容に利用される型があり，両者は数倍の異なった測定値を示すことがある。

② 　測定波長が UVA，UVB，UVC にわたり，広い波長範囲で，十分な感度を上げることが難しい。日射量や可視光照度に比較すると UVB は 100 から 1 000 倍の感度を必要とする。ノイズがのりやすい。

③ 　センサーの寿命，安定度が低く，劣化が早い。屋外常置の場合，1年に1回の校正が要る。

④ 　紫外放射の測定基準が徐々に定まりつつあるが，未だ一般的でなく，各社の測定器は波長，分光感度もばらばらである。測定機種ごとに分光感度が異なるため，機種の異なる測定器で計った測定値を相互に比較することができない。紫外放射測定の基準が定まっておらず，校正は研究者にごとに行われている状況である。

(2)　紫外放射の帯域計測

　帯域型紫外放射照度計は，UVA，UVB，UVC 領域に限って帯域内の放射を測定するもので，小型，携帯，安価なのでよく使用される。帯域通過フィルターを光感応素子の上にのせたもので，高

感度，高応答である。**写真-4.2** に英光精機製の紫外放射照度計を示す[4.11)]。280～315 nm が測定波長で 300～310 nm 付近に最大感度がある。測定光源は太陽放射，キセノン電球，ハロゲン電球，蛍光ランプで，測定レンジは瞬時値 20 W/m^2，積算値 10 MJ/m^2 である。入射角特性は 0～60 度で±2%以内，積算時間は 1 分から 24 時間である。また分光感度を紅斑作用スペクトルに合致させ，スキンタイプを入力して MED や UV インデックスを直読できる測定器も市販されている。紫外放射測定は分光感度が測定目的に一致した機種を選ぶ必要がある。

測定項目は空全体を測定対象とする全天紫外放射照度と，**写真-4.3** のように太陽遮蔽棒でセンサーに太陽直達が入射しないようにして天空のみを測る天空紫外放射照度がある。全天紫外放射照度から天空紫外放射照度を差し引いて太陽直達紫外放射照度を得る。

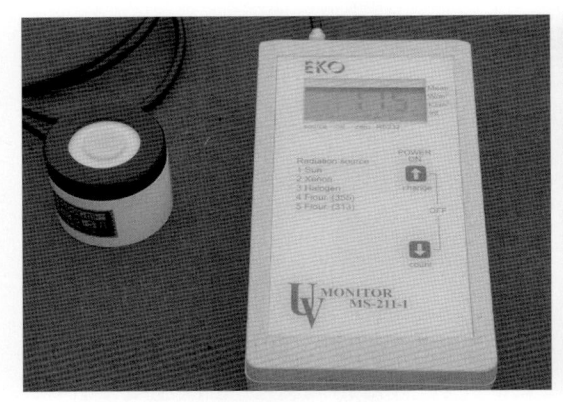

写真-4.2　帯域紫外線計のセンサーとモニター

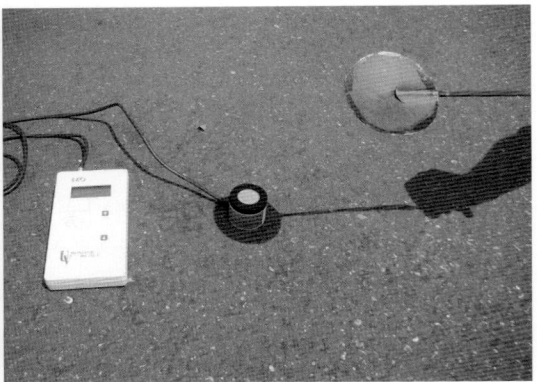

写真-4.3　天空紫外線の測定
［右上の太陽遮蔽棒で太陽をさえぎる］

(3) 時計型紫外放射測定器

個人の紫外放射被曝量を測定するには，体にセンサーを取り付ける。普通のセンサーでは，重く，取り付けも厄介である。そこで考えられたのが腕時計のように腕に巻きつけるセンサーである。**写**

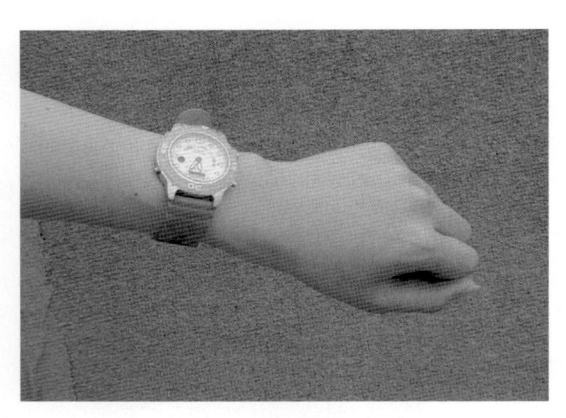

写真-4.4　腕時計型紫外線計
［持ち歩きに便利である］

写真-4.4 のように外見は腕時計と変わらない。紫外放射測定のほか，時計機能を備えている[4.12]。紫外放射照度の測定範囲は 0 から 12 mW/cm^2，測定間隔は午前 0 時より 3 分間ごと，測定単位は 0.4 mW/cm^2，センサー精度は＋－(5% + 1.2) mW/cm^2 である。積分機能も付属しており，測定範囲はデジタル表示で 0 から 299.9 J/cm^2，アナログ表示で 0 から 28 J/cm^2 である。表示盤にはスキンタイプが記されており，アナログ針と併せ見ると，日焼けの限界積算量を目視できる。このような時計型センサーの分光感度は公開されておらず，紫外放射のどの波長を測定しているか不明である。

(4) 化学反応変色型

紫外放射を受けると色が変化する化学反応を利用し，カードやシャツなど多様な商品が開発されている。紫外放射を遮ると色が元に戻る可逆性のもの，色が戻らない不可逆性反応のものがある。化学反応による変色型は，安価で携帯が容易であり，変色によって誰でも感覚的に紫外放射のおおまかな強さがわかる長所がある。一方，反応している波長や量的にわかりにくいため厳密な測定には不向きである。UV 硬化型インキ，塗料，接着剤，樹脂の硬化判定や，ハロゲンランプ，水銀灯，殺菌灯の管理，太陽紫外放射量の確認，ガンマ線・電子線用も製作されている。

(5) 紫外放射の分光測定

紫外放射が皮膚に及ぼす作用は波長によって大きく異なるため，皮膚紅斑作用の程度を推定するには紫外放射分光測定を実施する必要がある。写真-4.5 は水平・垂直回転テーブルに取り付けた分光型天空紫外放射輝度計で天空 145 箇所の測定ができる[4.13]。筒先端から入射した紫外放射は回折格子によって反射し，波長ごとに反射角を変えて，異なった方向に進行する。各波長の紫外放射をダイオードアレイによって読み取って前後の波長の相対値，すなわち相対放射輝度を表示する。

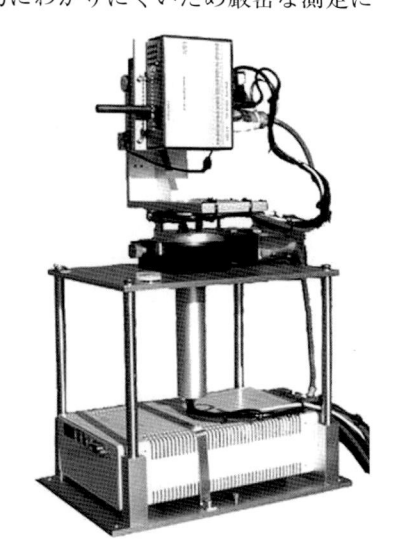

写真-4.5　分光器

(6) 走査型天空輝度測定装置

日除けを設計するには天空の紫外放射輝度分布を知り，天空のどの高度・方位からどの程度の強さの紫外放射が入射するかを検討する。紫外放射照度計にある立体角を持つ筒を取り付けて紫外放射輝度計を製作し，天空を国際照明委員会 CIE の国際標準化データの規定にもとづく 145 要素に分割して，各要素の放射輝度を測定する。各要素の高度・方位に放射輝度計を向ける。写真-4.6 は機械式走査型で全天を測定するのに 2 分から 5 分かかる[4.14]。写真-4.7 は日本大学で開発された電子走査型天空放射輝度測定器「むらさき」で 2 秒で空全体を測れ，天候が変化しない内に測定値を取得できる[4.15), 4.16]。

写真-4.6 機械走査式天空紫外放射輝度測定装置
[センサー支持部は水平・垂直回転をする]

写真-4.7 電子走査式天空紫外放射輝度測定装置
[2秒で145点の天空を測定できる]

（7） 海浜とリモートセンシング

リモートセンシングによる地表の UV-B 測定は，地域ごとに測定器を設置する必要のないこと，海上のように測定器を設置することが不可能な場所での量を推定できること，一個のセンサーで測定できるので各地の相互比較が容易であること，などが特徴である。TOMS 衛星はオゾン全量分光計を搭載し，太陽から入射する放射と，地表からの散乱を測定し，波長の一つはオゾンに影響を受け，他の一つの波長はオゾンの影響を受けないことからその差異を用いてオゾンの状態を推定できる[4.17]。

また海浜の紫外反射は人間の紫外放射被曝量計算する上で重要である。紫外反射は海浜砂の反射率によって定まる。海浜は広く，海浜砂の紫外反射率の点的な測定法では著しく時間がかかっていた。人工衛星や紫外線カメラから得られた短波長可視光画像データを使用し，可視光反射率と紫外反射率が高い相関を持つことを利用して広い範囲における海浜砂の紫外反射率の測定が行われた[4.18), 4.19)]。

4.4.2 暑さ指数の測定

熱中症予防の目安となる暑さ指数の測定には乾湿球温度計と黒球温度計を用いる。ここから得られた乾球温度，湿球温度，黒球温度から式を用いて算出する。測定は自然な空気の流れのある，地上 1.2 から 1.5 m のところで，1 時間ごとに行う[4.20)]。乾湿球温度計，黒球温度計を内蔵し，測定値を演算して WBGT を表示する計器が市販されている。WBGT が一定値を越すと警報が鳴るような工夫をされている機種もある。

4.5 太陽位置の計算

図-4.8 のように太陽の動きとともに日影が動くので，日除けを計画するには，1 日，1 年の太陽の動きを知る必要がある。特に日射，紫外放射が最大となる夏至(図-4.9)の太陽高度，太陽方位を

調べておく。地球は地軸を 23.5 度傾けながら自転し，太陽に対してほぼ円軌道を移動している。**図-4.10** に夏至と冬至の太陽と地球の位置を示す。日本は夏季，地表が太陽にほぼ直交する形となり，太陽直達の大きな日射や紫外放射を受ける。一方，冬季は太陽直達を斜めに受けるため日射も紫外放射も弱くなる。

図-4.11 に示すように地球の周囲には大気の層が存在し，日射や紫外放射は大気の層を通過して地表に到達するまでに減衰する。地球の大気を通過する距離が，直交する場合は短く日射や紫外放射の減衰が小さい。冬季は層に斜めに入射するため，透過する距離が長くなり減衰も大きい。**図-4.12** のように 1 日の中でも夕方は太陽が斜めになるため，同様のことが起きる。

太陽は東から昇り西に沈む。その移動は天頂付近の日射や紫外放射が強い時刻に早い。また夏に太陽高度は高く，冬に低くなる。このように地表から見ると太陽は時々刻々動いているように見える。また太陽の高度と方位は地球上の緯度経度により異なる。このように動き回る太陽からの日射や紫外放射から人間を守るにはすべての面を閉じた日除けを必要とするが，それは実際的ではない。

図-4.8　太陽の動き

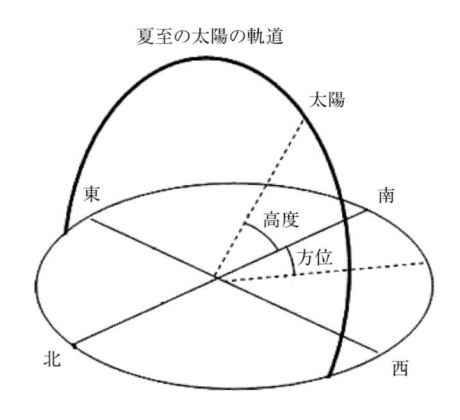

図-4.9　太陽の高度と方位

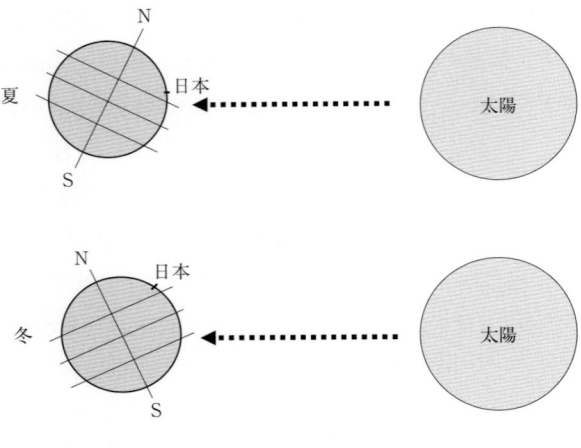

図-4.10　太陽の軸と傾き

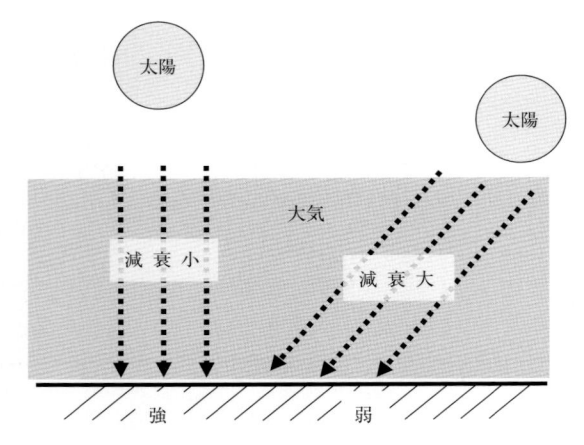

図-4.11　大気と地球

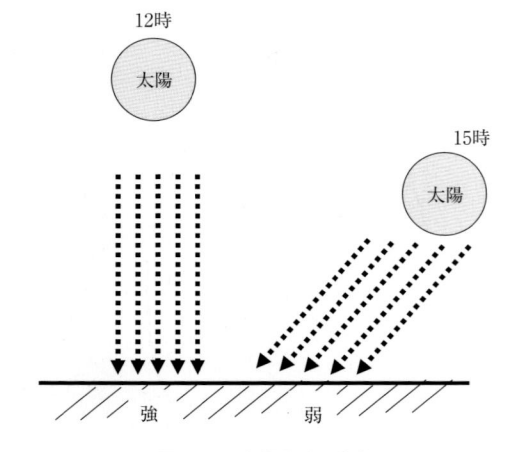

図-4.12　太陽直達と高度

朝や夕方，冬季には太陽は防ぐよりもむしろ受け入れた方が生活に好都合である。日除けは1年の内，また1日の内最も日射や紫外放射が強いときに人を守るために建設される。したがって，日除けは日射や紫外放射の強くなる夏季の太陽南中時とその前後数時間の日影を考慮して設計する。また西陽が強い時は，西側にすだれやよしずなどの日除けが作られる。このように太陽から日射しを遮断して日影を作るには，太陽の動きを知っておかなければならない。

太陽の動きを知るためには，まずその地方の真太陽時 t を求める[4.21]。t_j は日本標準時，λ を経度（東経），均時差を t_e とする。均時差とは真太陽時の平均太陽時の差である。

$$t = t_j + t_e + (\lambda - 135)/15 \tag{4.1}$$

太陽位置は太陽方位角と太陽高度によって定まる。太陽方位角とは真南を基準として，西回りに測った角度である。太陽高度は水平面を0度とした上向きの角度である。太陽方位角 α_s と太陽高度 h_s は，地点の緯度 ϕ，太陽赤緯 δ，時角 t によって計算する。太陽の赤緯とは太陽の天球の赤道面に対する高度である。時角とは検討位置での地方恒星時と天体の赤経との差である。太陽位置は下式で計算できる[4.22]。

太陽高度　　　$\sin h_s = \sin \phi \sin \delta + \cos \phi \cos \delta \cos t$ 　　　(4.2)

太陽方位角　　$\sin \alpha_s = \cos \delta \sin t / \cos h_s$ 　　　(4.3)

太陽高度と太陽方位角は，緯度が決まれば図表として作成されており，計算を行わなくても簡単に求められる。**図-4.13** に極射影図による北緯35度における太陽位置図を示す[4.23]。月日の線，時刻の線の交点から，太陽高度と方位角を得られる。円周は南を0度とした太陽方位を示す。時計回りに南から始まり90度が西で，北を経て，−90度が東となる。円中心の周囲にある線は太陽高度で中心に近づくほど高度が高くなる。日除け設計には主に夏至すなわち線群のうち最上段を利用する。

今，6月21日10時の太陽高度と方位を調べる。6月21日の線を右からなぞっていく。5時から始まり8時を通り10時に達する。10時に点を打ち，点から円にそって反時計回りに回ると高度表示に達し，約62度であることがわかる。次に10時の点と円中心を結び，線を円周上まで延長する。円周と交わる位置の数字を読むと−75度となり，これが方位である。同様にして12時は高度78度，方位0度で，14時は高度62度，方位75度となる。いずれの時刻も日影は日除けの真下にできず，少し北寄りにできる。すなわち6月21日の9時から15時まで6時間滞在するとき，およそ高度50度から78度，方位−85度から85度まで東西方向に幅広の日除けを作れば日射や紫外放射を防げる。しかしあまり幅広い日除けは現実的でないので，東西の開口面にすだれ，よしずなど遮蔽材を設ける。

射影：天空を平面で記述する射影形式には，正射影（等立体角投射率射影），等距離射影，等立体角射影，極射影などがある。正射影は天空率や太陽位置図に用いられ，等距離射影は円中心からの距離と角度が比例するもので魚眼レンズの多くはこの形式である。天空比の計算にも用いる。等立体角射影は画像の面積が立体角に比例するので天空比，雲量測定，太陽位置図に用いる。極射影は天頂付近で狭くなり太陽位置図に用いられる。魚眼写真やチャートを重畳したり，位置を比較するときは同じ射影形式で作成されたものを使用する。

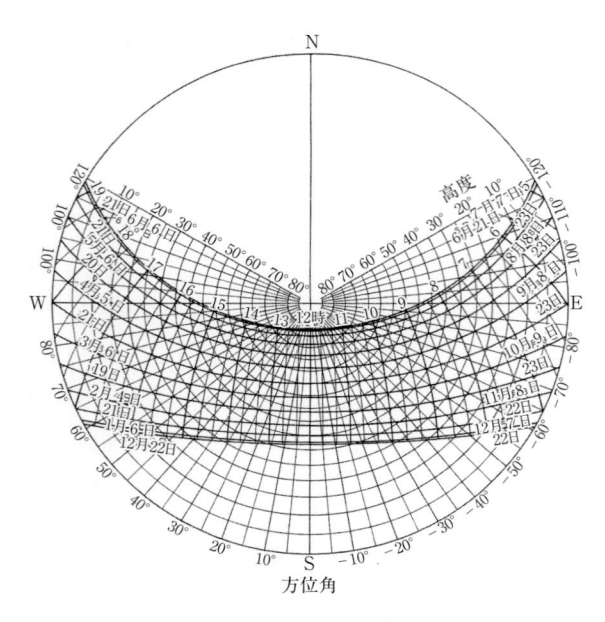

図-4.13* 北緯35度の太陽位置図

図-4.14は緯度別の夏至の太陽位置図である。北緯24度から44度までの8時から16時までの太陽高度と方位を表している。日本は南北に長い国土を持つので同じ夏至でも南中時の太陽高度は約87度から72度の開きがある。弓なりの5本曲線群の内，一番下から上に向けて，北緯44度，36度，32度，28度，24度であり，それぞれほぼ網走，福井，宮崎，奄美大島，石垣に相当する。日除けは日射や紫外放射が最も強い夏至を基準に計画する。曲線群の下の小さな数字は時刻である。北緯24度では日影はほぼ日除けの真下にできるが，45度では18度ずれた箇所に日影ができる。

長さ H の棒を立て太陽高度 h_s とすると，その影の長さ L は

$$L = H \div \tan(h_s) \tag{4.4}$$

である。**図-4.15**は太陽高度70度の時，日除けの高さに対して，太陽直達が日除けの端から入り込

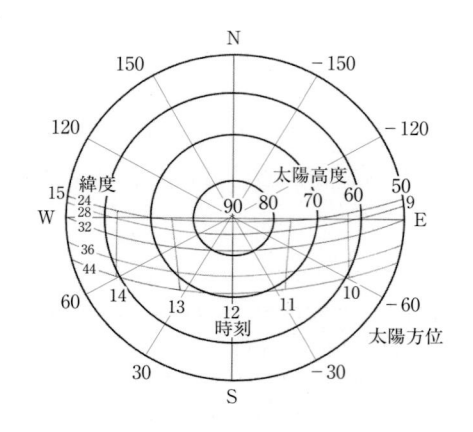

図-4.14 緯度と太陽位置図

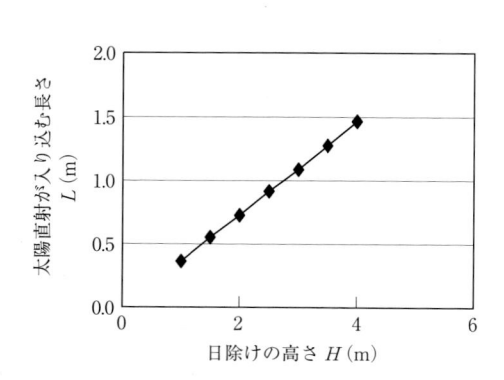

図-4.15 日除けの高さと影

む長さを計算したものである。高さ2mの日除け内で休憩するとき，端から0.7m程度入れば太陽直達を防げる。

4.6 日影曲線と日差し曲線

（1）水平面日影曲線

日除けを設置したとき床面にできる影を推定するには水平面日影曲線を用いると簡単に求められる。水平面に直立棒を立て，棒の先端の影が太陽の軌跡となる。図-4.16に北緯35度における水平面日影曲線を示す[4.24]。月日の線と，時刻の線の交点から影の長さがわかる。例えば5月6日の線，14時の線の交点から，影の長さ0.65が読み取れる。影の長さは単位長を使って，実際の長さに戻せる。棒だけでなく日除けのように幅と奥行があるものでも，日除けの高さにより単位長に換算すれば日影曲線を利用できる。検討する月日，時刻を決め，日除けの幅，奥行，高さがわかれば，日除けの影の位置がわかる。図-4.17[4.25]に日除けの夏至9時と15時の日影をしめす。原点に描いた日除けを夏至の曲線に平行移動すれば当該時刻の日影が判る。冬至と異なり夏至の場合近くに影ができる。

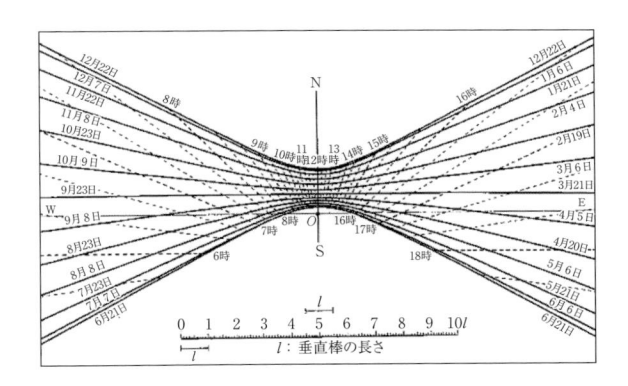

図-4.16*　水平面日影曲線

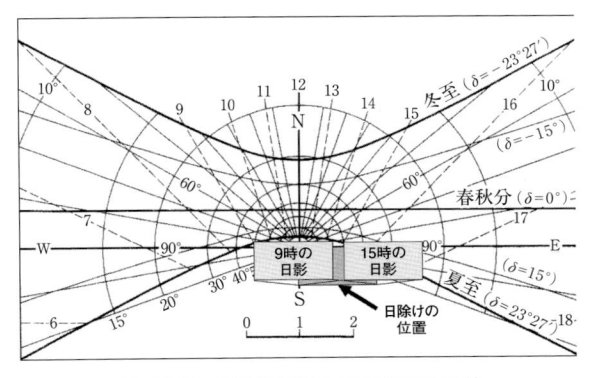

図-4.17*　日影曲線を用いた日除けの日影

（2） 日差し曲線

日影曲線は日除けの大きさが先に決まっていて，日，時刻から太陽の影を描いたが，必要な日影の大きさを先に決めて，次に日除けの大きさを決めるときに用いるのが日差し曲線である。日差し曲線は，日影曲線を180度回転させ，東西，南北を入れ換えて作成する。**図-4.18** は日差し曲線である[4.26]。北緯35度の夏至，春秋分，冬至の太陽の動きが表現されている。座標の縦軸はNS方位，横軸はWE方位である。円周上の数値は南を0度とした方位で，時計回りに数値がふられている。円群は太陽高度をしめし15度から80度までの円が描かれている。実線は太陽の軌跡で，点線は7時から17時までの時刻線である。下にある0から2を結ぶ線は図の基準長で，日除け端の高さに相当する。**図-4.19** は日射や紫外放射が最も強い条件で日除けを設計するため，北緯35度の夏至の曲線のみを描いた日差し曲線である。時刻は日差しの強い9時から15時までを記した。

図の座標の原点に必要とする日除けの日影面を書き，夏至のある時刻に日影面を移動する。移動した日影面に相当する日除けを建設すれば，当該の時刻に原点に日影ができる。別の時刻についても同様な作業を行い，複数の日影を覆う日除けを建設すれば，設定時刻間の日影を確保できる。

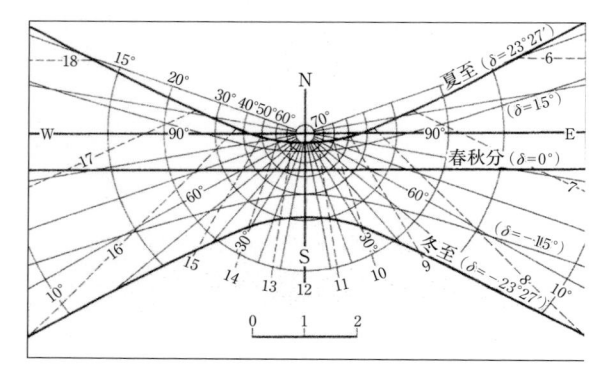

図-4.18*　日差し曲線

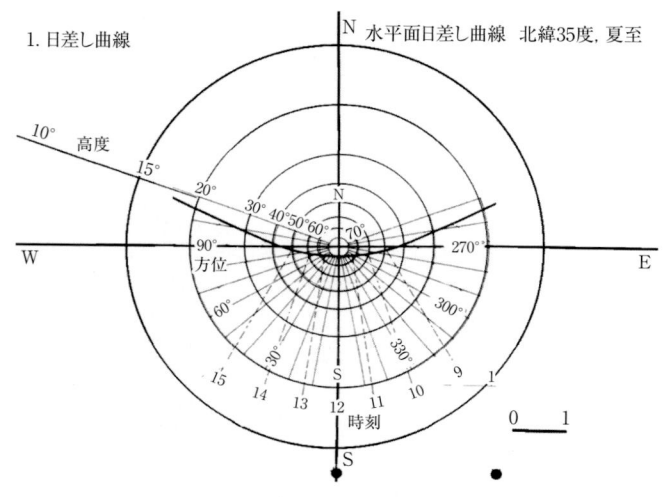

図-4.19*　夏至の日差し曲線

■緯度別の日差し曲線

　日本国土は北海道から八重山諸島まで広範な緯度に位置している。緯度別の日差し曲線を**図-4.20**に記す。5本の曲線群の最上段が北緯25度那覇（26°12′）付近で，最下段が北緯45度旭川（45°46′）付近である。この図を用いて前節の作業を行えば，日本各地で日除けの設計ができる。縦軸横軸も日除けの高さを1として基準化されている。

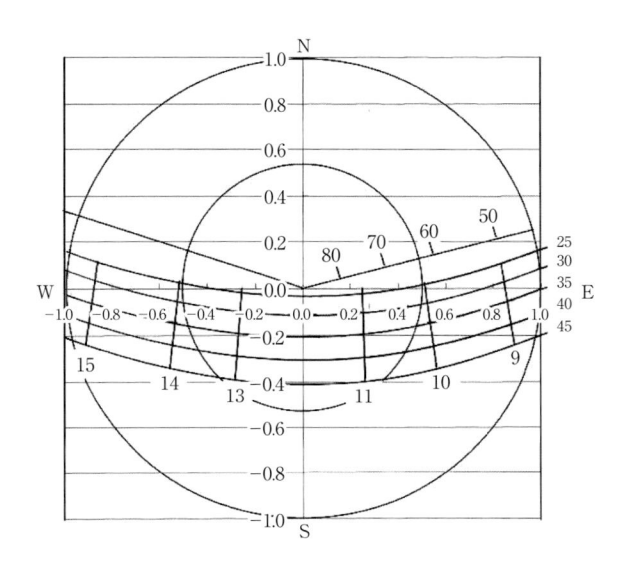

図-4.20　緯度別の夏至の日差し曲線

第5章
日焼けと熱中症の予防

5.1 日射および紫外線と健康

(1) 紫外線と日焼け

　紫外線は皮膚にサンバーンとサンタンを発生させる。サンバーンとは紅斑作用といい，過度の紫外線により数時間後に皮膚が赤くなり，8時間から1日で最大になって，数日後に消えるものである。日本人の場合，真夏，快晴，南中時に約20分で紅斑が発生する[5.1)]。この値は皮膚色によって異なる。サンタンとは紫外線により色素細胞が刺激を受けメラニンを多量に生成し皮膚が黒くなる状態で，数日後に出現し，長期に続く。

　もっとも軽い紅斑が出現するのに必要なエネルギー量を最小紅斑量 MED（Minimal Erythema Dose）という[5.2)]。

　紫外線を皮膚から吸収することでビタミンDが生成され，健康に役立ってきた。ビタミンDが不足して，身体の発育が不全になるのはよく知られている。したがって紫外線の少ない地域では今でも日光浴が健康を維持するために必要な条件となっている。日本においても栄養状態が十分でなかった時代は，日射量が少ない地方ではクル病が発生し，その対策として日光浴が推奨された。しかし，現在は食物からビタミンDを摂取することができ，特に時間を設けて日光浴をする必要がない。育児書も従来日光浴について身体部位，時間の詳細な記述があったが，現在は簡単な記述にとどめ，むしろ過度に日光を浴びることを戒める文章に変わっている。

■紫外線情報

1. 気象庁の紫外線予報

　全国の紫外線情報は気象庁のホームページから得られ，全国を対象としたUVインデックスの予測図を載せている[5.3)]。日本の晴天時予測図，全国の解析図，札幌・つくば・那覇の観測結果も見られ，日焼けを防ぐ1日の行動を決めるのに役立つ。**図-5.1**は同日の東京の予測値である[5.4)]。UVインデックス3以上の時は日影に入ることが望ましい。

第5章　日焼けと熱中症の予防

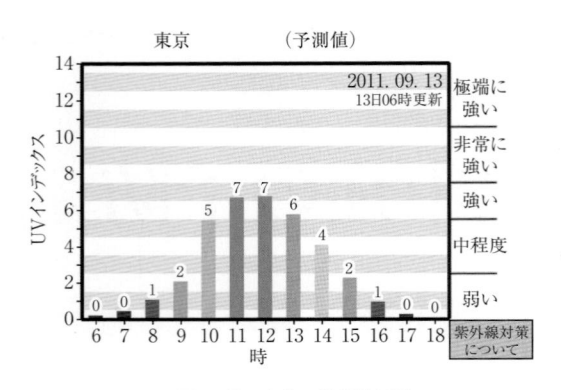

図-5.1*　東京の紫外線予測

2. 国立環境研究所の有害紫外線モニタリングネットワーク

　国立環境研究所は全国の大学，研究機関などからなる有害紫外線モニタリングネットワークを形成し，観測サイトの速報値をホームページ上に公開している[5.5)]。観測点は日本全域にあり，北は北海道から南は波照間まである。また同ページには，紫外線について，UVインデックス，UVインデックス取扱い上の注意など，平明な解説文が添えられている。

3. 新聞，テレビ，携帯電話の紫外線情報

　紫外線の強い時期になると，新聞やテレビ，携帯電話で毎日の紫外線の強さが報道される。時間ごとの強さが，自宅や外出先で容易に見られ，日傘や衣服，屋外活動の時間などを選べるので有益な情報源である。

（2）　熱中症

　夏期に長時間屋外で強い日差しにあたると，気持ち悪くなることがある。屋外での運動中児童や生徒が倒れたり，イベント会場入口で行列していて気持ち悪くなる人もいる。屋内にいても室温が高いと体がだるくなる。これらは熱中症を発症している可能性がある。

　熱中症は「高温環境下で体内の水分や塩分のバランスが崩れたり，体内の調整機能が破綻するなどして，発症する障害」で，高い気温，高い湿度，弱い風，強い日差しが外的条件である[5.6)]。人間側の条件として激しい運動・労働，高齢があげられる。日除けは外的条件において，強い日差しを遮断して休息空間の温度を下げ，かつ開口部が大きいので風を取り入れやすく，湿気を逃せる。したがって熱中症を予防するには日除けの利用はきわめて有効である。

　熱中症も日焼けも強い日差しで起きることは共通しているが，異なる点も多い。

① 　日焼けは太陽放射に含まれる紫外線が原因で起きるが，熱中症は気温，風，湿度，体調など複数の要素が素因となる。

② 　日焼けは数時間後に現象が現れ，すぐ死に至ることはないが，熱中症は発症してすぐに対処しないと生命を失うことがある。

③ 　日焼けは皮膚の疾患であるが，熱中症は体全体の健康状態と密接に結びついている。

④ 熱中症は日向と日影で発生件数が大きく異なり，日影に入ることで熱中症の発生を減少させられる。日焼けは日影に入っていても，空が見える限り生じることがあり，長時間滞在するときは注意を要する。

熱中症を予防するために「暑さ指数」WBGT が用いられる。WBGT とは Wet-bulb Globe Temperature の略で湿球黒球温度を意味する。WBGT は，① 輻射熱を防ぎ自然気流に曝露された湿球温度，② 黒球温度，③ 自然気流に暴露された乾球温度の三要素から算出する[5.7]。黒球温度は，輻射熱を吸収する黒球を用いて温度変化を測定して得る。

屋外では日射のある場合

$$\text{WBGT} = 0.7 \times 湿球温度 + 0.2 \times 黒球温度 + 0.1 \times 乾球温度 \tag{5.1}$$

室内または屋外で日射のない場合

$$\text{WBGT} = 0.7 \times 湿球温度 + 0.3 \times 黒球温度 \tag{5.2}$$

WBGT による熱中症予防の指針を次に示す。日本生気象学会が作成した「日常生活における熱中症予防指針 Ver.1」(2008)は**表-5.1**である[5.8]。日本体育協会の「熱中症予防のための運動指針」を**表-5.2**に記す[5.9]。

表-5.1 日常生活における熱中症予防指針（日本生気象学会）

温度基準(WBGT)	注意すべき生活活動の目安	注意事項
危険(31度以上)	すべての生活活動でおこる危険性	高齢者においては安静状態でも発生する危険性が大きい。外出はなるべく避け，涼しい室内に移動する。
厳重警戒(28〜31度)		外出時は炎天下を避け，室内では室温の上昇に注意する。
警戒(25〜28度)	中等度以上の生活活動でおこる危険性	運動や著しい作業をする際は定期的に十分に休息を取り入れる。
注意(25度未満)	強い生活活動でおこる危険性	一般に危険性は少ないが激しい運動や重労働時には発生する危険性がある。

表-5.2 熱中症予防のための運動指針（日本体育協会）

WBGT (℃)	湿球温度 (℃)	乾球温度 (℃)		
			運動は原則中止	皮膚温より気温の方が高くなる。特別の場合以外は運動は中止する。
31	27	35		
			厳重警戒（激しい運動は中止）	熱中症の危険が高いので激しい運動や持久走など熱負担の大きい運動は避ける。運動する場合には積極的に休憩をとり水分補給を行う。体力低い者，暑さに馴れていない者は運動中止。
28	24	31		
			警戒（積極的に休養）	熱中症の危険が増すので，積極的に休憩をとり，水分を補給する。激しい運動では，30分おきくらいに休憩をとる。
25	21	28		
			注意（積極的に水分補給）	熱中症による死亡事故が発生する可能性がある。熱中症の兆候に注意するとともに運動の合間に積極的に水を飲むようにする。
21	18	24		
			ほぼ安全（適宜水分補給）	通常は熱中症の危険性は小さいが，適宜水分の補給は必要である。市民マラソンなどではこの条件でも熱中症が発生するので注意。

環境省熱中症環境保健マニュアルには暑さを避ける具体的な方法として，① 日陰を選んで歩く，② テントを張り，軒を出す，③ ブラインドやすだれを垂らす，④ 日傘を差す，⑤ 帽子をかぶる，などが書かれている[5.10]。買物や通勤時，交差点での信号待ち，送迎，休息時などに建物の日影，街路樹や公園樹の木陰に入る。広い道路の場合，影の連続している側の歩道を歩こう。商店街は軒が長く日影が十分できている側，屋根があって日差しを避けられる場所を通ろう。ブラインドは日差しを避けるために通常窓の室内側に設ける。すだれは建物外部に設け，熱が建物や室内の入るのを防ぎ，かつ通風を確保し，外部からの視線を避けるなど多くの機能を持っている。日傘は熱中症を防ぐだけでなく，日焼けを防ぐためにも効果的である。帽子はつばが長いほうが日差しを防げる。

■**熱中症の情報**

環境省は環境省熱中症予防情報サイトを立ち上げ運用している[5.11]。内容は，① 今後の暑さ指数予報，② 暑さ指数速報，③ 昨年夏の地域別暑さ指数の試算値，である。解説文として，暑さ指数WBGT，環境省熱中症情報がある。図-5.2[5.12]は千葉の暑さ指数の時刻歴である。色別されており，赤（WBGT31度以上）は運動は原則禁止，ピンク（28〜31度）は厳重警戒，黄（25〜28度）は警戒，緑（21〜25度）は注意，青（21度まで）はほぼ安全と色で表現されている。実線は相対湿度で，各時刻の棒グラフの内，左がWBGT，右が気温である。

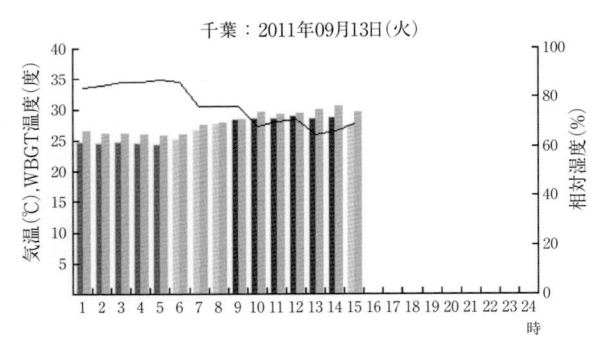

図-5.2* 熱中症予報

(3) 快適性

人間の快適さを感じる環境は，気温，相対湿度，風速で定まる。これに放射熱が加わるが，日除けのように四方に壁面がなく，天井は布，床は土か芝生などの場合，放射熱の割合は小さい。図-5.3はオルゲーの生気候図である[5.13]。夏の快適範囲が気温22度から27度，相対湿度約20%から75%に囲まれている。快適範囲の上限は風速によって大きく変わるので，日除けの開口部からできるだけ風を入れることが望ましい。

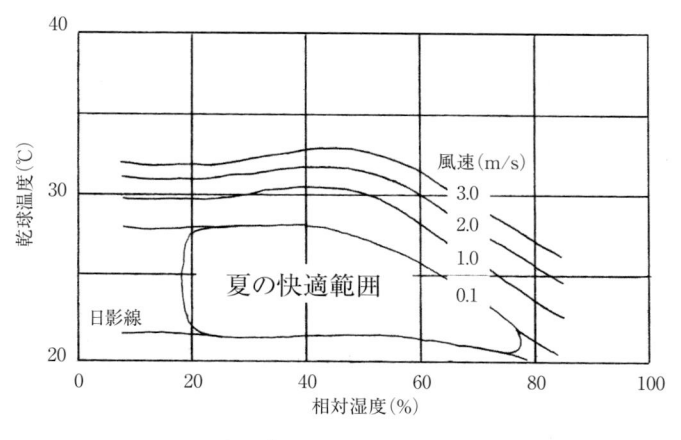

図-5.3* オルゲーの生気候図

5.2 日焼けと熱中症防御に関する手法[5.14)]

　屋外を利用する不特定多数の人々を対象とした対策について記す。対策は，「個人防御」と「集団防御」の2つがある。昨今の紫外線対策や熱中症対策への関心の高さ等を踏まえると，屋外空間においては，自ら日射や紫外線を防御する「個人防御」を基本としながら，管理者やイベント主催者による，不特定多数を対象とした日射防御，紫外線防御(集団防御)等を講じることが必要である。
　個人防御：屋外を利用するすべての人々自らが行う熱中症および日焼け対策。
　集団防御：屋外を利用する多数の人々を対象とした対策。管理者やイベント主催者が行う。

5.2.1　個人防御

　自らの意思により，屋外イベントやスポーツなどに参加したり，海水浴に行ったりすることから，日焼け，熱中症防御は，各人が，当日の気温や湿度，日射や紫外線等の状況を把握し，それに応じて，日焼け止め化粧品や帽子等を用意して日焼け対策を行うことが基本である。個人防御については，サンスクリーン等の日焼け止め化粧品，長袖長ズボン，タオル，帽子，長手袋，サングラス，日傘等，天候や活動場所等の状況に応じ，各人が防御を行う。また，場合によっては，活動する時間帯を制限することも必要である[5.15)]。

1. ブラウス，シャツ，水着
　紫外線を透過しにくい素材を使用してシャツやブラウスが作られ市販されている。通風性を良くし着心地を良くするため，ゆったりと作られたものもある。長袖にして腕の部分も露出しないようにしてある。襟元は特に紫外線に無抵抗なため，同様の素材を用いた襟元用のスカーフも売られている。水着，スポーツスーツは皮膚の露出部分を少なくした，半袖で，膝までを覆った，あたかも一時代前のようなスタイルのものが売られている。紫外線防御指数 UPF(Ultraviolet Protection Factor の略)はニュージーランドとオーストラリアが定めた指数で，布があるときとないときで紫外線

をどの程度低減できるかを表す。15 から 24 を good protection，25 から 35 を very good protection，40 以上を excellent protection としている。

2. 化粧品

　化粧品は皮膚を直接守るので効果的である。太陽や空から来る紫外線のみでなく，地物から反射する紫外線に対しても役立つ。紫外線から皮膚を防御する化粧品には液状，クリーム，スプレーがある。紫外線を防止する化粧品には散乱剤と吸収剤の二種類ある。化粧品により紫外線を防止する指数として，UV-B に対して SPF（太陽紫外線防御指数，Sun Protection Factor の略），UV-A に対して PA（Protection Grade of UVA）がある[5.16]。SPF は日焼け止め化粧品を塗った場合，何も塗らない場合に比べて何倍の紫外線量で，かすかなサンバーン（赤くなる日焼け）を起こすかを表したものである。

3. 帽子

　写真-5.1 のような帽子は男性にも女性にも熱中症や日焼け防止の有効な手段として広く利用されている。特に，女性は装飾の一部として定着している。紫外線から皮膚を守るためには，帽子を目深に被るか，顔から首筋までが隠れるようなつばの広い帽子が望ましい。帽子のつばの長さが，高紫外線地域に行くほど長くなる。帽子の素材は紫外線透過率の低いものがよい。生地には紫外線吸収材を染み込ませてあると UVA，UVB ともに 95％以上カットする。帽子は太陽直達・天空紫外線を防ぐには役立つが，地物から来る紫外反射には役立たない。ゴルフのキャディ，農婦がかぶるつば付き帽子も作られている。生地には綺麗な模様も付けて，とかく地味になりがちな労働用帽子に華やかさを与えている。

4. 日傘

　写真-5.2 のような日傘は古くから熱中症や日焼けを防ぐために，古今東西婦人によって利用されている。印象派画家クロード・モネの「日傘をさす女」はあまりにも有名である。最近，市販されている日傘を例にとってみると，生地表面を紫外線吸収材を含んだ樹脂でコーティングし，素材は綿とポリエステルの混紡で小雨にも使えるようになっている。太陽直達の UVA，UVB は 99％カッ

写真-5.1　つば付きの帽子
［つばの長さが長いほど良い］

写真-5.2　日傘
［日傘は紫外線避けに大変効果的である］

トできる。重量は軽量で，携帯にも便利になっている。日傘の端を眼の高さにくるように持てば，紫外線の侵入を防ぐと同時に歩行の安全性を確保できる。京都で着飾った舞子さんが暑い日差しの中を歩くとき，後ろから従者が日傘をさしている光景は風情がある。

5．手袋

夏用の薄手の手袋が売られている。指の動きを自由にするために，指の部分は露出させて手甲の部分のみ覆った製品 Fingerless and palmless glove（**写真-5.3**）もある。自動車を運転する女性の腕を紫外線から保護するための長い手袋 protective sleeves も売られている。

6．サングラス

紫外線によって目が損傷を受けることは広く知られており，目を保護するため，**写真-5.4** のようなサングラスが使用されている。従来のサングラスは装飾的な意味が強かったが，最近の製品は紫外線カットに重点がおかれている。目の脇から入る紫外線を防ぐような，側面を覆ったサングラスも売られている。一般的な眼鏡にも紫外線カットガラスを用いた製品が多量に出回っており，容易に入手できる。可視光線に対しては透過率が大きくして明るくし，紫外線に対しては透過率を小さくして，目に入る紫外線を少なくしている。サングラスでも単にレンズに色を付けただけで紫外線カットをしていないものは，瞳孔がさらに開き紫外線が入射して傷つけることがあるので注意を要する。

7．乳母車

乳幼児は皮膚が過敏で，紫外線の被害を受けやすい。したがって，直射日光下を避けると同時に，長時間屋外で遊ばせるのは避けなければならない。従来，乳母車は日除けがないか，あったとしてもほんの小さな日除けが付けられていた。しかし，紫外線透過を防ぐため開放部分全体を覆う布を付けた乳母車が出始めている。

8．紫外線簡易測定器

個人が，日中，簡単に紫外線を測れると，紫外線防御の上でも便利である。このような目的のために，シール，バッチ，電気式などがある。シール，バッチは化学的な反応により変色する。電気

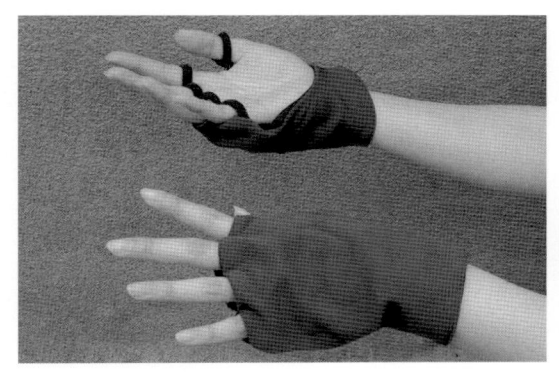

写真-5.3　グローブ
［指が出ているので使いやすい］

写真-5.4　サングラス
［紫外線カット素材を使用したもの］

式はセンサーが瞬時に紫外線量を計測して，表示するもので，皮膚の色を入力しておくと，必要なSPF値をしめしてくれる。また塗布している化粧品のSPF値を入力すると日焼が生じない時間を指示できるものもある。

9. 野外活動

屋外での活動時間を早朝か夕方とし，10時から3時までの時間帯を避けるべきである。晴天時よりも曇天時が望ましい。建設作業従事者，道路工事夫，農夫，漁師，交通警官，スポーツマン，スキーヤー，体育教師，山小屋従業員，測量技師，水泳客監視人は被曝量が多い。つば付き帽子，サングラス，長袖シャツを着用する必要があろう。

10. 海水浴

海水浴の時期になると，**写真-5.5**，**写真-5.6**のように海浜で乳幼児が親と楽しそうに遊んでいる。財団法人港湾空間高度化環境研究センター(現みなと総研)や日本大学理工学部海洋建築工学科などの調査により，海浜の乳幼児の行動調査や紫外線被曝量の測定が進み，被曝の基礎的情報が整いつつある [5.17], [5.18]。紫外線が人体に与える影響のうち，利用者が最も気になることは，シミ・ソバカスであり，その防止策が調査結果から提案されている。

10-1. 時刻

日射量や紫外線量が一番多い正午前後の時間帯に海浜に滞在する者が多く，紫外線の乳幼児の皮膚への影響を避ける時間帯が選ばれていない。海水浴へ行く時間は午後の紫外線が弱くなってからが良い。午前中の紫外線が強くなる前の時間帯も良いが，午後のほうが，水温が高くなり冷たさを感じない。

10-2. 滞在時間

乳幼児連れの場合は，滞在時間は最短10分，最長3時間40分，平均1時間半である。晴天日においては3時間以内の滞在者が多い。皮膚は夏季，晴天，昼に20分で日焼けが発生する。乳幼児の場合，発生に至る時間が更に短くなるので滞在時間は短いほどよい。乳児を乳母車に載せて日影に置いているのを見受けるが，空が見える限り被曝するし，砂からの熱反射も大きい上，海風が皮膚にあたると疲労が増すので，できるだけ避けたほうが良い。

写真-5.5　水辺で遊ぶ乳幼児　　　　写真-5.6　海岸を散歩する園児

10-3. 親子紫外線対策

紫外線防止対策は，多い順に並べると親子ともに紫外線カット化粧品，日影，帽子，ビーチパラソルである。詳しくは，① 化粧をするのは面倒であるが，家を出る前に塗ったり，汗で化粧が流れたらこまめに塗る。幼児には遊びの一貫として化粧をする。② 着衣は長袖長ズボンが望ましいが暑苦しいのでタオルを露出部分に羽織る。風通しの良いだぶだぶし，汗を良く吸う衣類が好まれる。③ 帽子は必須でありつばが広く通気性のよいものを選ぶ。④ 親は自身については十分な紫外線対策をしながら，乳幼児に関しては不十分な対策しかしていない場合がある。親と同じ程度，乳幼児へも紫外線対策を行う。一方，紫外線対策をしない理由として，化粧品は面倒，長袖長ズボンは暑い，帽子は蒸れる，小麦色の皮膚が好き，などがあげられた。

10-4. 曇天にも注意

晴天日，乳幼児の帽子の着用は6割に対し，曇天日では3割であり，曇天日は太陽直達が当たらないために紫外線への配慮をしていない。また紫外線カット化粧品の使用は晴天日で5割の親子が未使用，曇天日では9割の親子が未使用である。また，曇天だと過ごしやすいためにかえって長時間滞在し，その結果，紫外線被曝量が大きくなることがある。このように曇天でも紫外線はあるので帽子を着用し，化粧品を用い短時間の滞在とする。

10-5. 日除けを持参

既設日除けを利用するのが最も望ましいが少ないので，ビーチパラソルやテントなどの日除けを持参する。

5.2.2 集団防御 [5.19]

集団防御とは，屋外空間の管理者やイベント主催者等が設置する，特定または不特定多数の人々が利用できる日除け施設であり，学校，企業，公園，運動場，スポーツ観客席やイベント会場の客席を覆う日除け（屋根），あずまややパーゴラ，樹木等があげられる。また人の行動の観点から，以下の点で，集団防御が必要とされる。

① 乳幼児，児童のように学校や保護者によって行動が規定され，その指示に従わなければならない場合。該当するのは体育，生植物観察など屋外授業，部活動。

② 高齢者や障がい者など，自らの意思のみでは，日射や紫外線の被曝を避けることができない人。

③ 居場所が制約される場合，例えばイベント会場，競技場の観客席や入場のための行列，交通機関の停留所など。

また，日本マリーナ・ビーチ協会が発行した「ビーチ計画・設計マニュアル」[5.20]においては，集団防御の一つである休憩施設について，次のような必要性が示されている。「高齢者や障がい者等については，体温調整機能が弱い人が多く，日除けや雨除け，風除け，寒さ対策のために，"あずまや"や"パーゴラ"のような休憩施設を設置することが必要である」としており，集団防御の必要性を述べている[5.21]。

日除け施設の設置においては，空間の規模，現状の日除け施設の設置状況(量，配置等)，イベント時の参加者数等を考慮しながら設置することが望まれる。

集団防御としての日除け施設の詳細は第6章，第7章にしめす。

5.2.3 日射および紫外線防御のレベル

日射および紫外線防御に関しては，国家や国際機関が様々な防御方策を提案してきた。日射や紫外線を防ぎ，人々に健康をもたらすには，個人的な行為のみでは不十分で，公的な方策が必要である。防御対策として，地球規模，地域，国家，集団，個人のレベルがある。地球規模とは，オゾン層破壊を防ぐためにフロンの使用を制限する国際的な取り決めをすることをいう。地域レベルとは，赤道近くの高放射地域，日本など中緯度の中放射地域，高緯度の低放射地域，高地などで，UVインデックスや日射量が異なれば，防御対策の内容も異なる。国家レベルとは，防御対策を立てるにしても歴史，人口構成，経済力，医療行政，国民性，教育など国家により大きく異なり，個々の国家に適した対策を立案しなければならない。日本の場合，環境省が紫外線や熱中症環境保健マニュアルを刊行し，国民に対する啓発行為など行っている。集団レベルとは帰属する手段によって屋外行動が異なるため，集団にあったきめの細かな防御対策を練る。乳幼児連れの家族，児童・生徒の校内外の活動，地域スポーツクラブ，プロスポーツ，労働現場，野外レジャー，海水浴など，年齢，目的，時期，人数，服装を考慮して独自の防御対策を立てる。

防御戦略とは，国際的な取り決めや，日射・紫外線の世界的観測網の建設と情報提供，熱中症・日焼け治療法研究，啓発教育方法開発などである。戦術とは，日射・紫外線予測理論や観測値データベースの確立，有効な日除け設計法の普及，自動観測機器の技術開発，日射・紫外線被曝下の人間行動分析，研究者間の情報交換，防御材料試験法の標準化などである。これらの各レベルが平行して進むことによって効果的な防御が可能になる。

第6章
日除け計画（アセスメント）

6.1 日除けの施設計画

　日除けを実現する上で最も重要なのは，正しい手順に従って計画をたてることである。日差しを避けたい人々の為に，個々の日除けのみならず，日除け全体が有機的に繋がりあって有効に機能しているかを詳細に検討する必要がある。オーストラリア国ブリスベン市やフィリピンにおいて日除け群の非常に優れた設計を見ることができる。それらは出発点から目的地まで，日除けが実に周到に準備されている。日射や紫外線が強い状況にあっても建築学を利用すれば快適な空間造りができることを示している。計画には5段階あり，第1段階はアセスメント，第2段階は既存の日除け調査，第3段階は日除けの基本計画，第4段階は日除けの設計と配置計画，第5段階は検証である。

第1段階　利用者のアセスメント

　日除けの施設を計画する際，最も重要な作業はアセスメントである[6.1]。すなわち，どのような人々を強い日差しによる熱中症や日焼けから守るか，を最初にはっきりさせる。学校のように対象とする人々が明確である場合，考えやすいが，イベントなど不特定多数を対象とする場合は，過去の同種のイベントから推定する。熱中症発生数などが参考になる。以下にその項目を記す。下線部に記入することで設計を明確化できる。

1. 対象とする人数　　　　　　　　＿＿＿＿＿＿＿人
   延べ人数ではなく，同時にいる人数を書く。
2. 対象とする人の年代　乳幼児，児童＿＿＿＿＿＿人，高齢者＿＿＿＿＿＿＿人
3. 活動内容　　　　　　　　　　　＿＿＿＿＿＿＿＿＿＿＿＿＿＿＿＿＿
4. 必要な日影面積　　　　　　　　＿＿＿＿＿＿＿m^2
5. 活動時期　　　　　　　　　　　＿＿＿＿＿月から＿＿＿＿＿月まで
6. 活動時刻　　　　　　　　　　　＿＿＿＿＿時から＿＿＿＿＿時まで
7. 滞在時間　　　　　　　　　　　＿＿＿＿＿分
   人数が多い場合，平均的な滞在時間を書く

第6章　日除け計画（アセスメント）

8. 活動場所の緯度・経度　　　　　緯度＿＿＿＿＿＿，経度＿＿＿＿＿＿
    太陽の動き，すなわち太陽高度と方位を知るため，
9. 日差しや紫外線を防ぐための個人的な道具は
    日傘，タオル，紫外線カット化粧品，長袖，長ズボン，帽子など
10. 活動範囲
    平面図を書き，人々が活動する場所，滞留する場所，遊具などを記す。周囲の建物，道路も書く。

第2段階　既存の日除け調査

　この段階は，対象とする人々を日差しから守るためにどのような日除けが必要かを具体的に考える。まず既存の日除けを調査する。調査は現地に行き日影の大きさと動きを観察し，写真・図面などに記録する。距離計，方位磁石，地図，カメラ，筆記用具，時計を持参する。魚眼写真は日除け設計に役立つので魚眼レンズを用意する。現地で活動する人々についても調べる。人々の滞留場所，休憩場所，動線を記録する。また活動中の人々や，管理者，主催者に日除けに関する希望を聞くことも大事である。樹木については常緑樹か落葉樹か，また日影を作れる樹冠の大きさがあるか，葉量は十分か，枝下は人が入れる高さか，などを調べる。日差しが最も強い夏季，お昼時に調査するのが望ましいが，その時期に実施できないときは，太陽位置図や日影図を利用して日影の大きさと位置を推定する。次に不足する日影を補う日除けを考える。現地で必要な日影を地面に書き，その時どの方位にどの程度の大きさの日除けが要るかを想像してみよう。

1. 活動中の人数＿＿＿＿，年代層＿＿＿＿，活動内容＿＿＿＿，休憩の仕方＿＿＿＿，
    活動時刻＿＿＿＿，滞在時間＿＿＿＿
2. 既存の日除けの位置
    日除けの位置を図に記入する。人々の滞留場所，活動場所，動線も書く。
3. 既存の日除けの収容人数　　　　　　　　　　　　約＿＿＿＿人
4. 既存の日除けの種類　　　①樹木，②人工(テント，パラソル，膜，タープ)
5. 樹木について　＿＿＿＿＿＿＿＿＿＿＿＿＿＿＿＿＿＿＿
6. 日除けとしての機能を果たせる時期＿＿＿＿，時刻＿＿＿＿
7. 既存の日除けの作る日影面積　　　　　　＿＿＿＿＿＿＿m^2
8. 既存の日除けを拡張，改善できるか＿＿＿＿＿＿＿＿＿＿＿＿＿＿
    ＿＿＿＿＿＿＿＿＿＿＿＿＿＿＿＿＿＿＿＿＿＿＿＿＿＿＿＿＿
9. 不足する日影の面積　　　　　　＿＿＿＿＿＿＿m^2
10. 不足する日影の位置
    位置を図に記入する。
11. 利用者，管理者，主催者の日除けに対する希望
    (1) ＿＿＿＿＿＿＿＿＿＿＿＿＿＿＿＿＿＿＿＿＿＿＿＿＿＿＿
    (2) ＿＿＿＿＿＿＿＿＿＿＿＿＿＿＿＿＿＿＿＿＿＿＿＿＿＿＿
    (3) ＿＿＿＿＿＿＿＿＿＿＿＿＿＿＿＿＿＿＿＿＿＿＿＿＿＿＿
12. 気象と地盤　最大風速＿＿＿＿m/s，降雪量＿＿＿＿cm，降雨量＿＿＿＿mm
    台風の(有，無)，地盤＿＿＿＿，地物の日射・紫外線反射＿＿＿＿

第3段階　日除けの基本計画

　日除けを具体化する前に，第1章で述べた「優れた日除け」を振り返ってみる。優れた日除けとは，「人々が日差しを避けたいときに，どこでも，いつでも避けられる」のが基本である。現実には経済

的，面積などの制約からその通りに実現するのが難しいが，理想に向けて一歩一歩前進し，人々により快適な屋外空間を提供するべきである。滞在する人々を収容できる十分な面積の日除けや，移動する経路にも日影が途切れることのない日除けを建設をすることが望ましい。

　すべての人々に対する日除けを建設することが望ましいが，予算的にも敷地的にも難しい。したがって誰を優先するかを，順位をつけなくてはならない。最優先は乳幼児，児童，高齢者，障害者用である。これらの人々は保護者や介助者が必要であり，自ずから被曝防御行動ができにくいからである。場としては，学校，運動場，競技場，プール，公園，海浜が優先され，次にイベント会場，商店街，歩道がくる。

1. 必要な日影面積　　　＿＿＿＿＿＿＿＿＿＿＿＿＿＿＿＿＿ m^2
2. 日影を集中するか，分割するか，分割する＿＿＿＿ m^2, ＿＿＿＿ m^2, ＿＿＿＿ m^2
3. 樹木の面積＿＿＿＿ m^2，人工日除け面積＿＿＿＿ m^2, ＿＿＿＿ m^2, ＿＿＿＿ m^2
4. 日除けの個数　　　＿＿＿＿＿＿＿＿＿＿
5. 日除けの位置　　　＿＿＿＿＿＿＿＿＿＿＿＿＿＿＿＿＿＿＿＿＿＿＿＿＿＿

　　日除けの正確な位置は日差し曲線や日影曲線から求めるが，ここではだいたいの位置を記し，図に書込んでみる。太陽は動くので行動時間内の毎時の影を推定してみよう。

6. 日除けの設置期間　　＿＿＿＿＿＿＿＿＿＿
7. 日除けは常設か，仮設か＿＿＿＿＿＿，＿＿＿＿＿＿，＿＿＿＿＿＿
8. 日除けの形状，材質＿＿＿＿＿＿，＿＿＿＿＿＿，＿＿＿＿＿＿
9. 通路の日除け　延べ長さ＿＿＿＿＿＿ m, 幅＿＿＿＿＿＿ m
10. 基礎　　　　　　　＿＿＿＿＿＿＿＿＿＿
11. 予算　　　　　　　　＿＿＿＿＿＿＿＿＿円
12. 完成希望時期　　　＿＿＿＿＿＿＿＿
13. 日除け建設に適用される法律，規則，基準など＿＿＿＿＿＿＿＿＿＿＿＿＿＿＿
14. 敷地全体図に既存の日除け，建設する日除けを記入する。

第 4 段階　日除けの設計と配置計画

1. 必要とする日影面積，日影の形状，時期，時刻を条件として，日差し曲線から日除けの寸法を算出する。算出方法は第 7 章を参照する。ただし，滞在時刻が長かったり，午前中早い時間，午後遅い時間の場合は太陽高度が低くなり，日除けが大きくなるので，東向きか西向きの開口面にすだれ，よしず，ネット，布などを設ける。

    ①幅＿＿＿＿m×奥行＿＿＿＿m×高さ＿＿＿＿m，②幅＿＿＿＿m×奥行＿＿＿＿m×高さ＿＿＿＿m

2. 設計した日除けを，紫外線日除けチャートを使って建築的太陽紫外線防御指標 ASPF を求める。日除け内の人の居場所の中心と，端の ASPF を求める。ASPF が滞在時間（分）を 20 で割った数値より大きくなれば日焼けしないという条件を満たしているので，日除け寸法についての検討を終える。ASPF が小さいときは，日除けの端部を延伸して，条件を満たすようにする。

    日除けの配置は人々の滞留場所と動線に基づいて決定する。個々の日除けが単独で存在するよりも，連続的に配置され，日影をぬって目的地まで行けるようにする。

第 5 段階　検証

以上までの段階を経れば，日除けは効果的な役割を果たせるはずである。計画された日除けが大筋適切であるか否かは，面日除け率，線日除け率を算出することで推測できる。面日除け率とは人々が行動する空間にどの程度日除けが用意されているかを示す指数で，日除け総面積を行動の可能な面積で割った数値である。線日除け率とは出発地から目的地までの経路中，どの程度日除けがあるかの指数で，日除け長さ合計を経路長で割って求める。面日除け率，線日除け率の算出方法および算出例は第 7 章で触れる。

これらの段階の次に，日除けの構造計算，材料選定，保守管理，安全管理などがある。

6.2　保育園，幼稚園の日除け

乳幼児は成長過程にあり，過半の時間を過ごす保育園，幼稚園の健康管理は極めて重要である。自ら被曝防御ができないので，管理者の果たすべき役割は大きい。

乳幼児の通園する保育園，幼稚園の日除け計画は次の項目を埋めると決定できる。

1. 園児の数は＿＿＿＿＿＿名である。年齢のクラス別に＿＿＿＿＿＿
    園庭で同時に遊ぶ園児数＿＿＿＿＿＿名
2. 園児が屋外で遊ぶ月は＿＿＿＿＿＿月から＿＿＿＿＿＿月まで
3. 遊ぶ時刻は＿＿＿＿＿＿時から＿＿＿＿＿＿時まで
4. 遊ぶ時間は＿＿＿＿＿＿分
5. 遊ぶ内容は＿＿＿＿＿＿＿＿＿
6. 遊ぶときの服装は＿＿＿＿＿＿，帽子を着用するか＿＿＿＿＿＿化粧品を使うか＿＿＿＿＿＿

第6章　日除け計画（アセスメント）

7. プール，水遊びの時期，時刻，時間は_____
8. 日除けになる樹木数，大きさ_____
9. 日除けの数，大きさ，常設か仮設か_____
10. 管理者，職員，保護者の日焼けや熱中症に関する教育は_____

　熱中症予防や紫外線対策が保護者や保育園，幼稚園関係者によって取り上げられるにつれて，常設の日除けや，夏期のみに限定した日除けが設置されるようになってきた。図-6.1，図-6.2に事例をしめす。保育園，幼稚園の日除けに関して戸田彩香氏の研究があり，以下に要約して紹介する[6.2]。

■園の日除け

1. 園児たちが利用する遊具の周りに多くの樹木を植える。樹木の下にデッキを設け遊び疲れた園児や迎えに来た保護者の憩いの場とする。樹木は耐久性に優れ日除けの役割だけでなく，園児の遊び場として有効に使うことができ同時に外部からの視線を遮られ防犯にも役立つ。
2. 園庭中央に運動会や駆けまわる広いスペースを確保するのが通常であるが，最近は中央に樹木や遊具を配置する園もあり，一時的なイベントを重視するより，平常の遊びの多様性を求める方が有効である。低木だと職員の目が行き届かないので，高木にして見通しを確保する。
3. 樹木の選定は，樹高が高い，枝張りが広い，成長が早い，手入れが簡単，地域に合う，などを重視する。四季を感じられ，木登りなど遊びができ，実がなるような樹木は園児の成長にも役立つ。
4. 幼稚園は園で過ごす時間は4時間が標準であるが，その内，季節によるが1時間は外で遊ぶ。夏場の服装は半袖，半ズボンの体操服が多い。
5. 夏季のみに設けられる仮設日除けにはよしずやネットが採用されている。よしずは安価で職員が付け外しができ，風を通せる。また遮光ネットを広い範囲で張る方法がある。通常は園舎1階庇部分にネットを巻き込んでおき，夏季に園庭の向かい側までロープを張り，ロープに添わしてネットを展開する。この方法だと比較的安価で，強風や豪雨の時に，職員が外せ，収納できる。
6. 庇は外廊下，登園口など園児が行き来する場所に設ける。ただし，短いものが多いが，長いほうが良い。
7. 人工日除けは布状のロープで張るタイプのものは天候によって取り外しに人手が必要である。取り付ける場所によりロープを結ぶための柱が必要となる。建物の壁に取り付け具を付ける。
8. 砂場やプールなど園児が長時間留まる遊び場には日除けを必ず設ける。太陽は斜めに入射するので，砂場の日除けは南側へずらして設置するか，南側へ拡幅する。太陽高度60度の場合，日除けの高さ3mであれば，南へ1.8mの庇を設ければ砂場全体に日影ができる。

6.2 保育園,幼稚園の日除け

図-6.1 紫外線,日射の遮蔽

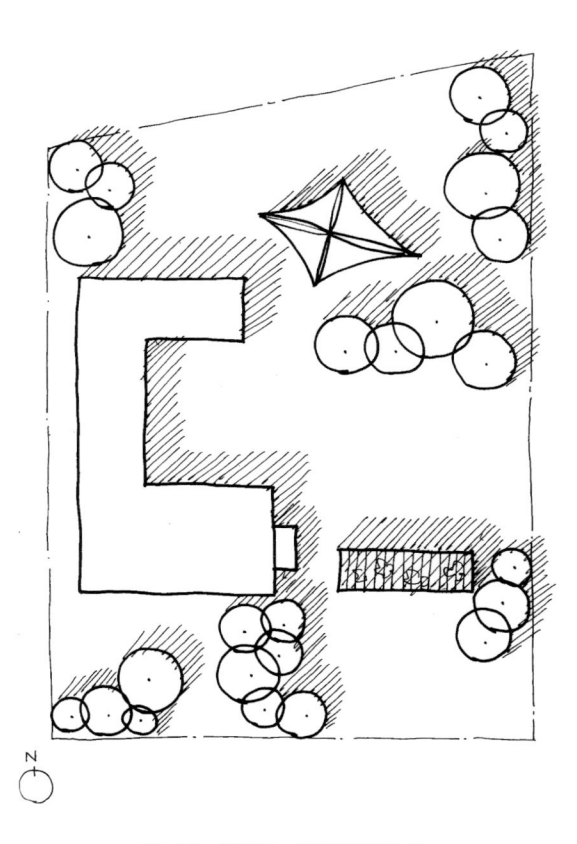

図-6.2 保育園,幼稚園の日除け

6.3 学校の日除け

小学校，中学校，高校の日除け計画に関する要点は次の通りである。

1. 夏季，同一時期，時間帯に屋外授業や部活動を行う生徒数。
2. 夏季の屋外授業や部活動の内容，時期，時間，休憩。
3. 生徒の服装，帽子の着用有無，紫外線カット化粧品使用。
4. 校庭の日除けの数，大きさ，樹木の数量，大きさ。
5. 校舎間の連絡通路の日除けの有無，大きさ。
6. プールの有無，利用時間，時刻，生徒数。
7. 屋外活動時の服装は。
8. 管理者，職員，保護者が日焼けや熱中症に関して生徒に教育し，インフォームドコンセントを得ているか。学校管理者，教職員など関係者による安全注意義務が必要であり，責任が問われるケースも想定される。例えば，学校行事，体育，野外行事中での熱中症，日焼け予防などに対して安全注意義務や，炎天下での活動の制限により日除けの準備，日除け下への避難，休息を計画に含める。そのため，学校における安全管理の項目（危険要因）として，「日焼け・熱中

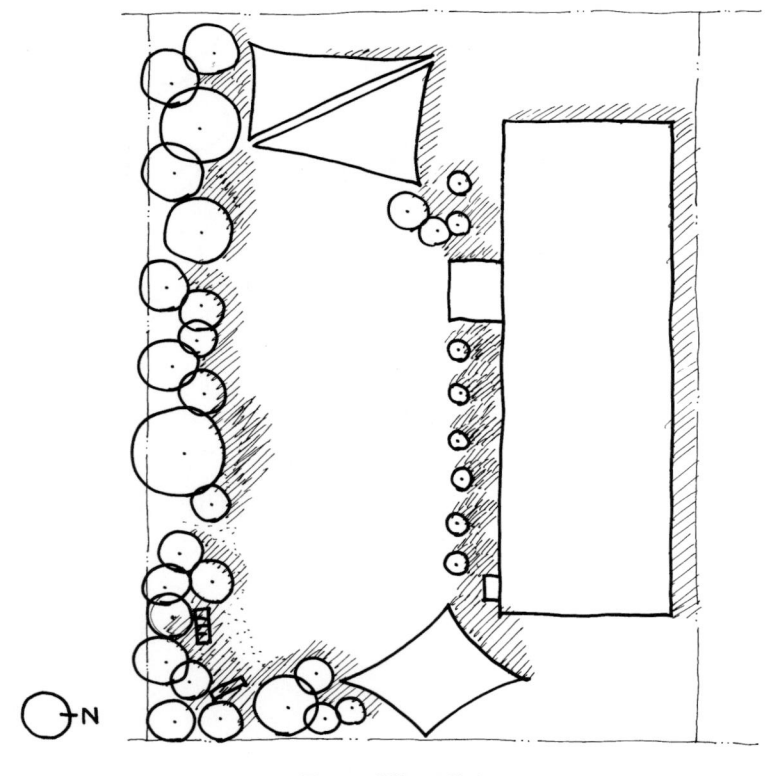

図-6.3 学校の日除け

症」等に関する項目を追加・設定しておくことが望ましい。**図-6.3**に事例をしめす。

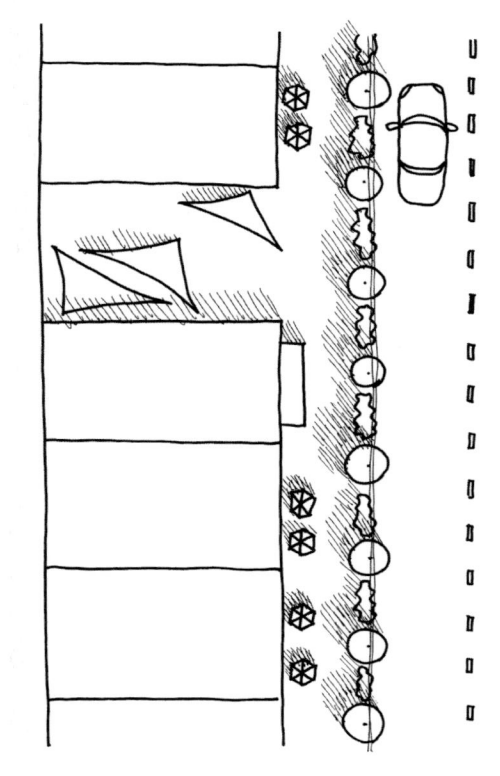

6.4 商店街の日除け

商店街の日除け計画に関する要点は次の通りである。
1. 夏季，昼間の来場者数，通路の滞留数，時刻帯。
2. 商店の庇の長さ，午後，通路にかかる日影の範囲。
3. 商店間の通路を覆う日除けの有無。強風，豪雨，積雪に対する日除けの強度。
4. 交差点の日除けの有無。
5. 商店街通路上の休憩用の机椅子数，休憩スペース上に日除けがあるか。机椅子の保守，特に汚れていないか，壊れていないか。定常時の利用状況。
6. 商店街の中に子どもの遊び場所，休憩所があるか。その上に日除けがあるか。
7. イベントの時期，開催時刻，時間，場所，人数。頭上に日除けがあるか。

近年，商店街の集合体が増えている。広い街路の両側に多数の店を並べ集客を狙っている。商店から張り出した庇で日差しを防ぎ，買い物客を守っている。街路には樹木を植え，向かい合う商店間に日除け幕を張る。街路上に連続した日影を作り，買い物客や散歩客が快適に長く滞留すること

図-6.4　商店街の日除け

写真-6.1　屋上の子ども遊び場と遮熱ネット

で，売り上げをあげている。雨の多い地域では日除けは同時に雨避けの役割を果たす。商店やレストランの前の路上に，椅子，机，パラソルを置いて即席の飲食，休憩空間を用意して，菓子や飲み物を提供する。図-6.4に商店街の日除けの一例を示す。

写真-6.1は商店街屋上に造られた子どもの遊び場の遊具の上に黒いネットを張り，太陽直達や空からの日射，紫外線を軽減している。午後遅くは太陽高度が低くなるため周囲の壁により太陽直達が遮断される。雨の時は屋外で遊ばないので，このタイプで十分である。

6.5 住宅の日除け

住宅の日除け計画に関する要点は次の通りである。
1. 夏季の太陽の高度，方位，住宅の方位と窓の位置，庇の長さ。
2. 家族の庭の利用方法，頻度，時期，時刻，滞在時間。
3. 樹木の位置，大きさ，木陰の広さと位置。
4. 庭に日除けの有無，取り外し，収納の容易さ。強風，豪雨，積雪に対する日除けの強度。
5. 西陽に対する配慮。

住宅の日除けは，庭にいる人を守るだけでなく，室内へ日差しが入るのを防ぎ調度類を変色や劣化から守る。大きい日除けは住宅壁面の温度上昇を防げる。敷地内に広い庭園を有する場合，植物によるパーゴラや幕を張り，下に椅子と机を置いて，飲食を楽しめる。住宅の東南，南西に樹木を配置し，夏季の午前・午後の強い日差しを防ぐ。落葉樹を用いると，冬季は低い太陽が差し込み，部屋を暖める。樹木は住宅に近すぎないように一定程度離す。すだれ，よしず，オーニングは効果的である。図-6.5に住宅の日除けの一例を示す。

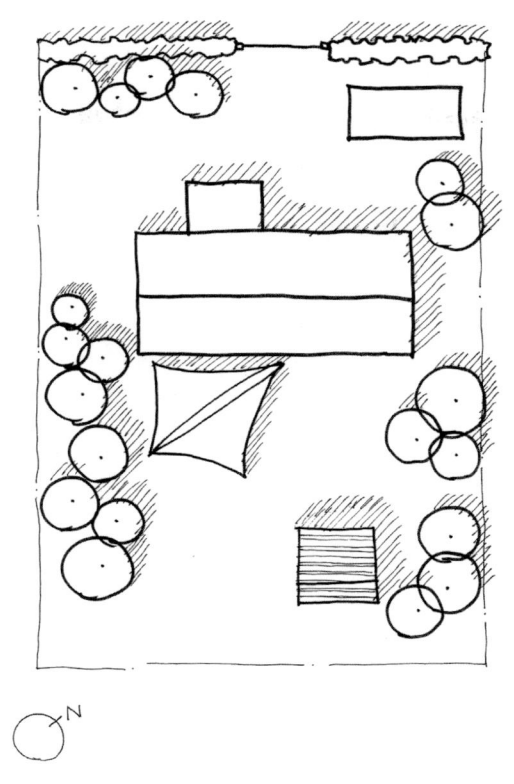

図-6.5　住宅の日除け

6.6 公園の日除け

公園の日除け計画に関する要点は次の通りである。
1. 夏季，昼間の来場者数，広場，休憩所，通路の滞留数，時刻帯。
2. 日除けの多さ，広さ，および午前午後の休憩所，通路，広場にかかる日影の範囲。
3. 樹木と人工日除けの割合。
4. 通路，広場，休憩所，イベント開催場所，建物が日除けで結ばれているか。いつでもどこでも日差しを避けたいときに日除けが用意されているか。
5. 休憩用の机椅子数，スペースは十分あり，頭上に日除けがあるか。机椅子の保守，特に汚れていないか，壊れていないか。定常時の利用状況。
6. 冬季は日除けは風除けにもなるか。

　公園は人々が散歩，遊び，休憩，食事などで長時間滞留する場所である。公園入口から園内目的地まで連続的な日除けが必要であり，さらに目的地に広い日除けがあることが望ましい。広場には休憩所や常設の日除け，広い樹冠を持つ樹木が多数欲しい。樹木が群として植えられている場合，広場に面した1，2列目の樹木しか日除けとして使われない。それより奥に入ってグランドシート

第 6 章　日除け計画（アセスメント）

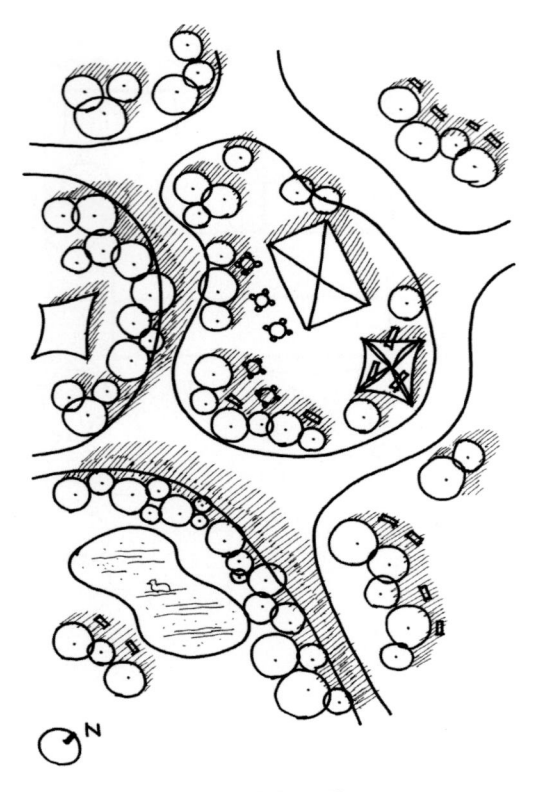

図-6.6　公園の日除け

を敷くことはまれである。広い樹冠を持った単立樹木も日除けとしてよく使われる。オーストラリアでは樹冠の大きな大木も多数あり，樹木下は家族連れの良いスペースとなっている。**図-6.6** は公園の日除けの一例である。

6.7　屋外レストランの日除け

屋外レストランの日除け計画に関する要点は次の通りである。
1. 来客数，時刻，滞在時間，時期。グループの人数。
2. 日除けの数，色彩，周囲の景観との調和。強風，豪雨，積雪に対する日除けの強度。
3. 太陽の移動に伴う日影の移動と，机椅子の位置。建物の庇の日影範囲。
4. 冬季営業と風除けの有無。
5. 安全性，プライバシーの確保。

屋外で食事をするのはとても気持ち良いものである。レストランの庭や前面道路にパラソルやオーニング，テント，タープをつけて食事を提供している。視野の広い周囲の景観や，清浄な空気，開放感，などを楽しみながら美味しい食事に舌鼓を打つのは至福な時であろう。レストランからすれば，屋内スペースのみでなく，屋外のスペースも用意することで，客席数を増やせ，売り上げ増

図-6.7　レストランの日除け

につながる。欧米や豪州では真冬でも，暖房機を横に置いて熱を浴びながら食事を楽しむ人もいる。パラソルタイプの日除けだと，パラソル間の隙間から暑い日差しが侵入することもある反面，空が眺められて開放感に浸れる。パラソルは客数や天候に合わせて，幕を閉じてロープで縛っておけば，強い風にも耐えられる。また収納も容易であり，固定用の重しがあれば，特別な基礎や施工をしなくてよい。日本のように真夏の太陽高度が60度から70度であると，パラソル下の南側半面は日差しに曝され，人々は座るのを避けるため，収容人数は半分となる。**図-6.7**は屋外レストランの日除けの一例である。

6.8　屋外スポーツの日除け

屋外スポーツ場に関する日除け計画の要点は次の通り。
1. 利用者の数，年齢層，利用の仕方，競技種，競技時期，時刻，時間帯，服装を調べる。
2. 観客，競技者，役員，審判・記録係，会場係，報道関係者，招待者の数，位置を調べ，日除けの必要性を検討する。
3. 現在の日除けの広さ，収容客数。太陽移動による日影の位置と大きさ。
4. 追加すべき日除けの位置，大きさ。

5. 台風，強風，豪雨，積雪など日除けの強度に関する事項。
6. 日除けは仮設か常設か。予算は。
7. 会場の周囲に人工日除け，樹木，休憩所などがあるか。それらは利用可能か。
8. 管理者，職員，利用者，イベント企画者・運営者の，日焼けや熱中症に関する知識。

屋外スポーツの日射・紫外線被曝の特徴は，広い面積で，日除けが少ないか設置されていない状態のため，競技参加者や観客が長時間日射や紫外線を避ける手段は少ないことである。観客，競技者，審判，大会事務局員の安全と健康を確保するため日除けを設け快適性を増す必要がある。日除けが準備されていても観客や参加者は個人的防御である長袖長ズボン，サンスクリーン，サングラス，帽子を忘れてはならない。特に夏季10時から16時までは防御が必要である。

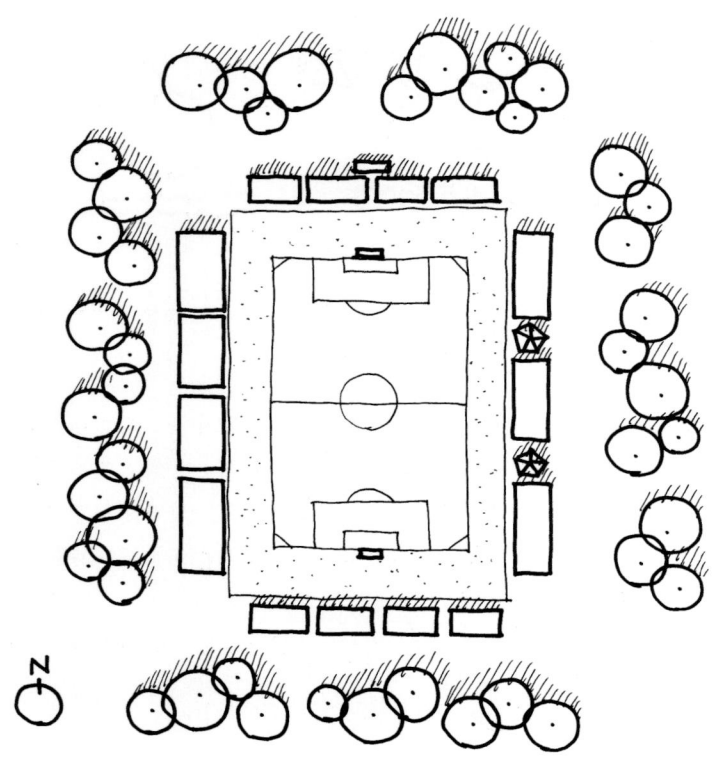

図-6.8 屋外スポーツ場の日除け

6.9 海浜の日除けと休憩所

海浜の休憩所は，海水浴客の休憩や高齢者の散歩途中の休憩，バーベキュー場，などに使われる。したがって通年利用のため常設となっているものも多く見られる。海水浴客の日除けに対するニーズは大きい。客が持参するビーチパラソルは小型で家族分の十分な日影を作れないことが多く，常

設の日除け増設が望まれている。海水浴場では水際近くに設置された日除けほど利用されやすく，早めに海水浴場に到着した客から順次埋まっていく。少し遅く行くと座る場所もない。

　海岸の日除けは大きく分けて二種類ある。1つ目は，陸域の施設から海浜陸端までの日除けで，建物に付属する庇，通路脇の樹木，パーゴラ，屋外レストランの日除け，プール際のパラソル，売店の日除け，などである。これらの日除けは恒常的に設置されている場合が多い。土地の素材である竹の皮を利用した日除けまである。もう1つの日除けは，海浜陸端から汀線までの砂面に一時的に展開される日除けである。これらはビーチパラソルと呼ばれる簡易なもので，管理者が設置することも利用者自身が持参することもある。日除けが設置される場所も海浜陸端に近い場所と，汀線との中間に位置するものなど多彩である。**図-6.9**は海浜の日除けの一例である。

　海岸から200m以内は平常時にも直接海水による海塩粒子が到着する範囲で，建築物の金属は腐食しやすく，木材は乾燥しないため劣化しやすい。また椅子などは汚れやすく，手入れが悪く放置されていると，汚く変色しゴミがこびりついて，座る気にならない。風による被害も多く破れた膜構造物を見ることもある。屋根が剥がれ荒れ放題になっている海浜休憩所もある。したがって，恒久的な建築物として建設するより，一定の年月を経たら建て替える消耗品として計画した方が適切である。風が運ぶ塩分は水際が最も多く，離れるに従って指数的に減少する。水際から200m離れると海塩量は3分の1以下に減少する。したがって海浜に日除けを設けるときは，できるだけ水際

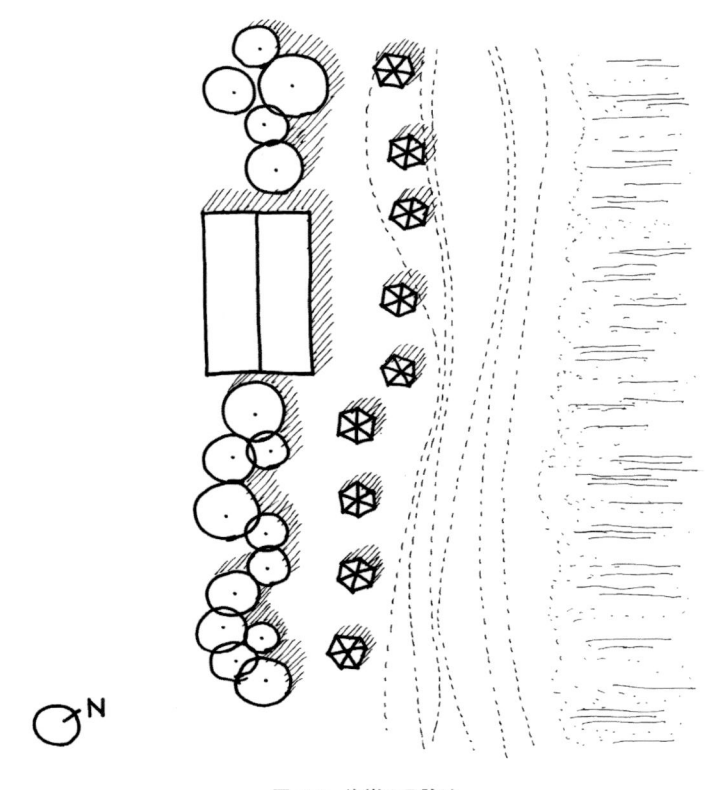

図-6.9　海岸の日除け

から離れたほうが良い。

　海岸の日除けに求められるものは,
1. 海岸への来訪目的は, イベント参加, 海水浴, 子供と遊ぶ, 散歩, 休息, スポーツ, マリンスポーツ, 夕陽観賞, 等多様である。日除け施設計画の検討にあたっては, 海岸を利用するさまざまな人の意見を聴取しながら, 利用や活動の形態, 日射や紫外線対策の方法, 時間帯や規模などを把握しておく。
2. 水際線に近いため塩風に曝されることが多く腐食しやすいので, 腐食しにくい材料か劣化したら容易に交換できる材料が望ましい。汚れたり, 飛砂により削られたりするので保守を定期的に行うが, その頻度は地域により異なる。また日射や紫外線が強いので劣化, 変色をしにくい材料を選ぶ。強風, 台風に遭遇するので風に対する強度を確保する。高潮による浸水も想定しておく。屋根が重い場合は地震荷重も含める。このように海浜の建築物は厳しい自然環境下にあり劣化, 破損しやすいので, 計画時に保守・解体・撤去を十分考慮しておく。汚れたり, 破損していると, 遊びを目的とした人々にとって雰囲気をそぐことになりかねない。
3. 海水浴客を日中の強い日差しから守ること。海水浴客は7, 8月の10時頃から15時頃までいるが, 11時過ぎが特に多い。家族連れが多く, 滞在時間は2, 3時間である。
4. 海浜休憩所は水際線に平行して設置し, 海の眺望が最大になるようにするため, 必ずしも日影を考慮して計画されるわけではない。西側開口部には午後の日差しを避けるため, 太陽を遮蔽するネットやすだれなどを付けることが望ましいが, 眺望を確保するためと風通しを良くするため設けていないことが多い。したがって午後半ば過ぎには日影のできる東側に移動することになる。
5. 常設日除けからあぶれた海水浴客は, 持参のビーチパラソルや小型テントを使用することになるが, その種の日除けは面積が十分でないので, 常設日除けを増すことが望まれる。
6. 日本の海水浴客は海水に入り水との感触や, 泳ぎをして体を動かすことなどを楽しむ。したがって日除けは水浴の合間に体を日差しから守ったり, 休憩・食事のため使われる。しかし, 高緯度の国々は, 平常日差しの弱い場所に生活するため, 海浜に来たときはむしろ日差しの中に体を置くことを望む。顔のみを太陽から遮蔽し, 体は日に曝している。読書などで長時間過ごしている。
7. 海浜休憩所でも, 散歩や見物のために設けられる場合, 机と椅子が必要である。ただ服が汚れるのを嫌がるので, 破損や劣化のみならず汚れが付かないような, 付いても拭き取れるような素材が望ましい。特に高齢者はすぐ腰を下ろし休憩したがるので, そのような配慮が必要である。また休憩所の近くにトイレがあると便利である。

　海岸に設置する日除けの計画の要点は次の通りである。
1. 夏季, 海岸に来場する人数, 年齢, 服装, 来場時刻, 滞在時間, 場所, 活動内容, 周辺景観, 日除けの持参, 大きさ, などを調査する。
2. 海岸にある休憩所, 海の家, 公設日除けなどの収容人数, 利用状況, 位置を知る。

3. 海岸の自然現象，風向風速，降雨量，降雪量，日照時間，最高潮位，最大波高など。風速は日除けの浮き上がりを検討するために特に重要。
4. 海岸の土質。支持力，把ちゅう力，日射・紫外線反射率，砂温，色など。
5. 日除け建設に伴う法的規制，許認可。地元，組合との意見交換と調整。管理者・管理方法。
6. 必要な日除けの数，大きさ，常設か仮設か。費用。解体撤去の方法，保存・廃棄方法と場所。
7. 日除けになる樹木数，大きさ。

■**日除け施設を計画する際の留意点**[6.4)]

海岸空間において，日除け施設を計画する際の留意事項としては，以下のような点があげられる。

1. 砂浜領域
   ・水際に近い砂浜は海水浴客がよく利用するので，その付近に日除けを設ける。ただし，波浪の飛沫がかかる場所，人が多く行き来する場所は避ける。砂浜の幅が大きい場合，陸側に日除けを設けても利用されない
   ・砂浜近くに樹木が植えられれば，日影を広く作れ，有効である
   ・海水浴シーズンが終えたら，撤去できるようにする
   ・なるべく視界を妨げないことが望ましい
2. 砂からの日射・紫外線反射
   　一般に，海岸においては，砂浜からの日射・紫外線反射が大きい他，日射・紫外線反射が大きなコンクリート等の平滑な表面をもつ堤防が多く，反射を防ぐことは難しいことから，以下のような点に配慮することが望ましい。
   ・砂浜と道路の間に植物を植えて日射・紫外線を軽減する
   ・日除け施設の延伸等
3. 樹木による日除け
   　砂浜に隣接した場所での日除けは樹木を主とすべきである。日除けに用いる樹木は，葉密度

写真-6.2　海浜の樹木と日除け
［樹木の方が広い陰を作る］

写真-6.3　海浜の休憩所

が濃く，広がりを持ち現地の土壌や気候に最も適切なものを選ぶ必要がある。**写真-6.2**はオーストラリア，ブリスベン市の海水浴場の日除けとその背後にある樹木で，どちらの日影も選べるので利用しやすい。**写真-6.3**は太平洋の広大な眺めが楽しめる休憩所。

4. 安全性

　周囲の視界を確保することと，支線をはる時，傷ついたロープを使わない等，使用する材料は吟味の上，判断することが必要である。

5. 風

　海岸にある日除け施設は強風にさらされるため，日除け施設の材料とその固定方法をよく吟味することが必要である。

写真-6.4は葛西臨海公園海水浴場の常設日除けである。膜構造物で中央と四隅の支柱に膜が支えられている。正方形で広く，海水浴場の入口にあるため，利用客が多い。付近に同様の日除けが複数あったが，破損し失われ支柱のみが残っている。この種の構造物は手入れをしばしば行わないと，破損した部分から亀裂がひろがり，修復するのが大変である。汚れが目立つので定期的な清掃が必要である。

写真-6.4　葛西臨海公園海水浴場の膜日除け

6.10 海の家の日除け

写真-6.5，**写真-6.6**，**写真-6.7**，**写真-6.8**，**写真-6.9**に海の家を示す。海水浴場にはたくさんの海の家が立ち並んでいる。海の家は休憩，食事，着替え，手洗い，シャワー，荷物預け，などさまざまな機能を持つ。建築的な特徴としては，砂浜から出入りしやすい，眺望を確保できる，通風が十分で涼しい，日差しや紫外線を防ぐ，などがあげられる。日本の場合，建築法規上，仮設建築物として扱われるため，一定期間ごとに解体しなければならないので構造的に簡単なものが多い。海に向かう砂浜に対して大きな開口部を設け，人が出入りする。この面が太平洋岸では東向きから南向きである。南向きの場合は，海水浴が盛んな夏季の南中時太陽高度は高く，庇を出すことで解決

6.10 海の家の日除け

写真-6.5* 海の家(1)

写真-6.6* 海の家(2)

写真-6.7* 海の家(3)

写真-6.8* 海の家(4)

写真-6.9* 海の家(5)

する。午後の高度の低い太陽は西の面から入るが，壁面の，すだれ，板，布，よしずなどで遮断できる。しかし南から西向きの場合は，海水浴客のいる2時過ぎの太陽高度は低く，太陽方位は西で，開口部から奥深くまで暑い日差しと強い紫外線が入射する。

　天井，壁面の形態・材質はよしずと称される隙間のある竹で構成されること，底面は砂が直接露出していること，などの工夫がなされている。貸し出しビーチパラソル，テントが有料で提供される。海の家の日除けの目的は，①熱中症の防止，②日焼けの防止，③併設する機能(眺望，通風の確保，雨水，飛砂遮断，日除けの綺麗さ，美しさ，楽しさ，広告性，自然さ)である。

■日焼け防止

　乳幼児には日差し，海風は過酷なので，海風，日射や，砂からの熱反射を遮断し，適度に通風換気され静かな空間が必要である。海の家では紫外線被曝防止のキャンペーンと紫外線カット化粧品の展示販売，宣伝を行う，などが望まれる。特に乳幼児，皮膚の弱い人，高齢者に対する配慮が欲しい。

6.11　海洋リゾートホテルの日除け

　日本の代表的な海洋リゾートである沖縄には本格的なビーチホテルが建設されており，日除けも十分に用意されているものが出現している。しかし，土地が高価なことから，ホテルと海浜の間に

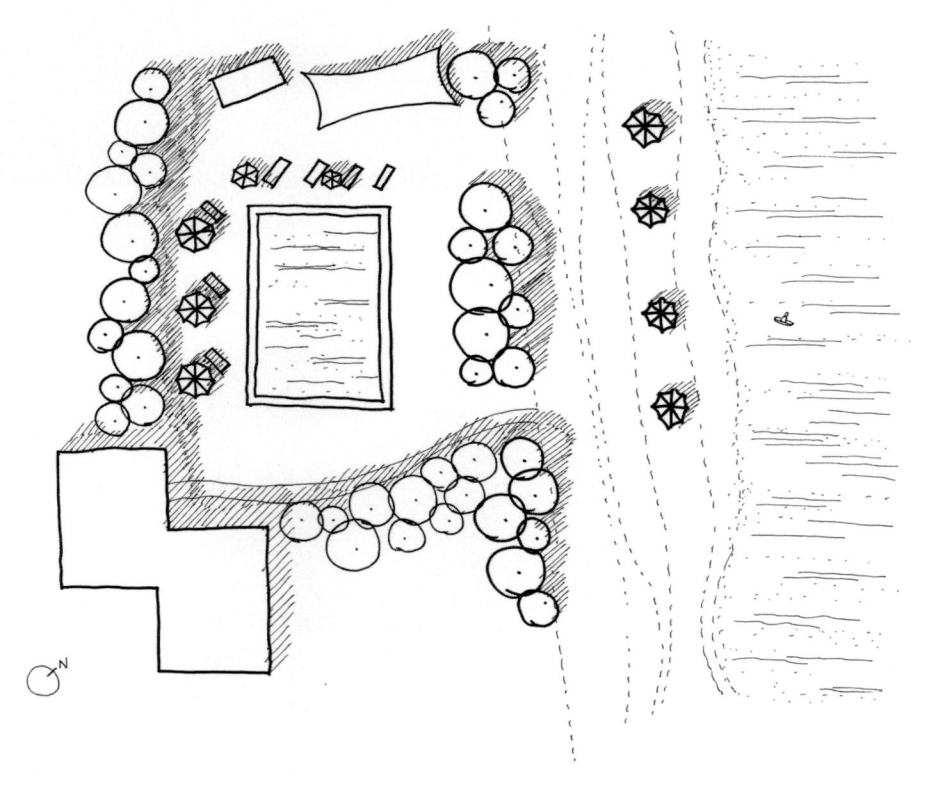

図-6.10　海岸リゾートホテルの日除け

緩衝帯である樹木などを省く場合が多く，その結果として，日差しを避けるための避難場所が少ない。海岸に建つリゾートホテルは2種類の日射・紫外線対策を施す必要がある。一つは人の被曝への防御であり，他の一つは建築材料，調度類の日焼け防止である。

人の被曝の防御は，テラスにあるレストラン，喫茶店でのパラソルによる日除け，プールサイドの日除け，砂浜へのアプローチ部分の植栽，砂浜のビーチパラソルなど，さまざまな日除けを装備する。海岸では人間は薄着軽装であり，被曝しやすい状態にある。

したがって，海岸で遊ぶ人々に，遊泳前後の休憩時はもちろん，屋外での飲食部分，アクセス部分を含めて全体的に調和のある日除け配置が必要である。日除けは人工的なものより，景観保全の立場から，自然の中でのくつろぎを考慮して，植栽などによるものが望ましく好まれる。リゾート地に来ているので人工的な日除けには周囲の景観と調和し，かつカラフルで，楽しくなる色が望まれる（**図-6.10**，**写真-6.10〜6.15**）。

【リゾートホテルの日除け】

写真-6.10　テラスの樹木による日除け

写真-6.11　テラスの日除け

写真-6.12　海浜リゾートの竹皮葺き日除け
　　　　　［南国のイメージ］

写真-6.13　海浜リゾートのビーチパラソル
　　　　　［有料で貸し出される］

第 6 章　日除け計画（アセスメント）

写真-6.14　海浜リゾートの竹皮葺き円形日除け
［南国のイメージ］

写真-6.15　海浜リゾートの竹皮葺き円形日除け内部
［南国のイメージ］

　日本海に向かって建つホテルは，海を眺めたり，海に沈む夕陽を楽しむために，窓が西，西南側を向いている。したがって，日差しが室内奥まで入りやすく，日焼けが生じやすい。ホテルの中には，カーテンを毎年交換しているところもあるくらい日焼けによる被害が大きいことから，建築内外装および調度類の日焼け防止は，庇，張り出し，テントが使用される。これらは室温上昇防止の目的にも併用される。ホテルは，内部からの眺望を客へ最大限確保することから，海，山などに向かった開口部分には，カーテン，ブラインド，ルーバーなどで日差しを遮蔽することが難しい。日焼け対策と眺望確保は相反する要求になる。

日除けの必要な場所：
1. 砂浜

　人は海水浴をしたり，海を眺めたりしながら，皮膚を焼く。しかし，常時，太陽直達下にいるのは，肉体的に負担になるため，太陽直達を避けるための日除けが随所に必要である。場所としては，デッキチェアの上，砂の上にビーチパラソルを置くことが想定されるが，日焼けが目的の客もいるため，太陽直達下のデッキチェアも必要である。

2. プールサイド

　海が荒れていたり，海水温が低かったり，波浪が危険である幼児がいる時，また海水浴後のべとべと感が不快なとき等の場合に，プールはホテル建物と隣接しているため手軽に利用される。デッキチェアの上へビーチパラソル，高い樹木などが考えられる。日焼けが目的の客もいるので，全部を被う必要はない。プールサイドの素材はコンクリートなので温度上昇が少ないが，光の反射による目の疲労や，紫外線反射が望ましくないため，反射率の低い，滑らない様に表面がざらざらのタイルや木材を敷き詰める方法もある。

3. 前庭

　海を眺めそよ風を受けながらの食事は楽しいものである。砂浜での食事と違って，机椅子も安定し，本格的な料理も楽しめる。十分時間をかけて食事をしたり会話を楽しんだりするには，

広くて頑丈な日除けが必要である。このような日除けであれば雨の際にも利用できる。野外レストランの日除けは，座席の上部に高い樹木，パラソル，テントなどが必要である。また休憩所や，散歩途中で休む，簡易な，屋根のみの小屋があると良く，樹木，テントや，小屋掛けなどが望ましい。

4. 砂浜への通路

ホテルから砂浜への通路は，樹木や人工的な日影を作り，さらに両脇は芝生を植えて紫外線反射を防ぐ必要がある。

5. ホテルレストラン

ホテルの中で海を眺めながら食事するのは楽しいものである。窓側の席が太陽直達にさらされないように，日除けを設けることが望ましい。景観を確保するためには，カーテン・ブラインドは利用できず，日除けとして庇（ひさし）が望ましい。景観を確保し，熱を防ぐには熱線カット，紫外線カットガラスの利用が望ましい。前面テラスや床には，可視光・紫外線低反射率材料の芝生，木材を使用する。

6. ホテルと海岸の間に緩衝帯

ホテルと海岸の間の緩衝帯には，樹木，芝生から構成されるものを配置すれば，体を休められるし，太陽直達を避けられ，散歩道にも利用できる。

7. 安全管理等

これまで，海岸での安全管理は，怪我や遊泳中の水難事故を中心に対策が講じられてきたが，今後，熱中症や日焼けに対する対応が必要である。

設計条件は対象地域の日射量，紫外線量，海岸の広さ，ホテルの部屋数で，設計手順は

1. 対象地域の日射量と紫外線量を知る。
2. 施設から汀線までの経路に，庇，テント，樹木，パーゴラ，パラソルを配置する。
3. 海岸に関しては，ホテルの部屋数から日除け設置数を割り出す。
4. 日除けを，海岸汀線方向が長いときは単列で配置し，短く海岸幅が長いときは多列に配置する。隣接間隔は4〜5m程度である。配置は三角格子状に配置すれば，前後列共に景観が妨げられない。
5. 採用する日除けの大きさは，一般的に数m程度のパラソル型日除けが多い。日除けの数は海浜の利用者数から決める。日除けの面積と設置数を乗じた数値を海岸の面積で除すると面日除け率が算出される。

6.12 海浜イベントの日除け

海浜で最も怖いのは強風によるテントの浮き上がりと，その結果起こる人への衝突である。日本全国で年間数十件の事故が起きている。風荷重に対抗させるため斜めのステーを張り，杭を打ってとめたり，砂袋を重石代わりに置く。風が弱いときは，テントの側布が取り付けられているが，風

が強くなると風を逃がすために，テントの側布は4方とも取り払う。海浜は周囲に樹木がなく，日影になるような高い建物もない上，イベントの場合は参加者が日除けを持参することがないので，主催者側が多めに**写真-6.16**，**写真-6.17**，**写真-6.18**，**写真-6.19**のような日除けを準備する必要がある。イベントの順番を待つ親子連れや障害者は炎天下の強い日射に曝されるため疲労しやすく，皮膚の日焼けを起こしやすい。また高齢者は体力の消耗が激しいので日除けが多数要る。

海浜イベントでの日除けは，

1. 風に飛ばないように，ステーを張り，スクリューアンカーのように砂中深く食い込ませられるものを用いる。ステーは緩まないように張る。テント側面の布は外して風が吹き抜けるようにする。風に注意し強風警報が出たらテントをたたむ。布地の弱いテントや細いステー線，頑丈でない杭，は使わない。最初から強風向けに過剰なほど頑丈に固定しておいた方が安全である。
2. 周囲に日差しを遮るものがないので，多数日除けを用意する。イベント場所に行列を作って順番を待つので，行列や待機場所に日影ができるような日除けの張り方が良い。特に幼児や高齢者・障害者が参加する場合，テントの配置場所に配慮すべきである。

写真-6.16　イベントの主催者が用意したテント

写真-6.17　海浜イベントのテント(1)

写真-6.18　海浜イベントのテント(2)

写真-6.19　海浜イベントのテント浮き上がり防止用砂袋

3. 日除けは孤立して配置するよりも，連続して配置したほうが，空の見える割合が減り，紫外線防御になる。
4. 天候やイベント内容により来場者数が左右され人数のアセスメントはしづらいが最大値に対して準備する。
5. 海浜イベント時期は，海開きの5月から10月頃まで，時刻は10時から16時までで比較的太陽高度は高い，期間は数日のものが多い。したがって日除けはきわめて短期間の設置となりレンタルすることが多い。
6. 日除け利用者は幼児，幼児の親，小学生が中心である。イベント奉仕者は中高年者であるため，重労働は避けて時々，日除け内で休憩する。
7. イベント主催者本部，救護，迷子収容などを目的としたテントは他の色より目立つ色が運用上便利である。

海辺でのテント組み立ての様子を**写真-6.20**に示す。

写真-6.20 テントの組み立て

6.13 ビーチバレー会場の日除け

ビーチバレー会場の日除けに要求されることは，
1. 開催期間が3日間程度で，短期間である。大会開催に向け専門家により施工され，終了後ただちに撤去する。ビーチバレーは通年実施されているが，日除けが必要なのは5月から10月位までである。
2. 海のスポーツに合ったカラフルさ，興行的な楽しさをイメージできる日除けが望ましい。
3. 海風に当たるので丈夫なこと。風による浮き上がりや逸走を防ぐ。通常会場外から覗かれるのを防ぐため，テント側面にシートを付けるが，風の逃げ場がなくなり風圧力が高まる。警報に注意し，風速が高くなる前にシートを上部だけ留め，側面，下をフリーにするか，外す。
4. 観客席は階段状であり席と日除けを同時に支えるため堅固であること。

5. 日除けを設置する対象は観客，選手，大会関係者である。
6. 観客席は試合コートを囲むように作るので，南側の観客席は常に日影を確保できるが，東西，北側の席は太陽の移動とともに日差しに晒されることとなる。
7. 日除けのない安価な席は1日中太陽に曝露されるので体にとっては厳しい。強い日差しを避けるため途中で退場し，有名選手出場試合や決勝に再入場する観客もいる。日傘などで個人的に日差しを防ぐ手段もあるが，周囲の観客の視線を遮るので使えない。観客は頭に濡れタオルを載せたりして観戦している。

ビーチバレーは児童から中年まで幅広い競技人口を持っている。屋外でしかも周囲に遮るものがなく，しかも肌の露出の多いウェアで行うため強い日差しや紫外線によって皮膚を損傷する怖れが多い。動き回るので日除けのような建築的な防御が難しい。他の屋外スポーツと同様に，サンスクリーンなどの化粧品が有効であり，競技の合間は日除けの下にいることが望ましい。休憩時にはタオルを肩に羽織るなどできるだけ皮膚を守るようにしたい。選手を被曝から守るために，将来は試合コート全体を遮光ネットで覆うような競技場ができるであろう。

■ビーチバレーに建設される日除けの設計に必要な計画・提案
1. 日除けを必要とする人，数
   選手（試合中，待機），コーチ，審判，役員，観客，招待客，受付係，救護係，売店販売員，誘導・会場整理係，報道関係者
2. 日除けを必要とする場所
   コート，練習コート，通路，洗面所，控え室，観客席，招待客席，救護室，売店，受付，報道関係者席，運営本部，ほか
3. 日除けの種類
   テント，パラソル，樹木など
4. 日除けを必要とする時期の太陽の動き，日射量，紫外線量，地物反射

【ビーチバレー会場の日除け】

ビーチバレー会場のレイアウトを図-6.12に示す。

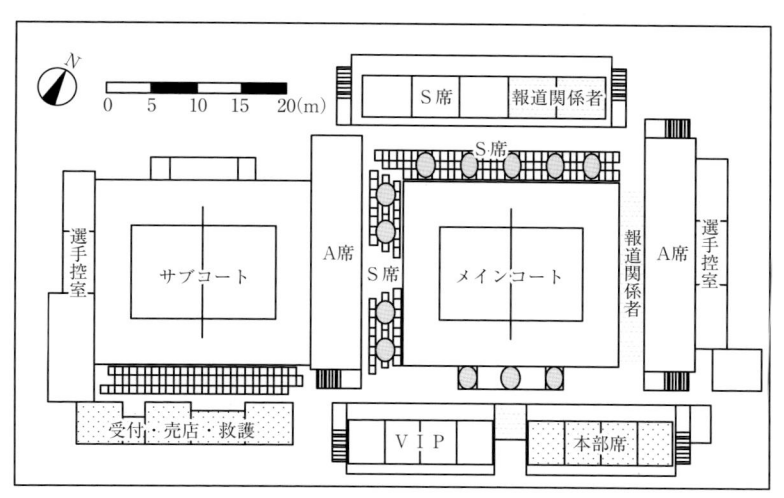

図-6.12　ビーチバレー会場

写真-6.21　ビーチバレー会場の観客席用の連続テント

写真-6.22　大会関係者と招待者席のテント

第7章
日除けの設計

7.1 日射，紫外線の軽減手段

（1） 日射や紫外線を減少させる手段

　建築は人間に安全な空間を提供することが目的である．日射や紫外線から人間を守る空間を建設するために必要な基本的な考え方，建築的手段を示す．日射や紫外線は図-7.1のようにさまざまな方向から入る．日射や紫外線を減少させる手段については，地域，風土，環境などによりさまざまな手段が利用され，これらの手段は併用して利用されることが多い．

図-7.1　日射，紫外線の反射

第7章　日除けの設計

■日除け

日除けとは自然日除けと人工日除けに分けられ，以下のようなものがあげられる。

```
日除け ┬ 自然日除け ― 主に，樹木　等
       └ 人工日除け ┬ 単体で機能 ── アンブレラ，パラソル，テント，パーゴラ，膜構造物，
                   │                タープ　等
                   └ 建物の付属物 ― 庇，軒，オーニング，すだれ，シート，ルーバー，ブラインド，
                                    蔦，カーテン，ガラス，建物の日影　等
```

■人工日除け

1. 単体で機能するもの

　パラソル，アンブレラ：傘状のもので，個人用から屋外レストラン用の大型もある。ビーチパラソルは直径が大きく，高さは人が立って入れる程度で丈夫な生地，軽量，風に耐える構造，などが望ましい。

　テント：支柱を立て，布を張った簡易な構造物で，持ち運びが容易である。日除けとしてもっとも多く使われている。(**写真-7.1**)。

　パーゴラ：組んだ材に植物を這わせた棚で，庭園などに作られる。夏は葉によって日射や紫外線を遮断するが，秋になると落葉し，陽が入るようになる。

　膜構造物：屋根・壁を広く薄い膜などで覆った建築物。鉄骨やケーブルで膜を支持する。

　タープ：膜をケーブルや支柱で支えたもの。一時的な簡易なものが多い。

写真-7.1　オーストラリアの海岸の簡易なテント

2. 建物の付属物

　庇(ひさし)：建物から外側に差し出した片流れの小屋根，窓・縁側・出入口などの上に設けて日や雨を防ぐ。

　軒(のき)：屋根の下の建物の外部に差し出たところ。

　オーニング：通常巻き込んでいて必要な時に延伸するもの(**図-7.2**)。

図-7.2 太陽の遮蔽

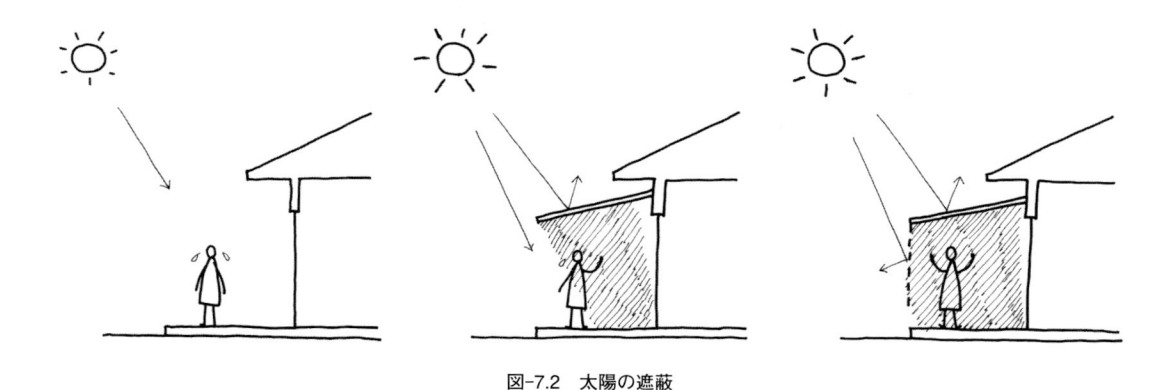

　すだれ(簾)，よしず：あし(葦)・竹を糸で編み列ねて垂らすもので，日射や紫外線を遮る。簡易な日除けとして広く普及している。安価で，開口部に立てかけたり，軒から吊るすだけで広範囲の日射や紫外放射を遮断できる。日射や紫外線を避けるだけでなく，目隠しとしても利用されている。構造的には強固でないので，強風の際は外さなければならない。

　ガラス：普通ガラスは UV-B を，UV カットガラスは UV-A，B を遮断する。ガラスに UV コーティングを行う液も売られている(**写真-7.2**)。

　シート，膜：日除けや雨除けに使う生地。

　ブラインド：開口部や窓に用いる日除け用のよろい戸。ベネシャンブラインドが有名であるが強風に弱いので，室内に取り付けられることが多く，海の家やテントなど開口部の大きい建物には向かない。

　ルーバー：開口部や窓に取り付けて太陽直達が入射するのを防ぐ。水平・垂直の格子状の板で外部に取り付けられることが多い。東西面に取り付け高高度のみならず低高度の太陽直達も防げる。

　蔦：格子状の天井，塀，壁に這わせ太陽直達を遮断する役割を果たす植物。

　暖簾(のれん)：軒先に垂らして日除けと風防ぎに用いられる布。

写真-7.2 ガラスの UV コーティング

第 7 章　日除けの設計

　カーテン：開口部に吊るして太陽直達を遮る生地。プライバシーを守るために視線を遮るためにも使われる。

　日射や紫外線の制御を行うためには，まず**図-7.3**，**図-7.4**，**図-7.5**のような膜を張り，太陽直射

図-7.3　太陽の遮蔽

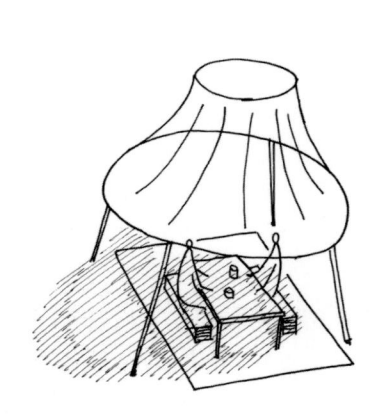

図-7.4　太陽の遮蔽

図-7.5　太陽の遮蔽

を防ぐ。次にすだれ，よしず，カーテンなどで室内への進入を防ぎ，かつ窓前面・側面の地物を低反射材料で覆う。また海の家のように，窓部分がなく開放的なときは庇を長めに取り，開口部前面，側面に低反射材料を用い，さらに建築物内部の床，天井，壁面にも低反射材料を使用し，人間の居場所を奥へ下げるべきである。このような方法によって，被曝量を何十分の一に減少できる。

(2) 樹木と木陰

樹木には，微気象，日射・紫外線などを調節する力があり，緑陰樹ともいわれる。緑陰樹は公園，広場，道路，海浜，イベント会場などで人々を強い紫外線や日射から守るために，日影を作る目的で植えられる。夏季に葉が茂って日影を作り，冬季には葉が落ちて日差しを浴びられる樹木が用いられる。

有効な日影を作るために望ましい樹木は，

① 樹冠の直径が大きい。少なくともグランドシートが敷ける広さがある（**写真-7.3～写真-7.9**）。
② 樹冠の下枝から地表までの高さが，人が入れる1.5から2m以上ある（**写真-7.10，写真-7.11**）。
③ 傘状の樹形が望ましい。
④ 樹高の高い木が影を広く作れる（**写真-7.12**）。
⑤ 葉量が多いと木漏れ陽が少ない（**写真-7.13，写真-7.14**）。
⑥ 落葉樹であると冬は日差しを浴びられる。
⑦ 根が表面に露出していない。露出していると居場所が少なくなる。
⑧ 樹木の周囲の地表が平坦で手入れされている（**写真-7.15**）。

この他

⑨ 広場に面する第1，2列目の樹木が良く利用される。奥に入ると利用度が低くなる（**写真-7.16**）。
⑩ 樹木が道路や公園の南側に位置していると，空間に日影を作る（**写真-7.17～写真-7.24**）。
⑪ 樹木が連続的に植えられ，日影がつながっていると効果的である（**写真-7.25，写真-7.26**）。
⑫ 樹木内への立ち入りが禁止されていたり，手入れがなされていないと日除けとして利用できない。

第7章　日除けの設計

【樹木を利用した日除け】

写真-7.3　海浜公園の樹木と木陰
［樹冠の広い樹木には広い木陰が出来る］

写真-7.4　樹冠の大きい樹木(1) 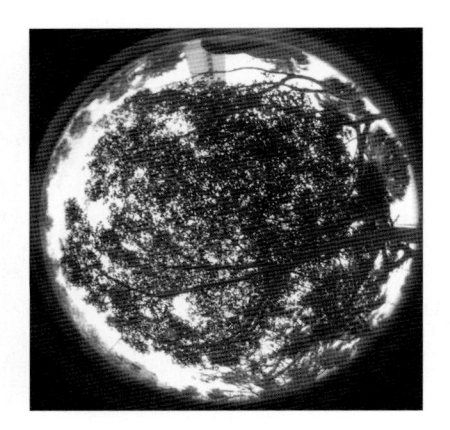　　　　　写真-7.5　樹冠の大きい樹木(2)（魚眼写真）
［樹冠が大きいと，右の魚眼写真のように空の領域が狭く紫外線が入らない］

写真-7.6　街路樹とパーゴラの組み合わせ 　　　　写真-7.7　海浜公園の樹木と木陰
［樹冠の大きい木。右のようにたくさんの人々が樹冠の下で憩う］

写真-7.8　海岸の樹木と木陰
〔海岸の樹木は海水浴の休憩のため重要である(沖縄)〕

写真-7.9　樹冠の小さい南方の樹木
〔樹冠が小さく高い木は日影を作らない〕

写真-7.10　道路脇の植栽(1)
〔枝下が低いので人が入れない〕

写真-7.11　道路脇の植栽(2)
〔樹木が多すぎ人が入れない〕

写真-7.12　海浜公園の樹木と木陰
〔通路の南側にある高い樹木は，通路上に日影を作る〕

第7章　日除けの設計

写真-7.13　葉の少ない樹木(1) 　　　　　　　写真-7.14　葉の少ない樹木(2)(魚眼写真)
［葉量が少ないと，右の魚眼写真のように空の領域が広く紫外線が大量に入る］

写真-7.15　公園の樹木と芝生と快適な木陰　　　写真-7.16　海浜公園の樹木と木陰
［広い公園，大きな樹木，たくさんの木陰。この種の公園が　［通路から1，2列目の樹木がよく利用される］
オーストラリアにたくさんある］

写真-7.17　海浜公園の樹木と木陰　　　　　　写真-7.18　園内の街路の樹木
［通路に木陰ができている］

写真-7.19　木陰とベンチ
［ビル街のバス通りに面した休憩所］

写真-7.20　公園の樹木とベンチ
［日影にかからないベンチは日射しが強く夏季役立たない］

写真-7.21　公園の樹木と椅子
［日射しを避けて隅に座る人］

写真-7.22　街路樹とパラソル(1)
［樹木の下にあるパラソル］

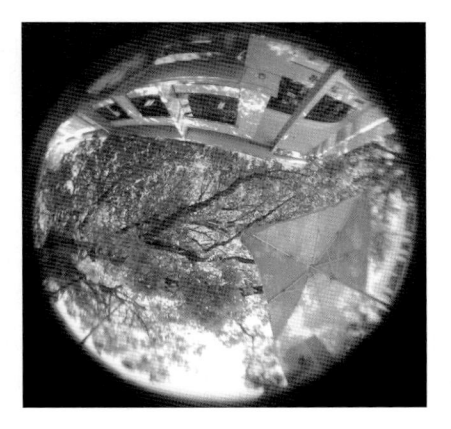

写真-7.23　街路樹とパラソル(2)(魚眼写真)
［魚眼写真から判るように空が見えず紫外線は入らない］

写真-7.24　両側に樹木のある歩道の日影
［街路樹は歩道の両側にあると効果的である］

写真-7.25　海浜公園の樹木と木陰
［群れにして広い木陰を作る］

写真-7.26　広い公園の連続した樹木群
［樹冠が大きく連続した巨木は広大な日影を作り，たくさんの人々の居場所を作る(NZ)］

（3）　軒（のき）と庇（ひさし）

　通常建築物には軒と庇がある。必ずあるというわけではないが，住宅には多くみられる。軒や庇は，雨を防ぐと同時に，夏季，太陽直達が室内に入り温度上昇を起こすのを防ぐ。従来の建築環境工学的な視点による日射に対する軒や庇の設計と，紫外線制御からの視点の大きな違いは，天空紫外線の存在である。太陽放射エネルギーの波長が短い成分は散乱を起こしやすく，太陽直達に対する天空紫外線の割合が大きくなる。紫外波長によっては太陽直達が天空紫外線と同じ程度の大きさになる。太陽高度が下がるにつれて天空紫外線の割合は大きくなる。したがって，紫外線を遮断するのに，従来の軒や庇では短かく不十分である。しかし軒や庇を長くして，天空紫外線を抑えようとすると，窓の大部分を覆うような軒や庇を設けなければならず，現実的ではない。視覚に必要な照度も不足し，景観も楽しめず，窓の本来の機能を損なうことになる。特に地物反射のような下から入射する紫外線についてはまったく無力である。

(4) すだれとよしず

すだれとよしずは安価で柔軟性のある日除けである。構造が簡単で材料も手に入りやすいので古くから広い地域で利用されてきた(**写真-7.27**)。

その利点は

① 窓外に設置するため,日射遮蔽時に熱が室内に残らない。また素材そのものの中が空洞なため熱を持つことも少ない。
② 密に組んであるので太陽直達や天空放射を防げる。
③ 見通しを妨げるため室内のプライバシーを保てる。
④ 軽量で特別な支持装置が不要である。釘数本でも支えることが可能である。
⑤ 風にたなびき,通風性も良い。
⑥ 安価で近くの日曜大工店で手に入れられる。
⑦ 自作することもできる。
⑧ 材料の色が自然にある素材に近く,建物や周囲の樹木などに調和する。
⑨ 日差しが欲しいとき,強風のときは巻き上げればよい。
⑩ 密閉するのではないので半ば開放感がある。

欠点は

① 強い風が吹くと,揺れて壊れたり周囲を傷つけるので巻き上げるか,外さなければならない。
② 寿命が短く恒久的でない。雨に濡れるとさらに寿命が短くなる。

写真-7.27 すだれ(右)とよしず(左)

(5) オーニング

オーニングはもともと軒を長く取れない時,西陽のように太陽高度が低いところから入射するのを防げるように,遮蔽布の長さ,角度を自由に調整でき,不要になれば撤去も可能な装置である。安価であるので商店街や降雨の少ない地域で使用される。構造や操作が簡単であり,施工も短期間でできる。織物をカラフルにしたり,文字・模様を入れて宣伝媒体としても使われる。日除けとし

てきわめて有効であるが，強風，豪雨に弱く，耐久性も低い。近年，オーニングにモーターを組み合わせて，スイッチ一つで展開したり，収納したりできるようになった。雨や風のセンサーをつけておけば，人手を煩わさなくても自動的に開閉可能である。

水平方向の長さと幅は，設置高さと太陽高度により決まる。南向(南半球では北向)は夏季，南中の太陽高度が高いため，短くてよいが東西向はオーニングの先端を低く，かつ長くする。先端を低くといっても商店では人の出入りができないので高さはおのずから制限がある。ギリシャのマンションは東西方位には窓をほとんど覆うくらい長いオーニングが使われていた。オーニングは幅，奥行が長くなるほど布を支持するのが難しくなり，たわみが生じる。

(6) カーテン

カーテンは日射や紫外線を遮断する最も優れた形態であり広く利用されている。日射・紫外線透過率の低さ，素材の柔らかさ，加工性の良さ，色彩の豊かさ，安さ，入手の容易さ，取り付け，取り外しの容易さ，種類の豊富さ，洗濯が可能，操作性などの点で他の手段に比較して卓越している。古くから現在まで，世界中で使用されている。人間が身をまとう衣服が成立した時代から，日除けとしてのカーテンは存在した。材質は，混紡，アクリル，レース，綿，ポリエステルがあり，織り方にも多種ある。裏地付き遮光カーテンもある。丈は 100 cm から 270 cm，幅は 100 から 200 cm が一般的である。厚みはさまざまである。色・模様は無限にあり，好みと予算に応じて選択できる。カーテンは紫外線透過率がほぼ数%以下であり，紫外線を遮断できる。しかし，レースのカーテンは隙間が多いせいで紫外帯域透過率は高い。

カーテン 1 枚で紫外線は遮断できるが，カーテン両脇と窓の部分の隙間から侵入する紫外線は防ぐことができないので，窓枠とその周囲の材料が日焼けすることがある。旅館，ホテルなどは景色を楽しむために開口部分を多くとる。開口部から入射する紫外線は，家具調度類，木床，畳，じゅうたん，壁紙，天井などに日焼けを発生させる。日焼けを防止するためカーテンが使われている。

(7) パラソル，テント，膜構造物

a. パラソル

ワンタッチで組み立てやすい長所があるが，パラソルの直径が小さいと体を水平に伸ばしたとき，日影の外に出てしまい被曝する。風に弱い上，側面から天空放射が入り込むために，被曝軽減の割合は小さい。

b. テント

雨，風，日差し，寒さを防ぐためテントは千年以上前から利用されている。テントは日射・紫外線透過が少なく，景観を楽しむことができ，かつ風通しの良いものが望ましい。そのためには側壁を作らない，天井のみの構成が望ましいが，太陽が低高度になるとテント内に太陽直達が入るためすだれ，布，などで側壁を設ける。一般的に，風に弱いので一時的な利用となる。風の強い場所や，常設する場合は，頑丈に作る必要がある。テントは用途に応じて実に多種多様，仮設的なものから恒久的

写真-7.28　テニス会場観客席に置かれたテント　　写真-7.29　バーレーンの子ども広場のテント

なものまであり，大きさも一人用の小型なものから軍隊用の大きなものまである。用途は貯蔵，住居，儀式，など使われ方も千差万別である。テントの材料は，布，高分子材などで，高強度，耐天候性，耐寒性，などに優れている。紫外線はまったく通さず，一時的な日除けとして優れた機能を有している。砂浜，砂漠，などでも利用されている。**写真-7.28**，**写真-7.29**にテントを示す。

c．膜構造物

　膜構造物はメンブレンストラクチャともいわれ，広大な空間と，大胆で自由な空間作りができることから，近年増加の一途を辿っている。膜としてテフロン加工のものが使用され，耐天候性，光透過性に優れている[7.2]。

(8)　日影だな(棚)，パーゴラ

　日影だな(棚)は，公園や庭園のツル性の植物を木枠や植物の枝にはわせて日影をつくる施設であり，「パーゴラ(pergola)」ともよばれる。各地のパーゴラを見ると植物がまったくないものが多くあった。最初から植物を植えなかったもの，植物を植えたが枯れてしまったもの，植えた植物が適切でなかったもの，植物の維持管理ができなかったもの，などである。植物がないと日差しを防ぐことができないばかりでなく，みすぼらしく無残な姿をさらすことになるので計画段階で保守管理について十分検討する必要がある。

7.2　日除けと材料

　日除け施設で使用される材料は，日射や紫外線に対する反射・透過性能，構造的強度，耐候性，美観性，経済性等，数多くの要因から検討することが重要である[7.3]。

(1)　人体への被曝と材料

　人間を取り巻く空間にはさまざまな材料が使用される。屋外では頭上に日除けが，足元には地面，芝

第7章　日除けの設計

生，床，コンクリートなどがある。側面には壁，窓ガラスなどがある。人体を日射や紫外線から守るためには，日射や紫外線反射の少ない材料や，透過の少ない材料を周囲に使用して，被曝量を軽減する。

(2) 日除けの材料

日差しを防ぐ材料として，人工物だけでなく，樹木のような自然に存在するものもある。大別すると，① 樹冠が広い高木，落葉樹など樹木，② 織物，布地，③ 高分子材などを用いた硬い透過材料，④ 鉄，木材，コンクリート，タイル，レンガ，ガラスなど通常の建築材料，がある。

日射や紫外線の防御に使用される建築材料は，日射や紫外線透過率の低いもの，反射率の低いものが望ましい。しかし，建築材料は，このような日射や紫外線の特性のみで選定されるのではなく，透光性，熱的特性，構造的強度，施工性，加工性，美観性，耐候性，寿命，価格など，多くの要素を考慮する必要がある。材料の日射透過率，日射反射率，日射吸収率，熱伝導率，輻射率などは建築環境工学の書籍を参照する[7.5]。

日射や紫外線を防御する材料に要求される条件は，以下の内容があげられる[7.4]。

① 日射や紫外線に対する防御性能が良い（すなわち透過率が小さい）。
② 構造的強度（自重，風，雪など）が確保できる。
③ 汚れや破損に対する保守が容易である。汚れが目立たない。
④ 綺麗である。
⑤ 安価である。
⑥ 希望する形状を実現できる。
⑦ 必要な場合，可視光線を透過できる。
⑧ 材料として安定している。
⑨ 耐候性（雨，日射，紫外線）がある。
⑩ 長寿命である。
⑪ 希望する熱的特性が確保できる。熱を透過しない。熱を溜めない。
⑫ 建設や解体撤去，廃棄が容易である。
⑬ 風を通せる。

(3) 材料の種類

写真-7.30 のように日除けは日差しを防ぐ覆いの部分，覆いを支持する部分，地面などの固定する部分からなる。覆い部分として膜や板，覆いを支持するのに鉄パイプや棒，地面の固定にはロープ，鋳物の重り，杭などが用いられる。紫外線反射は下方からも入射するので，地面近くに存在する材料の日射や紫外線反射率は低くなければならない。

a. 覆い

1. 樹木

自然を生かした覆いとして樹木がある。日除けに利用する樹木は，高木，樹冠の広い木，樹下に

写真-7.30　イベントのテント

入れる木，葉量の多い木が日除けとして役に立つ。落葉樹の場合，冬は葉が落ち，太陽光が透過し，光と熱を確保できるので好都合である。地域によって利用される樹木は異なる。人体全部が入るために，樹冠の幅は3m以上，樹冠端の高さ2m以上は必要である。

2. 竹，葦

日除けとして手軽で安価で，効果的なものによしずとすだれがある。よしずは軒に立てかけて，すだれは軒に吊るして使われる。よしずには葦が，すだれには葦や竹が材料として昔から使われてきた。日射や紫外線を避けるだけでなく，目隠しとしても利用されている。構造的には強固でないため，強風の際は外さなければならない。

3. 布と化学繊維

多数の繊維を縒り平らにしたものをいい，古代から作られてきた。日除けの材料として樹木や植物の次に古くから使われている。近年，化学加工により強度に優れ，耐久性もあり，耐候性に秀でた製品が開発されている。布でもレースなど空隙率の大きいものは日除けに向かない。寒冷紗も広く用いられている。日射や紫外線透過率は生地の厚み，繊維の編み方，太さ，色，化学的特性による。一般に生地が厚く，編み方が密で，繊維が太く，色付きな方が紫外線透過率は低い。ポリエステルは，安定性，強度，耐候性，加工性，形態自由度，透光性に優れ，テントに多用される。

4. ネット

ビニロン系・ポリエチレン系のネットは日射や紫外線を防ぎ，遮光もでき，風を通すので，日除け材料として使い道が多い。天井だけでなく壁としても使われる。

5. 板

写真-7.31のように塩ビやポリカーボネードの平板や波板は天板として使われる。日差しや雨の吹き込みを防げる。

6. 木材

板は休憩所の屋根，デッキの床板，壁，天井などに使用され，日射や紫外線反射率は小さい。加工性，形態の自由度が大きく，解体後の処理も容易である。長持ちさせるために塗装することがあ

第 7 章　日除けの設計

写真-7.31　バス停の遮熱用ガラス屋根

るが，塗装の色によって反射率は変わる。
b. 支持，固定材，床材，地物 [7.6)]
　覆いの支持材として，鉄パイプ，木柱，コンクリート柱，ワイヤロープがある。
1. ロープ
　ロープは強い，軟らかい，磨耗に強い，水に強い，よじれにくい，撚りやすい，などの特性から選ばれる。ビニロンロープ，ポリエステルロープ，ワイヤロープ，ワイヤストランドロープがある。
2. コンクリート，アスファルト
　仮設日除けの重り，常設日除けの基礎としてセメントコンクリートが用いられる。地上に置かれる場合，地中に埋める場合がある。床，通路に使用され，強度があり，安定している。乾いているときは，紫外線反射率は大きく，熱容量も大きい。
3. 鋳物
　仮設日除けの重しとして使われる。日除けの鉄を溶かして型に流し込み，冷えてから型から取り出す。運びやすいように1個20kg程度のものが多い。
4. 砂，水
　写真-7.32 のように布袋に砂を入れれば重しとなる。袋は持ち運びやすく，砂は現地で用意できる。またプラスチック容器に水を入れて重しとすることもできるが，砂や鉄に比べると比重が小さいため，容積が大きくなる。
5. 土
　土は日射や紫外線反射率が低く，どこでも手に入れることができ，安価であるが，雨が降るとドロドロになる。珊瑚，珪素などで形成される白い砂は反射率が大きく，日射による温度上昇は小さいが，可視光線反射率が大きいため眼に眩しい。
　一方，火山土などで形成される砂は黒く紫外線反射率は小さいが，日射による温度上昇が著しい。
6. 芝生
　芝は地物からの反射を少なくする最適な材料である。日射や紫外反射率が低く，太陽直達で熱を

写真-7.32　テント浮き上がり防止用の砂袋

持たない。温度上昇も少なく，美的にも優れ，清涼感もある。植物であるから，自然が生かせ，好ましい。しかし，手入れに手間がかかり，気象・天候に左右されて成長が安定しないなどの欠点がある。

c. 椅子と机

　日除け下に配置する椅子，机の材質は，腐らない，汚れない，清掃が容易である，交換を簡単にできる，綺麗である，デザインが良い，などの特性が必要である。日除け自体は体や服に触れることはないが，椅子や机は直接皮膚や服に触れるため，汚れていると利用する気にならない。

d. その他の材料

1. ガラス

　ガラスには，普通ガラス，紫外線カットガラス，熱線吸収ガラスがあり，厚み，材質によって日射や紫外分光透過率が異なる。普通のガラスはUV-A領域の紫外線は透過するが，UV-B領域は遮断する。UV-A，UV-B領域を遮断するには，紫外線カットガラスを使用する。日射に対しては熱反射ガラスと熱吸収ガラスがある。

2. 紙

　紙は光を和らげ，かつ日射や紫外線を通さず，通気性もある，すぐれた材料であり，障子に用いられる。壁紙，障子紙，天井など内装材として使用され，表面の色によって紫外線反射率は大きく異なる。

3. 塗料

　塗料は，外装，内装など幅広く使用され，明るい色ほど日射や紫外線反射率が大きい。暗色を使用すると温度上昇をまねく可能性もある。

(4)　建築材料，海浜砂の紫外分光反射率・分光透過率

　紫外波長帯域別の反射率および透過率は魚再善博士や末田優子氏らが系統的な研究を行った[7.7), 7.8), 7.9)]。本節で掲げた図表は魚再善博士および末田優子氏の研究成果に拠っている。

第7章 日除けの設計

紫外線防御指数 UPF(Ultraviolet Protection Factor)[7.10]とは，オーストラリアとニュージーランドで標準化されたもので，材料が人の紅斑反応を防御する効果量を数値化したものである。材料がない時の紅斑紫外線量と材料がある時の紫外線量の比として，材料がどの程度紅斑紫外線を防御できるかを示す。数値が大きいほど紫外線防御効果は大きい[12]。次の式(7.1)で定義されているように，国際照明委員会 CIE 紅斑作用スペクトルで重み付けされている。分子は 290 nm から 400 nm までの太陽放射を，紅斑作用で重み付けした紫外放射量であり，分母は材料を透過した同波長間の紫外放射を，紅斑作用で重み付けした紫外放射量である。E_λ は CIE 紅斑スペクトル，S_λ は豪州メルボルン太陽放射スペクトル(W/m²·nm)，T_λ は透過率，Δ_λ は波長間隔(nm)，λ は波長である。紅斑紫外放射量を算定するには，CIE の提唱する紅斑作用相対感度を，290 nm から 400 nm までの各放射輝度に乗じ全波長の輝度を総和して求める。

$$\mathrm{UPF} = \frac{\sum_{290}^{400} E_\lambda S_\lambda \Delta_\lambda}{\sum_{290}^{400} E_\lambda S_\lambda T_\lambda \Delta_\lambda} \tag{7.1}$$

UPF 値は 15 以上で防御効果があり，15～24 が good protection(G)，25～39 が very good protection(VG)，40 以上で excellent protection(EX)と分類される。UPF が 15 未満は分類外(外)であり，表-7.1 に記す[7.11]。

表-7.1* UPF 紫外線防御指数

UPF	UV 遮蔽率(%)	防御の段階
15～24	93.3～95.8	good protection
25～39	95.9～97.4	very good protection
40 以上	97.5 以下	excellent protection

紫外線反射防御指数 UPFR(Ultraviolet Protection Factor for Reflection)は，材料がない時の紅斑紫外線量と材料による反射がある時の紅斑紫外線量の比として，材料の反射がどの程度紅斑紫外線に影響するかを示す指数である[7.12]。この値が大きいほど紅斑紫外線を増加させない。UPF の定義を元に次の式(7.2)のように定義した。分子は式(7.1)の分子と同様で，分母は材料から反射した紫外放射を紅斑作用で重み付けした紫外放射量である。E_λ は CIE 紅斑スペクトル，S_λ は豪州メルボルン太陽放射スペクトル(W/m²·nm)，R_λ は反射率，Δ_λ は波長間隔(nm)，λ は波長である。

$$\mathrm{UPFR} = \frac{\sum_{290}^{400} E_\lambda S_\lambda \Delta_\lambda}{\sum_{290}^{400} E_\lambda S_\lambda R_\lambda \Delta_\lambda} \tag{7.2}$$

表-7.2，表-7.3 に材料の UPF，UPRF を載せた。建築物の屋根，壁，軒，庇には，木材，プラスチック板，ビニールシート，よしず，すだれが多用される。また海の家のような海洋建築物は四

表-7.2* 材料の紫外線透過率とUPF

材料名	UV-B 紫外線透過率(%)	UPF
普通ガラス	0.2～0.9	-
UVカットガラス	0	-
熱吸収ガラス	0	-
熱反射ガラス	0～0.3	-
UVカットフィルム	0	-
石英	85	1
アクリル板(3mm)	0.3	-
プラスチック板	1	-
ビニールシート	10	9
綿(白)	27	4
綿(色付き)	1～2	-
すだれ	17	6
麻ロールカーテン	15	7

表-7.3* 材料の紫外線反射率とUPFR

材料名	UV-B 紫外線反射率(%)	UPFR	材料名	UV-B 紫外線反射率(%)	UPFR
綿(白)	63	2	紙(色)	12～30	3～8
綿(色)	4～17	5～23	紙(黒)	7	15
カーテン	4～20	5～23	畳	5	20
麻ロールカーテン	7	13	カーペット	2～6	17～50
すだれ	5	20	タイル(白)	14～60	1～7
プラスチック板	7	14	タイル(色)	7～18	5～14
ビニールシート	15	7	タイル(黒)	5～8	13～20
アクリル板	6	16	アスファルト	4	25
アルミ板	54	2	コンクリート	21	5
銅板	20	5	砂(沖縄,海浜)	11～20	5～10
木材	4～8	13～53	砂(関東,海浜)	5～7	14～20
塗料	7～10	10～14	石	6	18
紙(白)	36	3			

方に大きな開口部を持つがそこには遮蔽用に布，よしず，すだれ等が使われる。色，明度，織り方，空隙率によりUPF，UPFRは大きく異なる。UPFは色つきの綿ブロード，ポリエステルサテン，プラスチック板，アクリル板などが大きく，紫外線を遮断する材料として有効である。生地の空隙率が増加するとUPFは急激に減少し，空隙率が20%を越すと，UPFは10以下になり，紫外線の遮蔽材料として適切でない。UPFRが2桁で反射が小さいのは，白以外の生地，プラスチック板，ロールカーテン，木材である。これらの近くに居ると紫外線被曝が小さい。試料の明度が低くなる

につれて，UPFR は大きくなり，紫外線反射が小さくなる。木材は明度が低く反射も少ない。木材間の差異は少ない。海砂は沖縄を除き反射は小さい。

■汚れによる保守率

反射率および透過率は汚れにより変化する。曝露台に試料を載せ，9ヶ月間の反射率および透過率を測定すると，汚れが付着して1ヶ月で急速に反射率や保守率が変化し，それ以降はゆるやかに変化することが判った[7.12]。したがって，1ヶ月に1回清掃すると新しい状態が保てる。

7.3 日差し曲線による熱中症予防の日除けの設計

7.3.1 日除けの寸法，位置

図-7.6 に夏至9時から15時の日差し曲線を用いた日除けの設計例を示す。縦軸は南北，横軸は東西を表す。図中に太陽高度と時刻が記されている。時刻は真太陽時である。H は日除けの高さ，W は幅，D は奥行である。以下各段階にしたがって作業を進める。

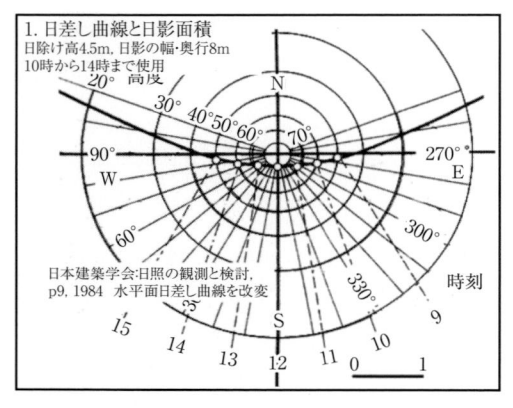

図-7.6* 日差し曲線と日除け設計

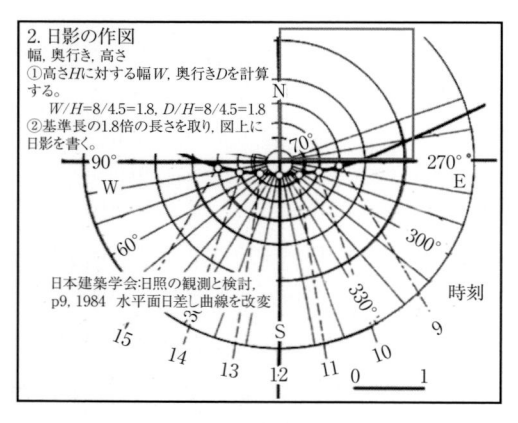

図-7.7* 日差し曲線と日除け設計

① 第1段階：日差し曲線(**図-7.6**)

日差し曲線を入手し，夏至の部分のみを拡大する。

② 第2段階：日除け設計条件設定(**図-7.7**)

日除けの設計条件を決定する。まず日影の必要な面積を決め，影の幅，奥行きを決める。日除けの高さを基準長とする。影の幅，奥行きを日除けの高さで割って，基準長に換算し，図中に書込む。

③ 第3段階：時刻別の日影の記入(**図-7.8**)

基準長に換算された影を，日差し曲線上の10時，12時，14時に複写する。

④ 第4段階：日影を囲む，日除け寸法の決定(**図-7.9**)

図上に書かれた3つの影全体を囲む四辺形を書く。四辺形の幅，奥行，南への移動量を図上で読み取り，基準長を乗じて，原寸に戻す。

本事例の場合，高さ4.5 m，利用時刻10時から14時とすると，日除けの幅は13 m，奥行き9 m，南への移動1.5 mとなった。グランドシートや椅子は日除け本体から北にずらして設置する。

滞在時間が長時間の場合，東西に長い日除けになり現実的でない。例えば15時，16時になると

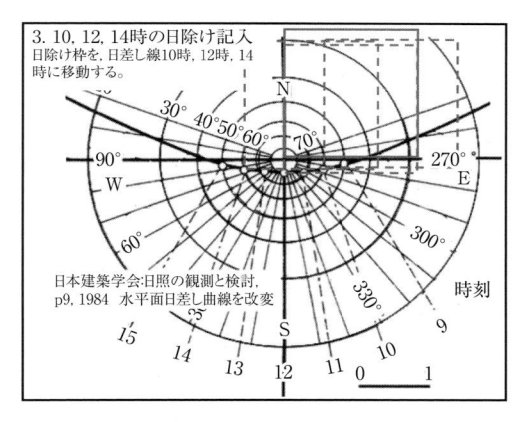

図-7.8*　日差し曲線と日除け設計

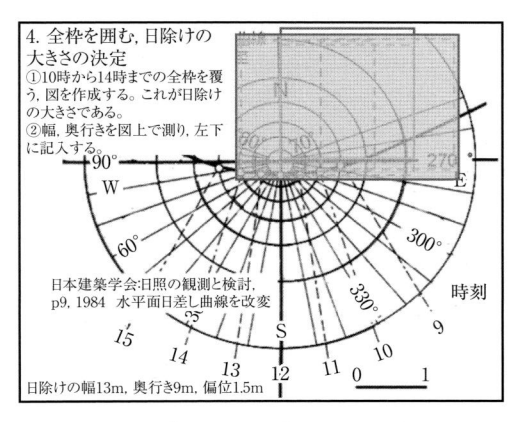

図-7.9*　日差し曲線と日除け設計

第7章 日除けの設計

太陽高度は低くなり，西側の開口部から日差しが入射する。天井のみで日差しを防ぐには西側にかなり長く延長することになり不可能である。通常，西側，東側にすだれやカーテンなどを垂らす。その効果は日影曲線を使えば推定できる。**図-7.10** は北緯 35 度の日影曲線で WE，NS 軸に囲まれた実線の長方形が日除けである。北側にある点線の長方形は 12 時の日影である。西側にすだれが無い場合 15 時には**図-7.11** になる。右の長方形は 15 時の日影で，12 時にできた日影と重ならず，12 時の日影に居ると 15 時には日差しを浴びることになる。西側にすだれを付けると 15 時には**図-7.12** のようにすだれから東に向かって斜めの日影ができ，12 時にできる日影と半分以上重なる。したがって重なる場所に居れば 12 時から 15 時まで日差しを浴びることは無い。このように日除けを東西に拡幅しなくても，すだれがあれば長時間日差しを防げる。

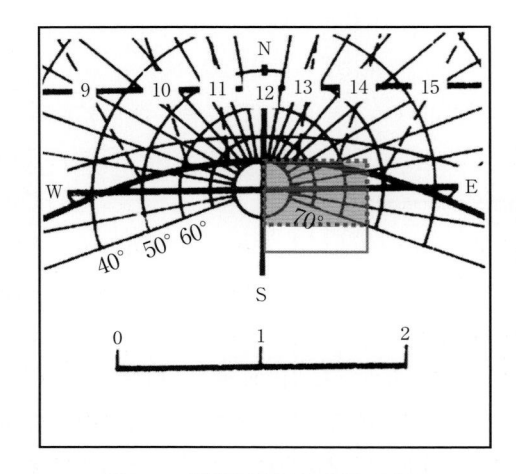

図-7.10　側壁の効果(1)日除けの位置

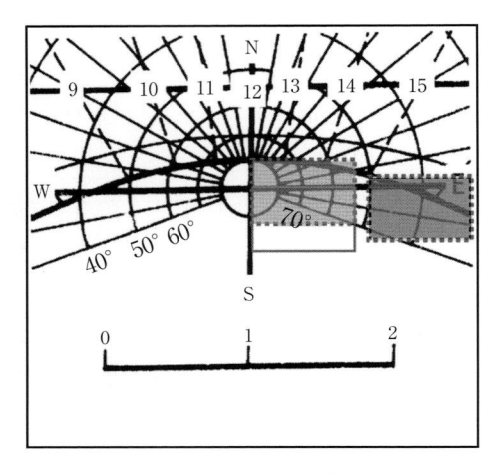

図-7.11　側壁の効果(2)壁なし

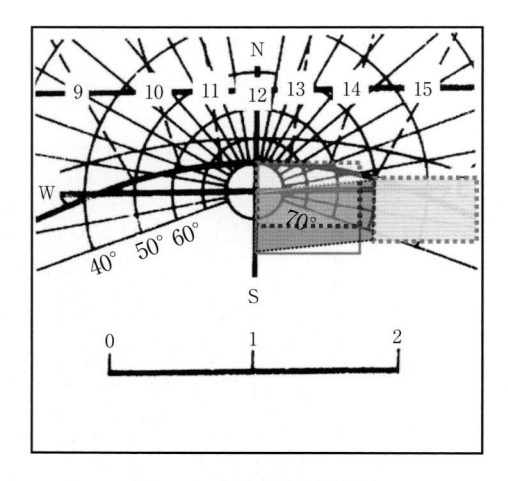

図-7.12　側壁の効果(3)壁付

7.3.2 日除けと机・椅子の位置

通常，日除けの下，中央に机，椅子を配置することが多い。しかし，日本の場合，夏の南中時の太陽高度は70度前後なので，南側の椅子は太陽直達に曝され，北側の椅子のみが使用されていることが多い。公園にある椅子や机，砂場も同様に一部は太陽直達にさらされている。日除けの下にいながら太陽直達があたっており，日除けの機能が果たせていない。日除けによる太陽直達の影が日除けの真下ではなく，北側に外れて生じるからである。特に日除けの位置が高い場合，影は大きく外れる。これでは日除けとしては無駄であるので，**写真-7.33**のように椅子を南側から北側に移動させる。そうすると南中時でも太陽直達が椅子にあたらない。

テントおよびビーチパラソル使用時の机，椅子の相対位置は，夏期南中時の太陽直達による影の部分の中心と，机の中心を一致させる。テントおよびビーチパラソルの中心から机中心までの距離 L(m)，ビーチパラソルの端部高さを H(m) とすると，太陽高度 h_s(度) のとき，

$$L = H \div \tan(h_s)$$

$h = 1.5$ m，$h_s = 60$ 度のとき，L は 0.9 m となる。軸より約 0.9 m 程度，机中心をずらす。

公園の樹木の下にあるベンチも同様で，樹冠部分の高さの0.6倍程度の北側に入った位置に設置する。また樹木脇の通路も同様である。幼稚園の砂場も日除け南側端から端部高さの0.6倍の長さ，北側に置くべきである。しかし，バス停や，建物入口の日除けや，イベント会場の日除けは，太陽直達のみでなく，雨も防ぐ働きもするため，椅子，机や行列の真上に位置させることが多い。公園，幼稚園，海岸などの日除けのように雨天時は使用せず，純粋に太陽直達を防ぐ場合は，上述のように日除けの位置と人の居場所はずらすことが望ましい。もし敷地が北側に取れない場合は，日除けの南側端にすだれやスクリーンを吊り下げると良い。また最も安価で簡単な方法は南側端を数 m 延長すれば良い。オーニングなどがあるが，ビニールシートを伸張し，紐で手すりや床に固定する方法もある。

低緯度地域では，太陽高度が80，90度と高く，太陽直達が真上から来るため，日除けの真下に机や椅子を置ける。市販されているパラソル・机・椅子一体型の日除けがそれで，このような形態

写真-7.33 机椅子を北に寄せた休憩所

の日除けは低緯度地域で有効であるといえる。パラソルを傾けられる形態のものも市販されているが，傾けると天空部分の紫外線が入射する割合が増え，効果は限定的である。

　高緯度地域の日除けと太陽直達の影は大きく外れる。例えば夏の南中時の太陽高度が45度程度のとき，日除け南側端の高さ分，影は北側にずれる。したがって影は半分程度，日除けの外に出てしまい，天空をのぞめるようになる。太陽高度が低い場合，太陽直達よりも，天空の紫外線が占める割合が大きいので，天空の紫外線による被曝は大きくなる。日除けの影の南端にいるのが最も被曝を防ぐのに適切である。逆にいえば，影の中であっても，北端では紫外線を防げないといえる。

7.4 紫外線日除けチャートと建築的太陽防御指数 ASPF

（1）　紫外線日除けチャートとASPF
■建築的太陽防御指数 ASPF

　日影図により太陽直達日射を遮断する日除けの大きさと位置を検討した後，天空紫外線による被曝の大きさを紫外線日除けチャートで検討する。日除けの魚眼写真や，日除けの射影図をチャートに重ね天空部分の点を数え，全点数を割ると，紫外線が何分の一になるかがわかる。したがって，日除け施設にいる人々の日焼けの発生を何倍遅らせられるかを推測できる。建築的太陽紫外線防御指数 ASPF（Architectural Sun Protection Factor の略）はテントなど日除けの有無によって紫外線を低減できる割合を示す[7.13],[7.14],[7.15],[7.16]。布，ネットなどを透過する紫外線も考慮できる。

　紫外線による皮膚の日焼けを防ぐ指数として，現在広く普及しているのは SPF である。この SPF を，建築的な日除けのサンケア指数として転用する。日除けを使用することにより日焼けが，どの程度防げるかを ASPF で表現すると下式になる。

$$\text{ASPF} = \frac{\text{日除けを使用しなかった時の UV インデックス}}{\text{日除け下の UV インデックス}}$$

$$= \frac{\text{紫外線日除けチャートの全点数}}{\text{紫外線日除けチャートに日除けを重ねた時の空部分の点数}}$$

表-7.4 に ASPF と日除け性能評価を記す。太陽高度により ASPF は異なるので，ASPF70 のように添え字を付けて太陽高度を表す。

　紫外線日除けチャート（UV Shade Chart）は紫外線の最も強い夏季太陽南中，快晴時の天空の紫

表-7.4　ASPF と日除け性能評価

建築的太陽防御指数 ASPF	紫外線減少割合	日除け性能評価	用途例
1～2	1～1/2	不十分	
3～5	1/5～1/3	Good 良	昼食，喫茶
6～9	1/9～1/6	Good Protection 秀	スポーツ
10 以上	1/10 以下	Exellent Protection 優秀	労働

7.4 紫外線日除けチャートと建築的太陽防御指標 ASPF

写真-7.34 日除け下で魚眼写真撮影

外放射輝度の強さを面積密度に換算して点で表現したもので**図-7.13**にしめす。チャートの円中心が天頂，円周が地平線である。太陽高度60度から90度までは太陽を50点，天空50点に配分されている。太陽およびその近傍は点が多く，地平線に近づくにつれて点は疎になる。太陽高度ごとにチャートが用意されている。チャートに魚眼写真で撮った日除けを方位を考慮して重ねて，日除けからはみ出す空部分の点を数えると，天空から日除け下に入る紫外線を見積もれる。

チャートの利用手順は，
① 日影内の検討したい位置で水平上向きの魚眼写真を撮影する。位置としては，座席がある場合はその位置，ない場合は地面である。撮影時の画面の方位を記録しておく(**写真-7.34**)。
② 写真をチャートと同じ大きさに拡大する。
③ 写真の上にチャートを置く。写真の方位はチャートと一致させる。
④ 空の部分の点 Ps を数える。
⑤ 建築的太陽防御指数は ASPF = 100 ÷ Ps である。
⑥ 透過する材料の部分は紫外線透過率を点数に乗じる。

(2) 紫外線日除けチャート

紫外線日除けチャートは2種類ある。
① 既存の日除けの ASPF を算定するチャートで，日除けの魚眼写真を必要とする。a.
② 計画中の日除けの ASPF を算定するチャート。b.

a. 既存の日除けの性能を評価する。

図-7.13の紫外線日除けチャートを用いて ASPF を算出する。この図は太陽高度65度から75度用である。太陽高度によってチャートは異なり**付図-3.2**から**付図-3.5**に太陽高度50度から90度までのチャートを付けてある。その土地の夏季の太陽最高高度に基づいてチャートを選択する。日除け施設を下から魚眼レンズで撮影し，これに**図-7.14**のように紫外線日除けチャートを重ね，この空部分の点数を Ps として ASPF = 100 ÷ Ps を算出する。

第 7 章　日除けの設計

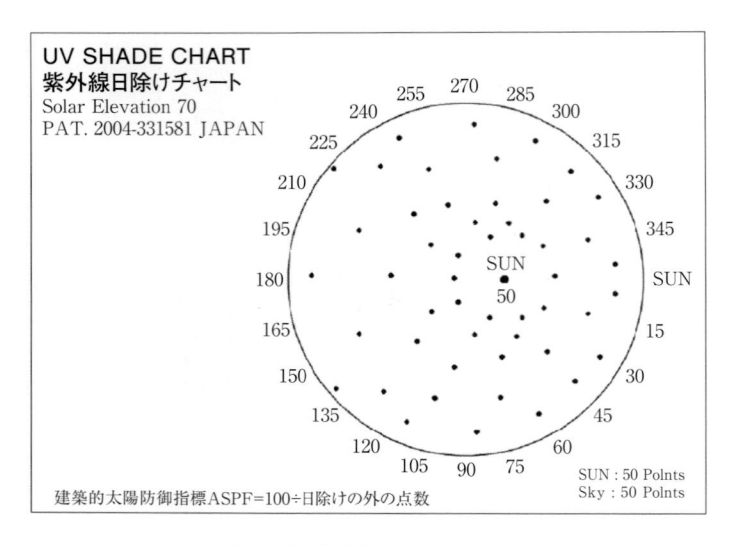

図-7.13　紫外線日除けチャート

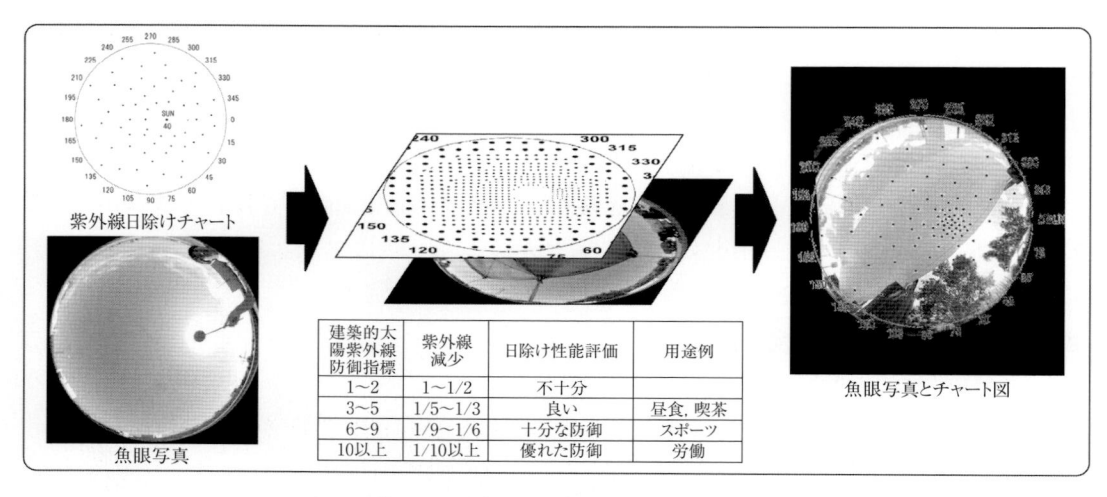

図-7.14　魚眼写真と紫外線日除けチャート

　例えば，空点数が 20 の時，ASPF は 5 となり，この日除け施設を用いることで紫外線は 5 分の 1 に減じることができる。同図に，ASPF と日除け施設の性能評価を記す。スポーツなど長時間の観戦には ASPF6 以上の日除けが必要である。なお ASPF を検討する位置は日除け中央と端で，中央では最大値となり端では最小値となる。

b. 日差し曲線をもとに描いた紫外線日除けチャートは**図-7.15** のようになる。この図を用いれば計画段階での ASPF が見積もれる。太陽高度約 70 度の測定値を使って作成されている。魚眼写真がなくても，日除けの寸法から算定できる。前頁の日除けチャートの場合，日除け外の空の点数を数えたが，この図は日除け枠内の点数を数える（**図-7.15**）。

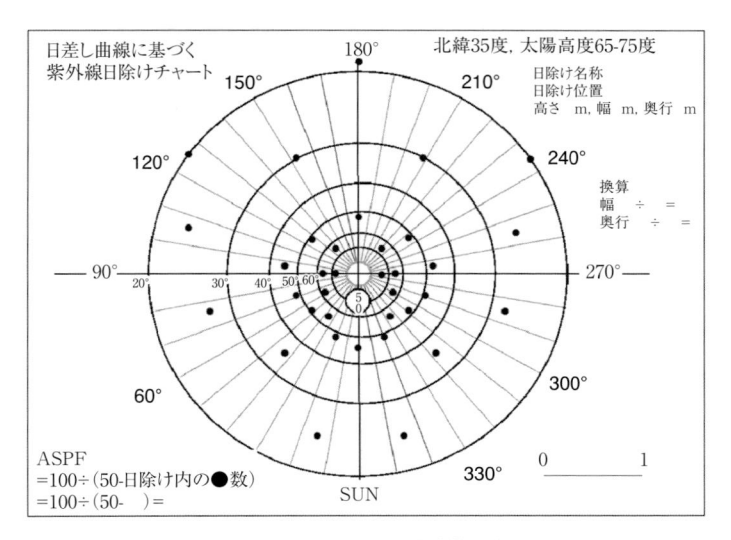

7.4 紫外線日除けチャートと建築的太陽防御指標 ASPF

図-7.15 日差し曲面を利用した紫外線日除けチャート

なお，チャートは検討位置に太陽直達が入射したり，日除け端部付近に太陽直達がある場合使用できない。

（3） 紫外線日除けチャートによる ASPF の事例

種々の日除けの紫外線の防御性能を表す建築的太陽防御指標 ASPF の事例を**写真-7.35** から**写真-7.43** までしめす。左は日除けの外観，右は日除けの真下から撮った魚眼写真である。

【各種の日除けの建築的太陽防御指数】

写真-7.35　プールサイドの日除　ASPF70＝10 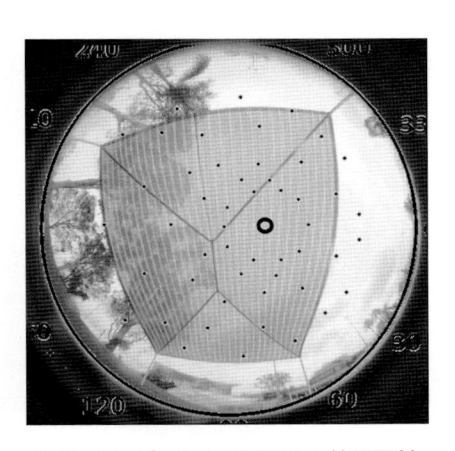　　　写真-7.36　プールサイドのテント（魚眼写真）

165

第 7 章　日除けの設計

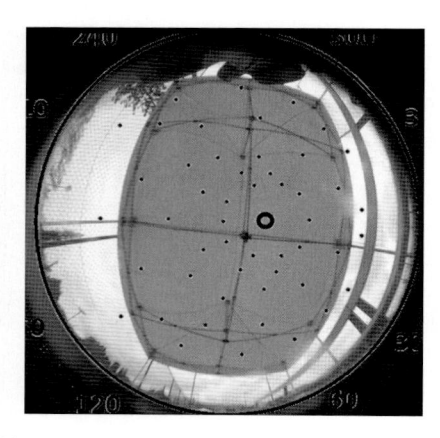

写真-7.37　公園通路の幹と葉を模した日除け(1)　ASPF70＝20

写真-7.38　公園通路の幹と葉を模した日除け(2)(魚眼写真)

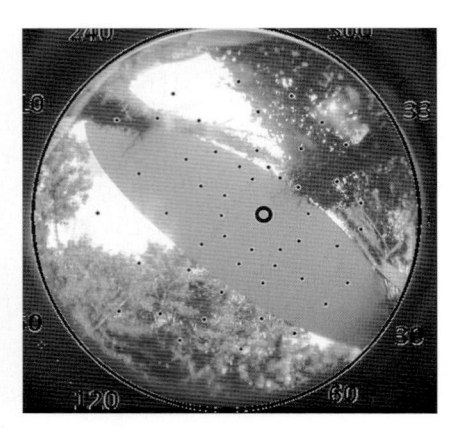

写真-7.39　子ども遊び場の膜日除け(1)　ASPF70＝12

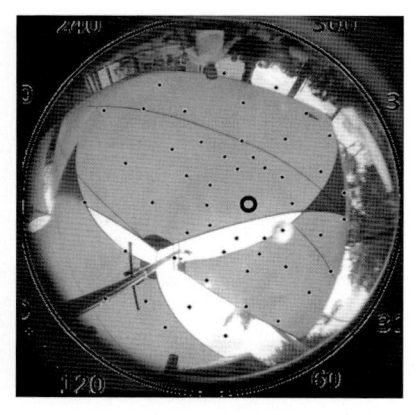

写真-7.40　子ども遊び場の膜日除け(2)(魚眼写真)

写真-7.41　テニスコート観覧席のテント(1)　ASPF70＝13

写真-7.42　テニスコート観覧席のテント(2)(魚眼写真)

7.4 紫外線日除けチャートと建築的太陽防御指標 ASPF

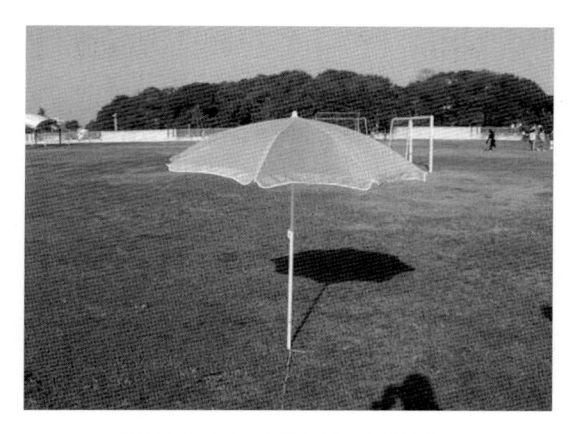

写真-7.43 ビーチパラソル ASPF70=2

写真-7.44 は正方形の膜構造物で，**写真-7.45** は日除け下から撮った魚眼写真である。この ASPF の分布を**図-7.16** にしめす。太い実線の枠は日除けの位置で，点線は日影の位置である。日除けの中央で ASPF は 7 であるが，端では 2 程度になる。日除け中央付近にいないと日除けの効果がない[7.17]。

写真-7.44 正方形の膜日除け

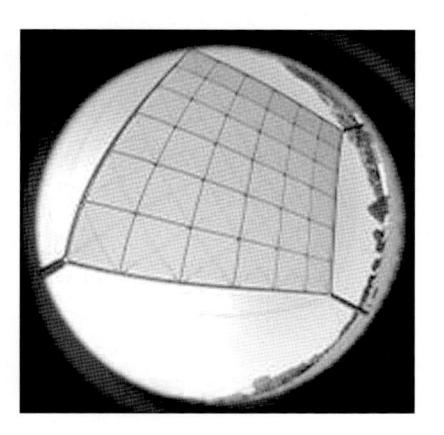

写真-7.45 正方形の膜日除けの魚眼写真

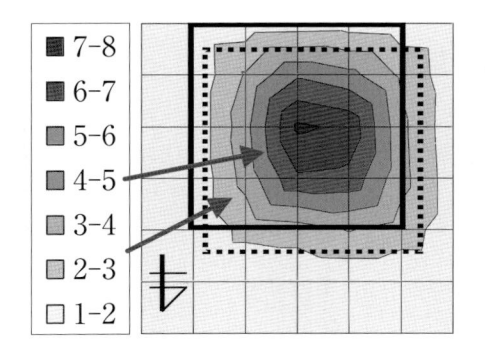

図-7.16 正方形の膜日除けの ASPF 分布

(4) その他の日除け指標
1. 日除け面積 UVSS
日除け下の，ある ASPF 以上の占める面積である。ASPF の取り方によって面積は異なる。
2. 日除け収容人数 ANS
日除けの用途に応じて一人当たり必要な日影面積を定める。この面積で日除け面積を割った値を日除け収容人数とする。現状ではテントの収容人数は床面積から算出され表記されているが，日除けの場合，紫外線被曝を主に考えるのでこのような表記が必要である。
3. 日除け効率 UVSF
日除けの効率とは，日影面積を日除け表面積で割った値である。日除けの表面積が大きくても所要の日影面積が確保できなければ効率が低くなる。この場合，日影面積とは日除け下の太陽直達光による影の面積である。

$$日除け効率 \ UVSF = 日影面積 \ S_s \div 日除け表面積 \ S_r$$

7.5 日除け施設の効果を推定する計算方法

7.5.1 日除けのシステム的発想

夏季の日射は強く，しばしば熱中症を引き起こす。熱中症の原因は，高温高湿，無風，高日射である。日射を防ぐには，日除けがもっとも有効である。しかしながらイベント会場，リゾート施設，などで，日除けが系統立って用意されているとはいえない。日除け計画にはシステム的な発想が必要である。施設内の人間行動を分析し，移動経路，滞留場所に日除けが要る。人々が日射を避けたいと考えたとき，いつでもどこでも日射を避けられる日除けが配置されていなくてはならない。万博では開催されるごとに数百人単位の熱中症患者を発生させるが，日除けの不足が理由として挙げられる。施設内の日除けに対する概念として，線日除け率，面日除け率がある。線日除け率は，来訪者の行動経路中に日除けがどの程度の長さ設置されているかを示す指数である。リゾート施設の入口から施設まで，施設から目的地まで，その往復での樹木などの自然日除けや人工的な日除けの長さを見積もることで算出できる。

7.5.2 日除け施設の効果の計算方法

効果の高い日除け施設を計画，設計するためには，日除け施設の効果を計算・推定し，その検証を行うことが重要である。日除け施設の効果の計算方法については，以下に示すとおり，1. 対象地全体で行う場合と，2. 個々の日除け施設で行う場合，の2つがあり，状況に応じて実施していく必要がある[7.18]。

1. 対象地全体

    ① 面日除け率の算定，② 線日除け率の算定

2. 個々の日除け施設

    ① 現場での日射，紫外線測定，② 日影図による推定，③ 縮小模型による検討，④ 紫外線日

7.5　日除け施設の効果を推定する計算方法

除けチャートによる推定

■**対象地全体**

a. 面日除け率の算定

　面日除け率は活動する空間の面積に対する日除け面積の割合で，下記の式で算出できる。

　　面日除け率 SSR＝活動面の日除けの全面積÷活動面の面積

オーストラリアクイーンズランド州発行ガイドライン[7.19)]の面日除け率を Space Shade Ratio（SSR_1）と名付け式(7.3)に，日影面積を含めた面日除け率 SSR_2 を式(7.4)に示す[7.20)]。

$$SSR_1 = \frac{\sum d_n}{\{a-(\sum b_q + \sum c_r)\}} \times 100 \ [\%] \tag{7.3}$$

$$SSR_2 = \frac{\sum d_n + \sum e_m}{\{a-(\sum b_q + \sum c_r)\}} \times 100 \ [\%] \tag{7.4}$$

ここで，a：敷地全面積(m^2)，b_q：建築面積(m^2)，c_r：使われない場所(m^2)，d_n：人工＋自然日除け，e_m：建築日影面積(m^2)である。夏至の12時における建物の影も日除け面積として含み面日除け率を算出する。日除け面積はテント，パラソル，建物の庇などの人工日除けや樹木などの自然日除けの合計の面積である。図-7.17 は海浜の場合で活動する面積は海浜幅と海浜長から出せる。日除けの面積はパラソルの面積に個数を乗じる。

　面日除け率の詳細は下記の通りである。

① 面日除け率とは，人を日射や紫外線被曝から守るために，人が継続的にいる空間がどの程度日除け(自然，人工)で覆われているかを示す指数である。面日除け率には2種類ある。1つは個々の空間(観客席，休憩所，売店，など)の日除け率で，他の1つは全域(海浜，公園，ビーチバレー会場，イベント会場など)の面日除け率である。

② 個々の空間の面日除け率は100％が目標値である。経済的，景観的，気候的，時期的，地理的理由などで中間的な値になる。

③ 全域(海浜，公園，ビーチバレー会場，イベント会場など)の面日除け率は，特に目標値はないが，その空間の被曝防御の質を意味する。

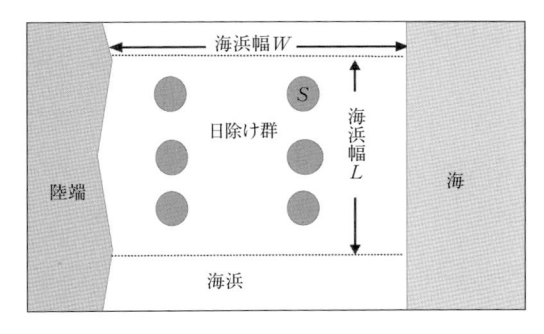

図-7.17　面日除け率

第 7 章　日除けの設計

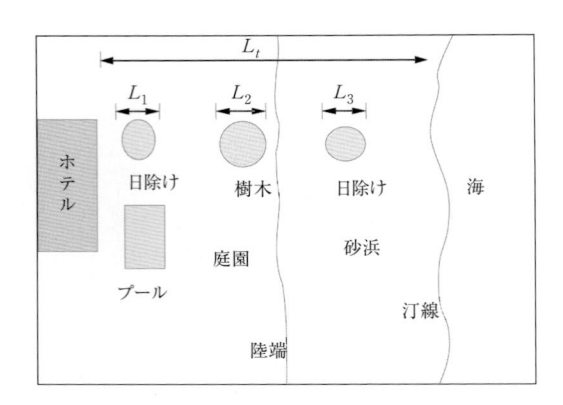

図-7.18　線日除け率

④　いずれの面日除け率も，(面日除け率×活動空間面積)が，(来場者数×1人辺りの面積)を満たしているか否かにより，どの程度日除けが不足しているか否かを判断できる。

b. 線日除け率の算定

線日除け率 Line Shade Ratio(LSR)とは，ある行動経路で移動した際の全移動距離に対する日除け下を移動した距離の割合である。式を(7.5)に示す[7.20], [7.21]。

$$LSR = g/f \times 100 \ [\%] \tag{7.5}$$

ここで，f：全移動距離(m)，g：日除け下の移動距離(m)である。**図-7.18** に海浜リゾート施設の線日除け率の例を示す。一般に低緯度で高日射・紫外線地域が線日除け率は高い。日影を伝って歩けば被曝をある程度防げるが，現実には日除けの幅が狭く，かつ多数の人々が通行しているので，日影を伝いながら歩くことは余程通路のスペースが空いていないとできない。太陽の位置によっては日除けによる影が通路外にでき，日除けとして役立たないこともある。

適切な面日除け率および線日除け率については，場所の状況に応じて異なるものであり，望ましい数値は一概にはいえない。しかしながら，例えば，観客席などのように，個人の日焼け対策等の行動が制約されるような場所においては，100％の日除けが望ましい。また，海岸や公園などに訪れる利用者が休んだりする場所(休憩施設等)では，ある程度日除け施設を確保することが望ましく，成人のみならず，乳幼児，子供，高齢者，障害者の利用も十分に考慮し面日除け率は高いほど良い。

7.5.3　面日除け率，線日除け率の事例

(1)　万博会場の日除け

図-7.19 は 2005 年 3 月 25 日から同年 9 月 25 日まで，愛知県愛知郡長久手町・豊田市および瀬戸市の 2 会場で開催された博覧会，「愛・地球博(愛知万博)」の長久手会場である。会場の面日除け率，線日除け率の計算例を示す。面積の算出には 2005 年日本国際博覧会公式記録を使用した[7.22]。

a. 面日除け率

敷地全面積，人工日除け面積，樹木日除け面積，建築面積などを使い各グローバル・コモンの面日除け率 SSR_1 を式(7.3)より算出し**表-7.5** に示した。この結果からグローバル・コモン 3 とグロー

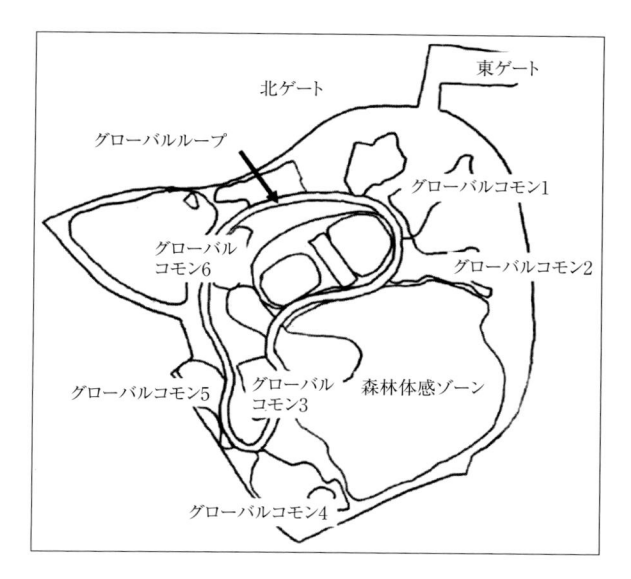

7.5 日除け施設の効果を推定する計算方法

図-7.19* 万博会場

表-7.5 万博の面日除け率

グローバルコモン	面日除け率(%)
1	15.4
2	14.7
3	34.8
4	17.2
5	14.8
6	24.6
平均	20.3

表-7.6 万博の線日除け率

ループ	線日除け率 (%)
最多	57.1
外周	53.7
内周	38.4

バル・コモン6の面日除け率が高いことがわかった。理由として敷地全面積に対して人工日除けの割合が高いということがあげられる。またグローバル・コモン3に関しては展示館と展示館との距離が近くそこを通る街路にアーケードを設けることによって高い数値を得ていた。

b. 線日除け率

　起伏のある会場を障害なく巡るために，パビリオンや施設間に回廊「グローバル・ループ」が建設され，会場1周2.6 kmの通路で結んでいる。通路にはグローバル・ループ・シェルターと称する日除けが約百五十張り設置されている。日除けの通路方向の長さはさまざまで6〜12 m程度である。通路外周に設置された日除けの長さの合計は1 396 mである。**表-7.6**のように両側の日除けの下のみを選んで歩くと線日除け率は約57％，片側のみを歩くと約38％であった。

171

（2） 幼稚園の日除け [7.23]

　幼稚園の面日除け率を計算する．計算に必要な面積は敷地面積，園舎面積，倉庫面積，プール面積，不使用面積，人工日除け面積，自然（樹木）日除け面積である．

　園庭面積 S_1 は，

$$園庭面積\ S_1 = 敷地面積\ S_2 - (園舎面積\ S_3 + 倉庫面積\ S_4 + プール面積\ S_5 + 不使用面積\ S_6) \tag{7.6}$$

　日除け面積 S_7 は，

$$日除け面積\ S_7 = 人工日除け面積\ S_8 + 自然日除け面積\ S_9 \tag{7.7}$$

である．人工日除けとは園舎の庇，オーニング，テント，ネットなど，自然日除けとは樹木をさす．面日除け率 SSR は，

$$面日除け率\ \mathrm{SSR} = 日除け面積\ S_7 \div 園庭面積\ S_1 \times 100（\%） \tag{7.8}$$

である．

　関東近郊の幼稚園の面日除け率を戸田彩香氏が調査したところ，最大 66%，最小 0%，平均 22% であり，しかも数値に大きなばらつきがあって明確な傾向はなかった．この約2割という平均値は園庭周辺に樹木を配置したときに等しい．したがって園庭中央は防御されない．面日除け率が高く 50% を越える幼稚園のレイアウトを**図-7.20**に記載する．園庭の中央に樹木を植えるか，枝張りが広い樹木を植えている．日除け面積は，ほぼ樹木による日除け面積である．樹木は耐久性に優れ日除けの役割だけでなく，園児の遊び場として有効に使うことができ同時に外部からの視線を遮られ防犯にも役立つ．**図-7.21**の日除け率最小の幼稚園は全体的に樹木が少なく多くて2本程度である．

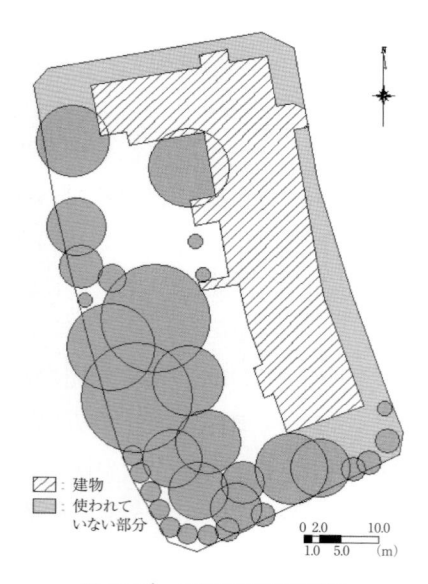

図-7.20* 日除けの多い幼稚園

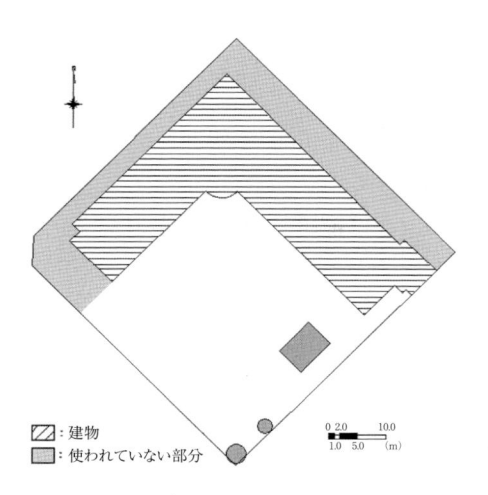

図-7.21* 日除けの少ない幼稚園

園児1人当たりの日除け面積は

$$一人当たりの日除け面積 = \frac{人工日除け面積 + 樹木日除け面積}{一度に園庭で遊ぶ園児数} \text{(m}^2/\text{人)} \tag{7.9}$$

として算出でき，オーストラリア国クイーンズランド州発行のガイドライン[7.24)]では，1人あたり最低でも3m²必要であり，5m²あれば好ましいと述べている。また園児日除け率を下式のように定義する。ここで，分母の3.3は園児一人当りに必要な面積である。

$$園児日除け率 = \frac{人工日除け面積 + 樹木日除け面積}{一度に園庭で遊ぶ園児数 \times 3.3} \times 100(\%) \tag{7.10}$$

(3) 海浜公園の面日除け率

東京湾に面した海浜公園の面日除け率は稲毛海浜公園1.62％，葛西臨海公園0.63％，お台場海浜公園1.33％，台場公園1.12％，若洲海浜公園1.7％，城南島海浜公園1.52％で，海浜公園の面日除け率は0.6～2％程度で，最小0.63％，最大1.7％，平均1.33％であった[7.25)]。人が立ち入れる面積中，実に約9割以上が日影がなく，日射や紫外線防御に苦労することがわかった。面日除け率に占める人工日除けの割合は，最小は台場公園0％，最大は若洲海浜公園0.68％，平均0.21％であった。いかに人工日除けが少ないかがわかる。樹木の占める割合は，最小は葛西臨海公園0.57％，最大は稲毛海浜公園1.53％，平均は1.1％で人工日除けの5倍になる。

(4) ビーチバレー会場の面日除け率

面日除け率の算定対象は，2009年8月東京都港区お台場海浜公園で行われたビーチバレー会場である。日除け施設は，一部の観客席のパラソルと選手関係者用のテントのみである。材質はビニール生地で選手関係者のテントの骨組は鉄材で組まれている。お台場海浜公園会場は**表-7.7**のように全体の面日除け率は13％，選手エリアは100％，観客エリアは25％，コートおよび周辺エリア

表-7.7 ビーチバレー会場の面日除け率

領域		面積(m^2)	日除け面積(m^2)	面日除け率(%)
コートおよび周辺		743	0	0
報道関係者席		114	58	51
大会役員	本部関係者席	58	58	100
	審判	89	18	20
選手		179	179	100
観客席	S席	230	70	33
	A席	224	0	0
	VIP席	58	58	100
	観客席全体	512	128	25
通路		966	0	0
全体		2660	345	13

と通路は0%という結果になった[7.26]。選手エリア，本部役員，報道関係者の面日除け率は高いが，テント内は風通しが悪く蒸し暑かった。

ビーチバレーの観客は露天でしかも昼前後も試合があるので，観客席は本来面日除け率を100%にすべきであるが，今回は25%にとどまり大多数の観客は強い日差しに曝されていた。今後観客席に日除けを設置する必要性があろう。通路の面日除け率0%はここを一時的に通過するだけなので，値が低くても良い。報道関係者席の内，放送関係者や記者は日除け施設内に，カメラマンは撮影のため露天にいるので約50%となった。選手控え室は着替え，待機などさまざまな機能が要求されるため全閉型テントで，面日除け率は100%である。

7.6 個々の日除け施設の効果

(1) 現場での日射，紫外線測定

日除け下に測定点を設け，各点で日射計や紫外線計で量を測定する方法である。最も簡便でわかりやすい方法であるが，計画中の日除けではできないこと，日時が異なった場合はその時々測定しなければならないこと，天候に左右されること，測定器が高価であるなどの欠点があげられる[7.27]。

(2) 日影図による推定

日影図による日影の推定は4章，日差し曲線を使う場合は，本章7.3節に記した。この図を使えば既存の日除け施設だけでなく，計画中の日除け施設の日影も検討できる。

(3) 縮小模型による検討

日除けの縮小模型を製作し，太陽高度・方位に相当する方向から光を当てて影のできる様子を観

察する方法である。パソコンや計測器など特別な道具がなくても影の動き，形状などを定性的に把握でき，光源の位置を変え，写真を撮影し，1日の変化を記録できる点が利点である。しかしながら，定量的な値が得られない，日除け施設の形状が複雑な場合に，製作の手間が掛かる等の欠点がある。

■「縮小模型による検討」の具体例

縮小模型に太陽の動きを模擬し，影の位置と方向を目視により推定する方法である。具体的，直感的に現象を把握でき，付け加える日除けも容易に決定できる。お台場海浜公園（東京都港区）のビーチバレー会場の縮尺模型を製作し，日除けなしのケース（現状での被曝状況），日除けを設置したケース（日除け施設設置による被曝状況）を検討した。推定時期は5月5日10時～14時である。**写真-7.46** から **写真-7.51** により推定の結果，現状では普通席（南西，写真では左上），普通席（北東，写真では右下）は10時から14時まで4時間継続して被曝することがわかった。ただし，日影は移動するので，同じ人が被曝するのではない。また日除けを設置した場合は，普通席（南西）は，10時は最前部が被曝，12時，14時は日除けを背にするため被曝なしである。普通席（北東）は，10時，12時は日除けを背にするため被曝なしだが，14時は最前部が被曝する。以上のように小型模型によると，視覚的に認識でき，きめの細かな検討が可能である。

(4) 紫外線日除けチャートによる推定

第7章で記したように種々の日除けの紫外線の防御性能を表す建築的太陽防御指標 ASPF は，屋外の紫外線量を日除け下の紫外線量で割ったもので，日除けにより紫外線が何分の一に減少するかを示すものである。これにより，日焼けの発生をどの程度遅らせることができるかわかる。

第 7 章　日除けの設計

【ビーチバレー会場小型模型の日影の動き】

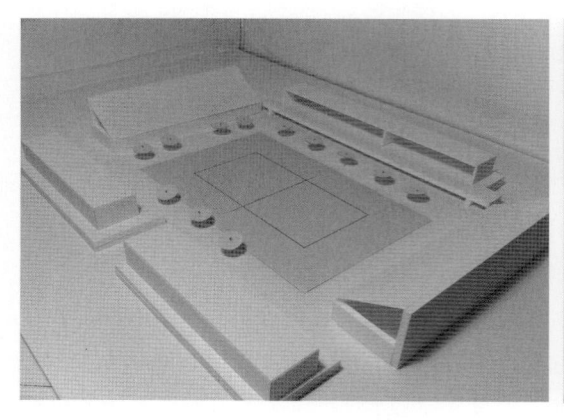

写真-7.46　ビーチバレー会場の模型(1)(屋根無し)
［10 時　普通席は左上(南西)と右下(北東)で，日除けなし］

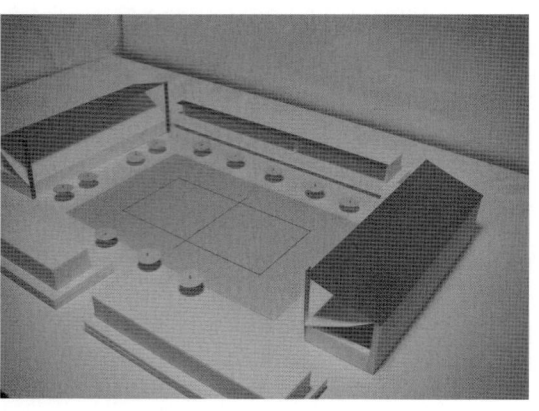

写真-7.49　ビーチバレー会場の模型(4)(屋根付き)
［10 時　普通席日除け付きの日影］

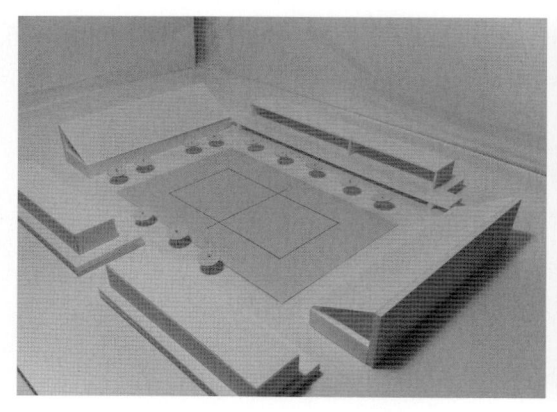

写真-7.47　ビーチバレー会場の模型(2)(屋根無し)
［12 時　普通席日除けなし］

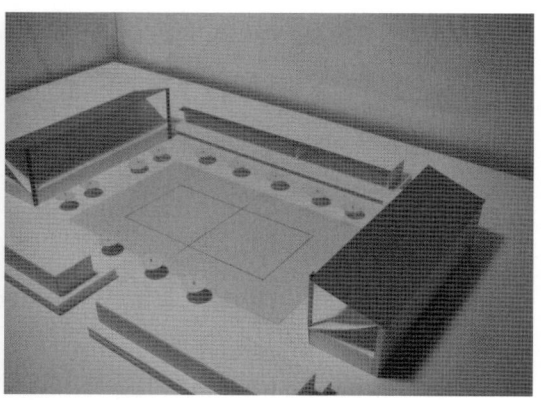

写真-7.50　ビーチバレー会場の模型(5)(屋根付き)
［12 時　普通席日除け付きの日影］

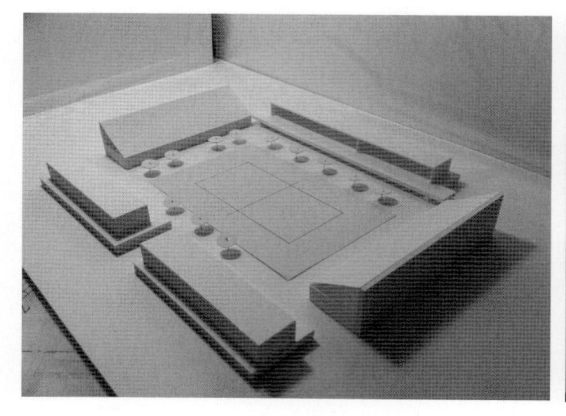

写真-7.48　ビーチバレー会場の模型(3)(屋根無し)
［14 時　普通席日除けなし］

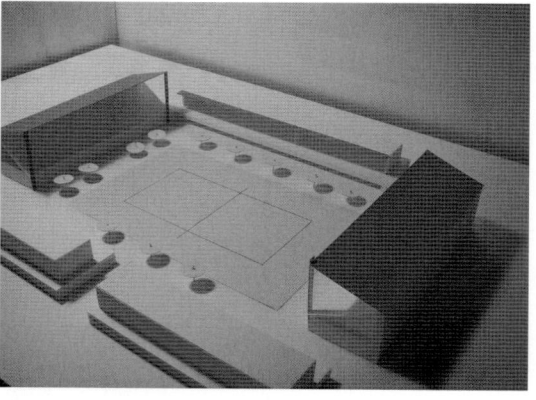

写真-7.51　ビーチバレー会場の模型(6)(屋根付き)
［14 時　普通席日除け付きの日影］

7.7 構造的な検討

テントは容易に設置でき軽そうで安全な建築物に見える。しかし毎年強風によってテントが飛ばされ死傷事故が起きている。危険を避けるために，テントにかかる力を理解し，適切な使い方をする必要がある。

(1) 荷重

テントに関する荷重は次の3通りが考えられる。海辺や集会などで使用する小型のテントは①，②を，イベントや常設などの大型テントや膜構造物は①，②，③を考慮する。

① 固定荷重　テントの膜・骨組，ケーブル，金具などの重さ
② 風圧力
③ その他の荷重　1. 積載荷重，2. 積雪荷重，3. 地震荷重，4. 初期張力

(2) 風圧力

風圧力はテントの荷重として最も大きいもので，風速の二乗で効いてくる。周囲に風を抑えるものがない平坦地や海岸は，市街地に比較すると風が強い。また建築物設計の際参考とする，基準風速の分布図からみると，日本では九州南部，四国南部，房総南部の風が特に強い。ビューフォート風力階級は**表-7.8**[7.28)]で仮設テントが利用できるのは重りに配慮しても風力4以下であろう。

テント壁面に垂直に一様な風があたると壁に圧力が生じ，その圧力を速度圧という。

表-7.8* ビューフォート風力階級表

風力	名称	風速(kt)	風速(m/s)	陸上の状況
0	平穏	1以下	0.0～0.2	静穏，煙がまっすぐ上昇。
1	至軽風	1～3	0.3～1.5	煙がなびく。
2	軽風	4～6	1.6～3.3	顔に風を感じる。木の葉がゆれる。
3	軟風	7～10	3.4～5.4	木の葉や細い枝がたえず動く。旗がはためく。
4	和風	11～16	5.5～7.9	砂ほこりがたち，紙片が舞う。小枝が動く。
5	疾風	17～21	8.0～10.7	葉の茂った樹木がゆれ，池や沼にも波頭がたつ。
6	雄風	22～27	10.8～13.8	大枝が動き，電線が鳴る。傘の使用困難となる。
7	強風	28～33	13.9～17.1	樹木全体がゆれる。風に向かうと歩きにくい。
8	疾強風	34～40	17.2～20.7	小枝が折れ，風に向かうと歩けない。
9	大強風	41～47	20.8～24.4	煙突が倒れ，瓦が落ちる。
10	全強風	48～55	24.5～28.4	樹木が根こそぎになる。風に向かうと歩きにくい。
11	暴風	56～63	28.5～32.6	めったに起こらないような広い範囲の大損害が起こる。
12	台風	64～71	32.7～36.7	被害甚大。記録的な損害が起ころ。

注）1kt(ノット)は約0.5m/s

速度圧を q，空気密度 ρ，風速 V とすると，

$$q = 1/2 \rho V^2 \quad (\text{N/m}^2) \tag{7.11}$$

速度圧に風力係数を乗じると風圧力 p が求まる。

$$p = C \cdot q \quad (\text{N/m}^2) \tag{7.12}$$

ここで，C は断面形状により異なる係数である。

風荷重 P は受圧断面積 A(m)を乗じて

$$P = p \times A \quad (\text{N}) \tag{7.13}$$

である。

(3) テントの浮き上がりを抑える重りの重量

テントの浮き上がりに関しては西村氏，中森氏，中川氏の研究があり引用する[7.29]。m_t をテントの質量，C_F を合成風力係数，D をテント奥行，L をテント中心からの偏心距離，β を合成風力係数の傾き，ρ を空気密度，b をテントの幅，g を重力加速度とすると，瞬間風速 V に浮き上がらない重り m_m は論文中の式を変形して次式のようになる。

$$m_m = \{\rho b C_F V^2 (L + D/2 \cdot \sin \beta)/g - m_t\}/2 \tag{7.14}$$

同論文のテントの浮き上がり防止に関する事項をまとめると次のようになる。

1．テントは最大瞬間風速 10 m/s を越えない範囲で使用し，天気予報に常時注意して，越えた場合，テントを撤収する。
2．テントの支柱には十分な重りを付ける。杭とワイヤーの場合，緩みなく固定する。
3．壁の覆いは付けない。付ける場合はテントの支柱に固定せず垂らす。
4．浮き上がろうとするテントを人力で押さえることは困難である。

(4) テントの浮き上がり防止対策

風によるテントの浮き上がりを防止するには 2 つの方法がある。支柱に重りを載せる方法と，杭とロープによりテントを固定する方法である。

a. 重りによる方法

杭が打てないアスファルトやコンクリート面で採用される。1 個 10 kg から 20 kg 程度の重りをテントの支柱に分散させて配置する。重りには鋳物やコンクリートブロックなどが用いられる。砂袋や水を入れた容器が使われることがある。水の場合容積が大きくなるので小さなテントに適している。**写真-7.52** はビーチパラソルが風で飛ばされるのを防ぐため風上側に取り付けられた砂袋である。

b. 杭とロープによる方法

　校庭，公園，海浜など地面が土の場合採用される。日除けの支柱から離れた土に，支柱に対して杭を斜めに土中に埋め込み，ロープで引っ張られたとき杭が更に土中に入り込むようにする。杭の先端と支柱上端をロープで結ぶ。杭は手で押し込むのでは抜けやすいため，ハンマーや金槌などで杭の頭部を十分打ち込む。杭は太い方が，摩擦抵抗が大きく抜けにくい。ロープは丈夫でないと切れたりとけたりする。ロープと支柱や杭との結索は確実に行い緩んだりとけないようにする。しばらく時間が経ってからロープの張りや杭の状態をチェックする。

写真-7.52　重りをつけたビーチテント

第8章
紫外線と建築

8.1 紫外線と建築

　建築における紫外線は，従来，材料の劣化・変色に関する問題がほとんどであった。その他では，美術館・博物館での工芸品を保護するために，紫外線を防ぐことが考慮されていた。しかし，今から半世紀前に遡ると，人類を結核の災禍から守るために，さまざまな建築的配慮がなされてきた。紫外線を多く室内に取り入れる工夫をし，室内に紫外放射装置を設置して人間に照射し結核から防衛しようとしたのである。当時の建築系雑誌に掲載されているサナトリウムの設計は日光浴ができるように配慮されている。結核に対する有効な外科内科的治療法がない時代には，治療法の一つとして，綺麗な空気を吸い，栄養価のある食物を食べ，日光を適度に浴びることが行われたためである。郊外の空気清浄な場所に結核療養所が建設された。1944年に発明されたストレプトマイシンの投与によって，結核は不治の病ではなくなった。患者の減少によって，結核を主な療養目的とする療養所も，その使命を終え，一般の病院へ衣替えしている。

　半世紀を経た現在，オゾン層破壊による紫外線の増加と，皮膚がんの危険性が認識されるにつれて，日除けを目的とした建築（シェルター）が，オーストラリアを始めとした高紫外線地域に建設されつつある。膜構造技術，テント材料の発達によって，高度な日除け建築も可能となっており，人々が集まる公共空間，商業空間などに出現している。地方によっては日除け建築を推進するケースも出てきている。最近，ガラスを側面，上部に多用したアトリウムが数多く建設されているが，紫外線の影響についての検討も行われるようになるであろう。

8.2 紫外線地域と建築

(1) 高紫外線地域

　世界の高紫外線地域は，アフリカ北・中・南部，オーストラリア，南米中・南部，北アメリカ西・南部，ヨーロッパ南部，中近東，高地である。

a. 高温乾燥地域

　高温乾燥地域は大気が澄んでいて，紫外線が高い。この地域は乾燥しているため，日影は涼しい。太陽直達を避けても，天空からの紫外線は無視できないほど多いので注意する必要がある。周りが紫外反射率の低い材料で構成されていれば，紫外線も少ない。伝統的な建築は，壁が厚く，窓が小さい建築が多いので，紫外線の室内への入射は少ない。東陽，西陽，は部屋奥まで入射するので東面，西面を大きく開けた建築物の場合，紫外線を避ける建築的工夫が必要である。

b. 高温高湿地域

　気温が高く，湿度が高い地域は赤道付近に広範囲に存在する。雨を防ぐために軒を深くし，湿度を逃がすために開口部を広く取る。軒が深いために太陽直達紫外線は防げるが，広い開口部から天空紫外線が多量に侵入する。

(2) 中紫外線地域

　日本の住宅は，夏季の日射を防ぐように，軒や庇の長さを決めている。冬の日射は十分取り入れ室温を確保するようになっている。日本の冬は，酷寒といえるほどの寒さではないが，夏の高湿度はしのぎにくいため，住宅の環境設計は，夏季の日射と通風が主な点として配慮されている。午後の西陽は室内深く差し込むため，内装材料，家具，調度類を変色させやすく，窓を設けないか，小さくしている。**写真-8.1** のように古い日本家屋は，南側廊下，縁側，障子，すだれ，庭木を設けることにより，室内に直接過大な紫外線が入射しないようにしたり，畳，木をむくで使用して，紫外反射率を低くして，入射した紫外線が更に小さくなるように工夫している。しかし，現在の新建材を使用した建築物は，そのような建築的配慮が少なく，紫外線の立場からみると，伝統的な建物に比べて性能は劣っているといえる。部屋前面に，白色系の壁，コンクリート床，たたきなど，反射率の高い材料が使用されていると紫外反射は多くなる。

　東南アジアは高湿度な地域で，部屋は外部に対して開放的に作られている。したがって，紫外線は太陽直達・天空放射も多く進入し，紫外反射も多いといえる。特に前面が広がって，かつ砂浜の

写真-8.1　伝統的な和室

ように紫外反射率の高い材料があるときは，紫外反射は大きいと考えられる。

(3) 低紫外線地域

　世界の低紫外線地域は，カナダ，イギリス，ヨーロッパ北部，北欧，ロシアである。高緯度地域が多いため，太陽高度は低く，日射は部屋奥まで入射するが弱い。夏季の日射を防ぐために，日除けの工夫がされている。年間の紫外線量が少ないので，人々は健康を維持するため意図的に，屋外で日光を浴びる努力をしている。

8.3 紫外線調整と設計過程

　紫外線調整とは，紫外線が必要な空間にはできるだけ紫外線を導入したり，紫外線が望ましくない空間には，紫外線を遮断する，ことを行う方法・手段をいう。同じ空間でも，冬季は導入したり，夏季は遮断するような場合もある。紫外線の導入目的は，室内殺菌，くる病予防（ビタミンD），紫外線遮断の目的は，内装・家具類変色防止，日焼け防止であるが，それぞれ対象波長が異なり，すべてに配慮するのは難しく，空間の建設目的に応じて，調整目的を明確に絞り込むことが重要である。また紫外線のみを調整することは難しく，可視光の調整に応じて，付随的に紫外線が調整されるケースが一般的である。調整手段として，窓外に設置するもの，窓内に設置するもの，窓ガラスを使用するものに分類される。**表-8.1** に紫外線制御の段階を示す。**表-8.2** に建築紫外線設計の過程を示す。

表-8.1 紫外線防御設計の流れ

UV段階	内容	目的	空間	方法
＋＋	UV導入が必要	ビタミンD生成，殺菌	サンルーム	段階＋の手法の併用
＋	UV導入が望ましい			高反射材料，高透過材料採用，開口部大，デッキなど
0	無調整		建物（北方向）	
－	UV遮断が望ましい	材料の劣化，退色	建物（南，東，西方位）	樹木，日除け，UVカットガラス，ひさし，軒，スクリーン，カーテン，ブラインド，高反射材料，低透過材料など
－－	UV遮断が必要	目焼，皮膚がん，白内障	ビーチパラソル，日除け，スキーロッジ，光過敏症，美術館，博物館，商店，デパートなど	段階－の手法の併用

第8章　紫外線と建築

表-8.2　紫外線制御の段階

紫外放射設計の健康面の目標
1. 日焼け防止（短時間の被曝，長期の被曝）
2. ビタミンDの生成（年齢，皮膚色，性別）
3. 殺菌

対象		
個人	集団	場面
年齢	乳幼児	運動
皮膚色	児童	休憩
服装	生徒	食事
	家族	海水浴
		労働

外力		
太陽直達	天空放射	地物反射
緯度，経度，高度，大気透過率		
月日，時刻		

制御手段（個人的）
UVカット化粧品
日傘
長袖長ズボン
帽子
タオル

制御手段（集団的）	
（水平，傾斜）	（垂直）
テント	すだれ，よしず
パラソル	カーテン
膜構造物	ブラインド
屋根	フィルム
ひさし，軒	ルーバー
タープ	

日除けの特性
日除けの配置（数量，高度，方位）
日除けの形，状規模
材料の強度，透過率，反射率

物理量		
放射照度	放射照度分布	被曝量

8.4 建築の紫外線の導入・遮断の目的

　紫外線の導入の目的は，ビタミンDの生成と殺菌である。また遮断の目的は，皮膚日焼けの防止と，外装材料，室内物品の変色防止である。

（1）ビタミンDの生成

　日光中の紫外線が皮膚にあたるとビタミンDを生成し，骨を丈夫にする。乳幼児の骨格形成と全身の発育に役立つ。しかし過度の紫外線は日焼けを起こし皮膚を損傷する。急激で長時間の被曝は避けるべきである。最近では乳幼児は食物からビタミンDを摂取できるので，長時間の日光浴

は必要とされない。一方，世界には乳幼児に十分な栄養を与えることができなかったり，過度の紫外線遮断によりビタミンDが不足する地域もあり，そのような場合は特別な配慮が必要である。

(2) 住宅，療養所，病院と紫外線

　日光に含まれる紫外線は強力な殺菌力を持っている。特に室外での日光消毒は住宅などで広く行われている。洗濯物干し，布団干し，畳干し，じゅうたん干しなどであり，ベランダ，屋上，軒下に物干し場が設けられている。

　かって結核が深刻な病であった頃，日光浴が推奨されていたが，戦後画期的な治療薬ストレプトマイシンの出現により，治療としての日光浴はなくなった。フィンランドの著名な建築家アールトの設計したサナトリウムには結核患者用の広いバルコニーが設けられていた。

(3) 皮膚日焼け，目保護

　紫外線防護の対象者として，乳児，幼児，児童，スキーヤー，水泳監視人，建設工事従事者，道路工事人，道路清掃人，自動車運転手，海上工事従事者，クレーン操縦者，体育教師，スポーツマン(野外)，農夫，漁師，釣人，ヨットマン，サーファー，ゴルファー，ゴルフキャデイ，山小屋管理人，林業従事者，登山家があげられる。これらの人々は，屋外で活動する割合が他の人々に比較して多く，紫外線被曝に対して注意が必要である。作業空間の近くに，紫外線から身を守るための日除けが要る。日除けは，簡易なテントから，恒久的な鉄骨と膜で組み立てたものまである。特に皮膚がんの脅威が叫ばれるにつれて，日除けを目的とした，大型の覆いまで出現している。膜は，紫外線を透過しないので，安全な空間を出現させる。

　また紫外線は目にも損傷を与える。雪の紫外反射はきわめて大きいため，目の保護を目的として，窓に紫外線カットガラスを採用しているスキーロッジがある。

(4) 建築外装材料，家具・調度類日焼け

　住宅など建築物の外装材料は，紫外線によって変色・劣化するため，設計時に耐天候性能に注意が払われる。また，内装材料も紫外線について配慮される。美術館，博物館，展示場，図書館，デパート，商店ショウウインドウ(洋服店 他)，倉庫などは貴重な物品を，紫外線による変色から守るため，紫外線を遮断する。窓をなくしたり，カーテンで窓を閉ざしたり，紫外線カットガラスを採用したり，直接光を避けて反射光を利用したりする。また美術館，博物館のように貴重な絵画彫刻など工芸品を収納している場合は，外光をまったく遮断し，人工照明のみに頼っている。デパートは普通，商品が大量にあるため，窓などの開口部を少なく設計するが，紫外線カットガラスを採用し，側面全面をガラスで覆ったデザインも出現し始めている。

　紫外線による変色は，住宅内部でも起こる。畳，カーテン，じゅうたん，障子，襖，床板，家具などが時間の経過とともに色褪せする。特に西陽は奥まで差し込むため，南陽同様，遮断する必要がある。海岸域の建築は塩害，高湿，強風に加えて，紫外線による退色が生じるというように，建

築にとって悪条件が重なっている。

　照明，空調設備の発達は，自然な採光・熱吸収を必要としなくなり，窓の大きさ，形態に，大きな自由度を与えている。北方の寒冷地で大きな窓面を持つ建築物も出現し，乏しい日光をできるだけ取り入れようとしている。二重窓で温度を絶縁し，日光は十分取り入れるようにしたアールトの設計はその代表的な建築物である。

8.5 ビル街の紫外線反射

　建物に挟まれた道路を歩いていると，**写真-8.2**のように建物の壁面から太陽反射光を浴びその中に含まれる紫外線によって，建物がないときより紫外線が増加する。通行する場合であれば一時的なのでそれほど気にしなくて良いが，オープンテラスなどで食事したりお茶を飲んだり，休息するように，長時間いる場合，紫外線被曝に気をつける。**写真-8.3**の魚眼写真は建物前面の敷地から見上げて魚眼写真を撮影したもので，建物上階の壁面から太陽が反射している。**図-8.1**に太陽直達，天空放射，壁面反射，地物反射のイメージを記した。建物がない場合と比較すると建物に遮られて

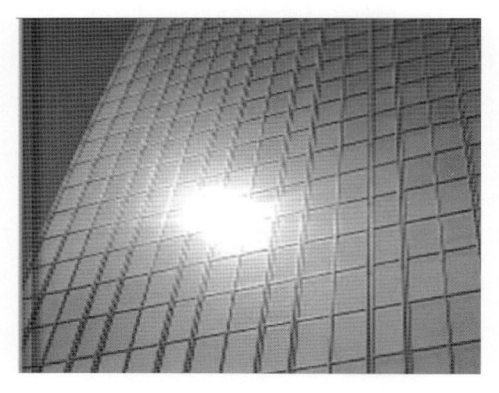

写真-8.2 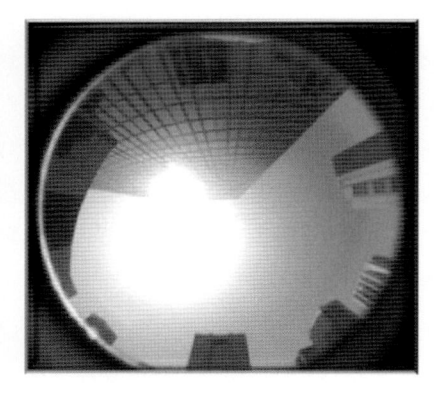　　　　　　　　　　　　　　写真-8.3

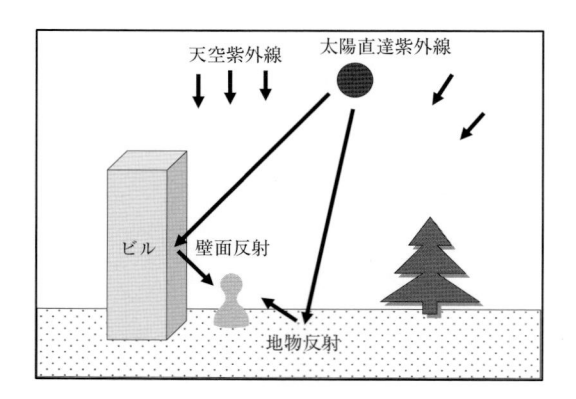

図-8.1　太陽直射，天空放射と地物反射

天空放射は少なくなるが，壁面反射が増えている。太陽直達がない日影にいても，天空放射と壁面反射に曝される。太陽南中時に，南向きの建物で実験したところ，建物がない場合の紫外線量を100％とすると，背後に建物がある場合壁面が白壁で，88％，普通ガラスで92％と減少し，アルミで117％，熱線ガラスで120％と増加した[8.1]。建物に挟まれたオープンテラスは背面の遮蔽も考え日除けを設ける。

◎参考文献

第 1 章

- 1.1) 東京都福祉保健局子ども医療課：市町村事業 II 母子保健事業各論 1.1 母子健康手帳の主な改正内容，2009.3（日光浴に関して平成 10 年 7 月 1 日改正と記載）
- 1.2) 環境省：紫外線環境保健マニュアル 2008 年 6 月版　http://www.env.go.jp/chemi/uv/uv_manual.html
- 1.3) 環境省：熱中症環境保健マニュアル 2009　http://www.env.go.jp/chemi/heat_stroke/manual.html
- 1.4) 梅干野晁：都市・建築の環境設計－熱環境を中心として－，p.172，数理工学社，2012.4
- 1.5) 港湾空間高度化環境研究センター：海岸利用者のための日除け予防・日除け計画マニュアル，p.5 下 8 行目-p.6 上 18 行目，港湾空間高度化環境研究センター，2010.1 より転載
- 1.6) 気象庁ホームページ，気象等の知識，地球環境・気候，オゾン層・紫外線，UV インデックス
- 1.7) 佐々木政子：絵とデータで読む太陽紫外線，国立環境研究所，2006.3
- 1.8) 菅原努，野津敬一：太陽紫外線と健康，裳華房，1998.4
- 1.9) 市橋正光編著：皮膚の光老化とサンケアの科学，フレグランフジャーナル，2000.9
- 1.10) 子育てと環境を考える会：紫外線と子どもを守る本，双葉社，2001.5
- 1.11) PEEKABOO：ぼくとわたしとおひさま，シーエムシー出版，2004.4
- 1.12) 上田由紀子：スポーツと皮膚，文光堂，2005.11
- 1.13) The Cancer Council South Australia：Under cover, South Australia, The Cancer Council South Australia, 2003
- 1.14) Australian Institute of Environmental Health：Creating Shade at Public Facilities, Queensland Health, 1998
- 1.15) 鈴木恂：天幕，AMS edit，2008.10
- 1.16) 入門・テント技術編集委員会：入門・テント技術，日本テントシート工業組合連合会，2000.1
- 1.17) Department of Architecture University of Queensland：Shade for Young Children, Queensland Health, 1997
- 1.18) Department of Architecture University of Queensland：Shade for Sports Fields, Queensland Health 1995
- 1.19) Department of Architecture University of Queensland：Shade for Public Pools, Queensland Health 1996

第 2 章

- 2.1) 柴田和雄，内嶋善兵衛：太陽エネルギーの分布と測定，p.156，学会出版センター，1987.5
- 2.2) 気象庁オゾン層観測報告 2008，口絵 4，2009.3 を改変
- 2.3) WHO：Global Solar UV index －A Practical guide－，p.8，2002　http://www.unep.org/pdf/Solar_Index_Guide.pdf

第 3 章

- 3.1) 地球産業文化研究所：愛・地球博日々改善の記録，2007.3
2005 年日本国際博覧会公式記録 CD-ROM，2005 年

第 4 章

- 4.1) 日本照明委員会：INTERNATIONAL LIGHTING VOCABULARY 国際照明用語集第 4 版，p.1，1989.9
- 4.2) International Commission Illumination：Reference Action Spectra for Ultraviolet Induced Erythema and Pigmentation of Different Human Skin Types, CIE Publication 103/3, 1993
- 4.3) 気象庁ホームページ，気象情報統計，地球環境・気候，地球環境のデータバンク，オゾン層・紫外線，日最大 UV インデックス（推定値）の月別累年平均値 の全国分布図
- 4.4) 気象庁ホームページ，気象情報統計，地球環境・気候，地球環境のデータバンク，オゾン層・紫外線，日最大 UV インデックス（観測値）の年間推移グラフを原図として再作成
- 4.5) 気象庁ホームページ，気象情報統計，地球環境・気候，UV インデックス，UV インデックスを求めるには
- 4.6) Toshimasa Kawanishi, Shiho Hashizume, Chiaki Kaneko：Directional Characteristics of UV-B Ultraviolet Radiation on Summer, 3rd Asia Pacific Radiation Symposium, Korea, 2010.8
- 4.7) 4.6) 同
- 4.8) 4.6) 同
- 4.9) 川西利昌，斉藤弘海，昆野雅也：海浜における紅斑作用紫外放射量の天空及び地物分布に関する研究，日本建築学会環境系論文集，No.587，p.87-91，2005.1
- 4.10) 桐生伸喜，川西利昌，井川憲男，矢口浩一：晴天空の天空紫外放射輝度分布と紫外昼光率に関する研究，日本建築学会計画系論文集，第 540 号，pp.9-14，2001.2
- 4.11) 英光精機：UV モニター MS210，英光精機カタログ
- 4.12) カシオ計算機：紫外線計測機能，カシオ計算機 MA0602144C

4.13) 川西利昌，向山達哉：紅斑作用紫外放射量と海浜日除けに関する研究，日本建築学会環境系論文集，第73巻，第623号，pp.131-137，2008.1

4.14) 英光精機「全天走査型輝度・放射輝度分布測定システム MS-301LR」カタログ

4.15) Toshimasa Kawanishi：Electronically Sweep-type Measurement Equipment for Sky Ultraviolet Radiation and UV Shade Chart, Proc. of CIE2011, South Africa, 2011.7

4.16) 川西利昌，前田直樹，大塚文和：電子走査式天空放射輝度分布測定装置を用いた沖縄県石垣島真栄里海岸の天空及び地物紅斑紫外放射輝度分布測定，日本建築学会環境系論文集，第77巻，第678号，pp.707-711，2012.8

4.17) John J.Qu：Estimating Solar UV-B Irradiance at the Earth's Surface Using Multi-Satellite Remote Sensing Measurements, Earth Science Satellite Remote Sensing Vol.1, p.297-316, Springer, 2006

4.18) 川西利昌，魚最善，高塚革：リモートセンシングによる海浜砂の紫外反射率計測，日本沿岸域学会論文集，12巻，pp.105-110，2000.3

4.19) 川西利昌，魚再善，緒方健一：紫外線カメラによる海浜の紫外反射率計算，日本建築学会構造系論文集，第516巻，pp.167-172，1999.3

4.20) 1.3) 同，p.56

4.21) 日本建築学会編：建築設計資料集成1 環境，p.52，丸善，1992.11

4.22) 田中俊六，武田仁，足立哲夫，土屋喬雄：建築環境工学，p.78，井上書院，2000.8

4.23) 4.21) 同，p.56

4.24) 4.21) 同，p.58

4.25) 日本建築学会：日照の測定と検討，日本建築学会設計計画パンフレット 24, p.9, 図 2.11 改変，彰国社，1984.3

4.26) 4.25) 同，p.9, 図 2.12

第5章

5.1) 福田実，長嶋みどり，棟方明博，中嶋啓介，太田三郎：日やけに影響する生物的物理的要因について，粧技誌，Vol.10, No.2, p.20-28, 1979

5.2) ニコラス・J・ローウ，ナディム・A・シャーム編："サンスクリーン剤と皮膚科学"邦訳，p.138, フレグランスジャーナル，1993.7

5.3) 気象庁：紫外線情報分布図　　　http://www.jma.go.jp/jp/uv/

5.4) 気象庁：紫外線情報分布図 東京　　　http://www.jma.go.jp/jp/uv/

5.5) 国立環境研究所：有害紫外線モニタリングネットワーク　　　http://db.cger.nies.go.jp/gem/ozon/uv/index.html

5.6) 環境省：熱中症環境保健マニュアル，p.2，環境省，2011.5

5.7) 5.6) 同，p.56

5.8) 日本生気象学会：日常生活における熱中症予防指針，2012.4
http://www.med.shimane-u.ac.jp/assoc-jpnbiomet/pdf/shishinVer2.pdf

5.9) 日本体育協会：スポーツ活動中の熱中症予防ガイドブック　　　http://www2.japan-sports.or.jp/publish/pdf/part2.pdf

5.10) 5.6) 同，p.26

5.11) 環境省：熱中症予防情報サイト　　　http://www.nies.go.jp/health/HeatStroke/index.html

5.12) 環境省：今後の暑さ指数予報　　　http://www.nies.go.jp/health/HeatStroke/prev/index.html

5.13) 日本建築学会編：建築設計資料集成 設備計画，p.87，丸善，1972.8

5.14) 1.5) 同，p.100 下 8 行目-p.101 上 7 行目より転載

5.15) 1.5) 同，p.101 上 4 行目-7 行目より転載

5.16) 1.2) 同，p.33

5.17) 1.5) 同，pp.18-21, pp.104-127

5.18) 川西利昌：稲毛海岸における乳幼児の紫外線被曝と防御に関する報告，日本沿岸域学会誌，20巻，4号，pp.75-81，2008.3

5.19) 1.5) 同，p.104 下 2 行目-p.105 上 3 行目より転載

5.20) 日本マリーナ・ビーチ協会：ビーチ計画・設計マニュアル，2005.10

5.21) 1.5) 同，p.105 上 4-13 行目より転載

第6章

6.1) 1.13) 同，pp.60-77

6.2) 川西利昌，戸田彩香：幼稚園における日除けの現状調査，第52回日本大学理工学部学術講演会講演論文集，2008.11

6.3) 1.5) 同，p.85 上 3 行目-p.86 上 14 行目より転載

6.4) 1.5) 同，p.35 上 25 行目-p.36 上 13 行目より転載

6.5) 1.14) 同，p.9

参考文献

第 7 章

- 7.1) 1.5）同，p.16 上 3-30 行目より転載
- 7.2) 1.5）同，p.29 上 2-5 行目より転載
- 7.3) 1.5）同，p.39 上 2-3 行目より転載
- 7.4) 1.5）同，p.39 上 9-20 行目より転載
- 7.5) 田中俊六，武田仁，足立哲夫，土屋喬雄：建築環境工学，井上書院，2000.8
- 7.6) 1.5）同，p.40 上 11-29 行目より転載
- 7.7) 魚再善，川西利昌：海浜砂の紫外分光反射率に関する研究，日本建築学会構造系論文集，第 511 号，pp.157-162，1998.9
- 7.8) 川西利昌，魚再善，永田宜久，高塚革：建築材料の紫外帯域反射率・透過率に関する基礎的研究，日本建築学会計画系論文集，第 525 号，pp.21-26，1999.11
- 7.9) 川西利昌，末田優子：建築材料と海砂の紅斑作用紫外放射透過率・反射率及び紫外線防御指標 UPF に関する研究，日本建築学会環境系論文集，第 75 巻，第 650 号，pp.397-403，2010.4
- 7.10) Australian/New Zealand Standard AS/NZS 4399 Sun Protective Clothing-Evaluation and Classification，1996
- 7.11) 1.13）同，p.48
- 7.12) 川西利昌，魚再善，永田宜久，高塚革：沿岸域暴露による建築材料紫外帯域反射・透過率の変化，日本沿岸域学会論文集，No.11，pp.117-124，1999.3
- 7.13) 川西利昌，昆野雅也：中波長天空紫外放射輝度分布特性を用いた海浜の日除けの研究，日本建築学会環境系論文集，第 601 号，pp.59-64，2006.3
- 7.14) Toshimasa Kawanishi：UV Shade Chart，Proc. of UV Conference，Vol.1，2007.9
- 7.15) 川西利昌，向山達哉：紅斑作用紫外放射量と海浜日除けに関する研究，日本建築学会環境系論文集，第 73 巻，第 623 号，pp.131-137，2008.1 月
- 7.16) Toshimasa Kawanishi：Shade Performance Evaluation for Ultraviolet Radiation Protection，Proceedings of ANZASCA2009，2009.11
- 7.17) Toshimasa Kawanishi：Evaluation of Ultraviolet Radiation Protection of a Membrane Structure Using a UV Shade Chart，Proceedings of ANZASCA2010，2010.11
- 7.18) 1.5）同，p.41 上 3-14 行目より転載
- 7.19) 1.14）同，p.37
- 7.20) 清原圭広，末田優子，川西利昌，高橋浩一郎：日本大学理工学部船橋校舎における面・線日除け率に関する研究，第 52 回日本大学理工学部学術講演会講演論文集 CD，2008
- 7.21) 同上
- 7.22) 3.1）同
- 7.23) 6.2）同
- 7.24) 1.14）同，p.12
- 7.25) 川西利昌，奥山大樹，渡辺直人，他：海浜公園の面日除け率に関する基礎的研究，日本沿岸域学会研究討論会講演概要集，2010.7
- 7.26) 川西利昌，橋口真奈美，他：ビーチバレー会場の日除けに関する研究，日本沿岸域学会研究討論会講演概要集，2010.7
- 7.27) 1.5）同，p.42 上 4-7 行目より転載
- 7.28) 上坂太郎：海洋気象，p.107，海文社，1966.4　表 10.1 から再作成
- 7.29) 西村宏昭，高森浩治，中川尚大：仮設テントの壁面閉塞による風荷重増加の影響，GBRC，Vol.35，No.2，p.32-40，2010.4

第 8 章

- 8.1) 木皿吉則，野中俊一，川西利昌：都市街路空間におけるビル外壁面からの紫外反射に関する研究（その 1,2），第 53 回日本大学理工学部学術講演会講演論文集 CD，2009

付　録

- 付 1) 4.1）同，pp.5-9
- 付 2) 4.21）同，pp.92-96
- 付 3) 4.9）同

注）「転載」とあるのは著者が委員会資料として提出した文章を，港湾空間高度化環境研究センター事務局がマニュアル用に書き直したものである。

図出典

　図-2.1　　柴田和雄，内嶋善兵衛：太陽エネルギーの分布と測定，p.156，学会出版センター，1987.5　図 9.4C を改変
　図-2.2　　気象庁オゾン層観測報告 2008，口絵 4，2009.3 を改変
　図-2.3　　原図は Sekaichizu の世界白地図　　　http://www.sekaichizu.jp/atlas/worldatlas/p500_worldatlas.html
　図-2.4　　新規作成
　図-2.5　　図-2.3 同
　図-2.6　　図-2.3 同
　図-2.7　　図-2.3 同
　図-2.8　　新規作成
　図-4.1　　気象庁ホームページ，気象情報統計，地球環境・気候，地球環境のデータバンク，オゾン層・紫外線，日最大 UV インデックス(推定値)の月別累年平均値 の全国分布図
　図-4.2　　同上，日最大 UV インデックス(観測値)の年間推移グラフを原図として再作成
　図-4.3　　同上，時別 UV インデックス(観測値)の月最大値の累年平均値グラフを原図として再作成
　図-4.4～図 4.12　　新規作成
　図-4.13　日本建築学会編：建築設計資料集成 1 環境，p.57，丸善，1992.11
　図-4.14　新規作成
　図-4.15　新規作成
　図-4.16　日本建築学会編：建築設計資料集成 1 環境，p.58，丸善，1992.11 を原図として加筆
　図-4.17　日本建築学会：日照の測定と検討，日本建築学会設計計画パンフレット 24，p.9，図 2.11 を改変
　図-4.18　同上，p.9，図 2.12
　図-4.19　同上，p.9，図 2.12 を改変
　図-4.20　新規作成
　図-5.1　　気象庁ホームページ，防災気象情報，紫外線情報推移図
　図-5.2　　環境省ホームページ，保健・化学物質対策，環境保健に関する調査・研究，環境省熱中症情報
　図-5.3　　日本建築学会：建築設計資料集成 設備計画，p.87，丸善，1972.8 を改変
　図-6.1～図-6.11　　新規作成
　図-7.1～図-7.5　　新規作成
　図-7.6～図-7.9　　日本建築学会：日照の測定と検討，日本建築学会設計計画パンフレット 24，p.9，図 2.12 を改変
　図-7.10～図-7.12　　新規作成
　図-7.13～図-7.18　　新規作成
　図-7.19　地球産業文化研究所公式ホームページ，長久手会場配置図から再作成
　図-7.20　戸田彩香氏提供
　図-7.21　戸田彩香氏提供
　図-8.1　　新規作成
　付図-2.1～付図-2.3　　新規作成
　付図-3.1　日本建築学会：日照の測定と検討，日本建築学会設計計画パンフレット 24，p.9，図 2.12 を改変
　付図-3.2～付図-3.5　　新規作成

表出典

　表-1.1　　新規作成
　表-1.2　　新規作成
　表-1.3　　気象庁ホームページ，気象等の知識，「UV インデックス」
　表-4.1　　新規作成
　表-5.1　　日本生気象学会ホームページ，「日常生活における熱中症予防指針」
　表-5.2　　日本体育協会ホームページ，熱中症を防ごう，3.暑いとき、無理な運動は事故のもと
　表-6.1　　Australian Institute of Environmental Health：Creating Shade at Public Facilities，Queensland Health，1998，p.9 の表を再作成
　表-7.1　　The Cancer Council South Australia：Under cover，p.48，South Australia，The Cancer Council South Australia，2003
　表-7.2～表-7.7　　新規作成
　表-7.8　　坂太郎：海洋気象，p.107，海文社，1966.4，表 10.1 から再作成
　表-8.1　　新規作成
　表-8.2　　新規作成

参考文献

写真出典
　写真-1.1〜写真-2.174　著者撮影
　写真-2.175, 写真-2.176　川西あゆみ氏提供
　写真-2.177〜写真-3.52　著者撮影
　写真-3.53〜写真-3.55　戸田彩香氏提供
　写真-3.56〜写真-6.21　著者撮影
　写真-6.22〜写真-6.26　末田優子氏提供
　写真-6.27〜写真-8.3　著者撮影

付録1　日射，紫外放射の基礎

　日射，紫外放射を量的に取り扱うために，放射束，放射照度，放射強度，放射輝度について触れる。これらの名称は国際照明委員会 CIE によって定められたものである[付1]。日射，紫外域も放射の一種であるので説明のため，これらの定義を利用する。

a. 放射束

　放射として放出される，伝達される，または受け取られるパワーで，記号は Φ_e，単位は W である。

b. 放射照度

　その点を含む面要素に入射する放射束を，その面要素の面積 dA で割った量。記号は E_e，単位は W/m^2 である。

$$E_e = d\Phi_e/dA \tag{1}$$

c. 放射強度

　放射源から出て，与えられた方向を含む立体角要素 $d\Omega$ 内を伝播する放射束 $d\Phi_e$ を，その立体角 ……ラジアン(steradian)である。

$$\tag{2}$$

……る。θ は光源面の法線との角度である。

$$\tag{3}$$

正誤表

192 頁，6 行目に誤りがありました。お詫びして訂正いたします。正しくは、下記の通りです。

誤　写真-3.56 ～写真-6.21　著者撮影

正　写真-3.56 ～写真-3.70　和田あゆみ氏提供
　　写真-3.71 ～写真-6.21　著者撮影

　大気層に突入した太陽放射は，大気中に吸収されるもの，大気中で散乱するもの，大気層を突き抜けて地表に到達するもの，に別れる。地表に到達した(太陽)直達放射は地表で反射する。さらに大気中に吸収・散乱したものの一部は地上に到達し，そこからも反射が生じる。本項では日射と紫外放射を扱うため，ここでは単に放射とした。

　大気圏を抜けて地表に到達したものを(太陽)直達放射という。大気中に散乱してから地表に到達したものを天空放射という。この放射は拡散放射，散乱放射ともいわれる。(太陽)直達放射と天空放射の合計は全天放射といい，地表で反射される放射を反射放射という。

(2) 水平面・鉛直面太陽直達放射量

日除けの，水平な屋根，また開口部から室内に入射し照射された床のような水平面，などにおける水平面(太陽)直達放射量 J_{dh} は，法線面(太陽)直達放射量 J_n，太陽高度 h_s を用いて求められる。

$$J_{dh} = J_n \times \sin(h_s) \tag{4}$$

日除けの側面開口部から入射する鉛直面の(太陽)直達放射量 J_{dv} は，α_s は太陽方位角，鉛直面の方位角 α とすると，

$$J_{dv} = J_n \times \cos(h_s) \times \cos(\alpha_s - \alpha) \tag{5}$$

となる。

(3) 天空放射量，反射放射量，全天放射量

天空放射 Jsh は，均一天空とみなして

$$\text{水平面天空放射量} \quad J_{ssh} = J_{sh} \tag{6}$$

$$\text{鉛直面天空放射量} \quad J_{ssv} = J_{sh}/2 \tag{7}$$

日除けの側面など鉛直面は地物からの反射放射 Jsr を受ける。地物の反射率を r とおくと，反射放射は

$$J_{sr} = 0.5 \times r \times (J_n + J_{sh}) \tag{8}$$

となる。
水平面全天放射量 J_{th} は，

$$\text{水平面全放射量} \quad J_{th} = J_n \times \sin(h_s) + J_{sh} \tag{9}$$

である。各向きの鉛直面全放射量は向きに応じて計算する。

付録2　紫外放射照度の分光計算

（1）紫外放射の分光的な取扱い

　太陽からの紫外放射や，水銀灯・蛍光灯などの人工紫外源はさまざまな波長分布を持っている。また反射する材料も各波長に応じた分光反射率があり，透過する材料も分光透過率がある。ここで分光とは，放射を各波長に分割することをいう。紫外放射による反応は紅斑作用，殺菌作用，光化学作用などがある。各作用は波長を関数とした曲線である。したがって，波長ごとに放射照度を計算して，その総和のエネルギーを算出して評価する。

　太陽から地表に到達する紫外放射エネルギーは290 nm以上である。290 nm以上の各波長当たりの放射照度は理論的に求められた値のほか，気象庁のブリューワー観測装置で測定された値が公開されている。したがってその時その時の瞬時値を知ることは難しいが，概略の傾向を知ることはできる。ただし，測定値は，波長当たりの全天空放射照度であり，直達放射照度，天空放射照度に分離されていない。人工紫外源は水銀ランプなどであり，比エネルギースペクトラムが製品カタログなどで公表されている。

（2）紅斑曲線を考慮した紫外放射量の計算

　皮膚の損傷は紫外放射の波長に依存する。皮膚の紫外放射被曝量を算定するためにはスペクトルにおいての評価が必要である。太陽紫外放射スペクトル，材料の透過スペクトル，紅斑作用曲線スペクトルなどを考慮して波長別計算を行わねばならない。紅斑作用に影響する波長は250nmから400nmであり，この範囲の測定を正確に行う必要がある。測定値から紅斑紫外放射量 I_{CIE} を算出する。ここで I_{CIE} とは紫外放射分光照度に紅斑作用相対感度を乗じ，総和したものである。放射照度から紅斑紫外放射量を算定するには，放射照度 $E(\lambda)$ に国際照明委員会CIEの紅斑作用相対感度 $S(\lambda)$ を乗じ，波長に関して総和して求める。

$$I_{CIE} = \int_{250nm}^{400nm} E(\lambda) \cdot S(\lambda) d\lambda \tag{1}$$

ここで，$S(\lambda)$ は波長によって異なり，

$$S(\lambda) = 10^0 \quad (250 < \lambda < 298 \text{ nm}) \tag{2}$$
$$S(\lambda) = 10^{0.094(298-\lambda)} \quad (298 < \lambda < 328 \text{ nm}) \tag{3}$$
$$S(\lambda) = 10^{0.015(139-\lambda)} \quad (328 < \lambda < 400 \text{ nm}) \tag{4}$$

である。

(3) 分光計算

計算は下記の手順で行われる。

① 計算する波長範囲の上限と下限を，目的とする作用曲線から決める。
② 波長の幅を決める。上限と下限の差の数十分割程度とする。
③ 各波長の，(太陽)直達放射照度，天空放射照度，材料反射率，材料透過率，作用曲線相対値を調べ，計算プログラムに入力する。
④ 検討点での放射照度を計算し，全波長の放射照度を加算する。
⑤ 他の時刻についても同様の計算を行い，その総和で，作用の評価をする。
⑥ 他の検討点についても計算する。

付図-2.1 に皮膚の感度を表す紅斑曲線を示す。また**付図-2.2** に波長別太陽紫外スペクトルを示す。295 nm 以下で著しく小さくなり，地表に到達する量はわずかである。**付図-2.3** に太陽紫外放射照度を示す。グラフを積分すると皮膚の紫外放射(被曝)照度が求まる[付3]。

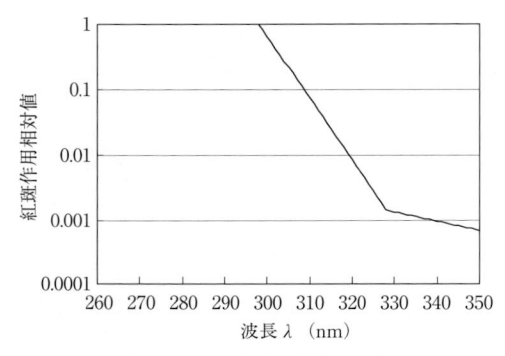

付図-2.1　紅斑作用曲線 $S(\lambda)$

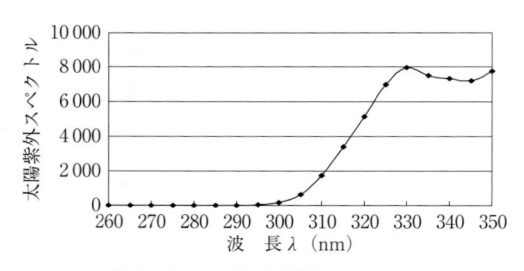

付図-2.2　波長別太陽紫外スペクトル

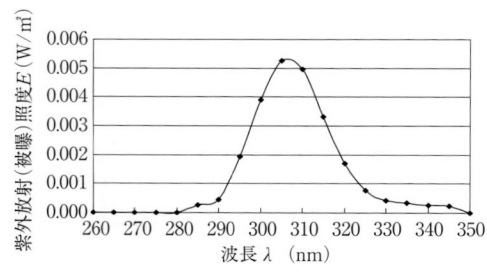

付図-2.3　太陽紫外放射(被曝)照度

付録3　夏至の日差し曲線

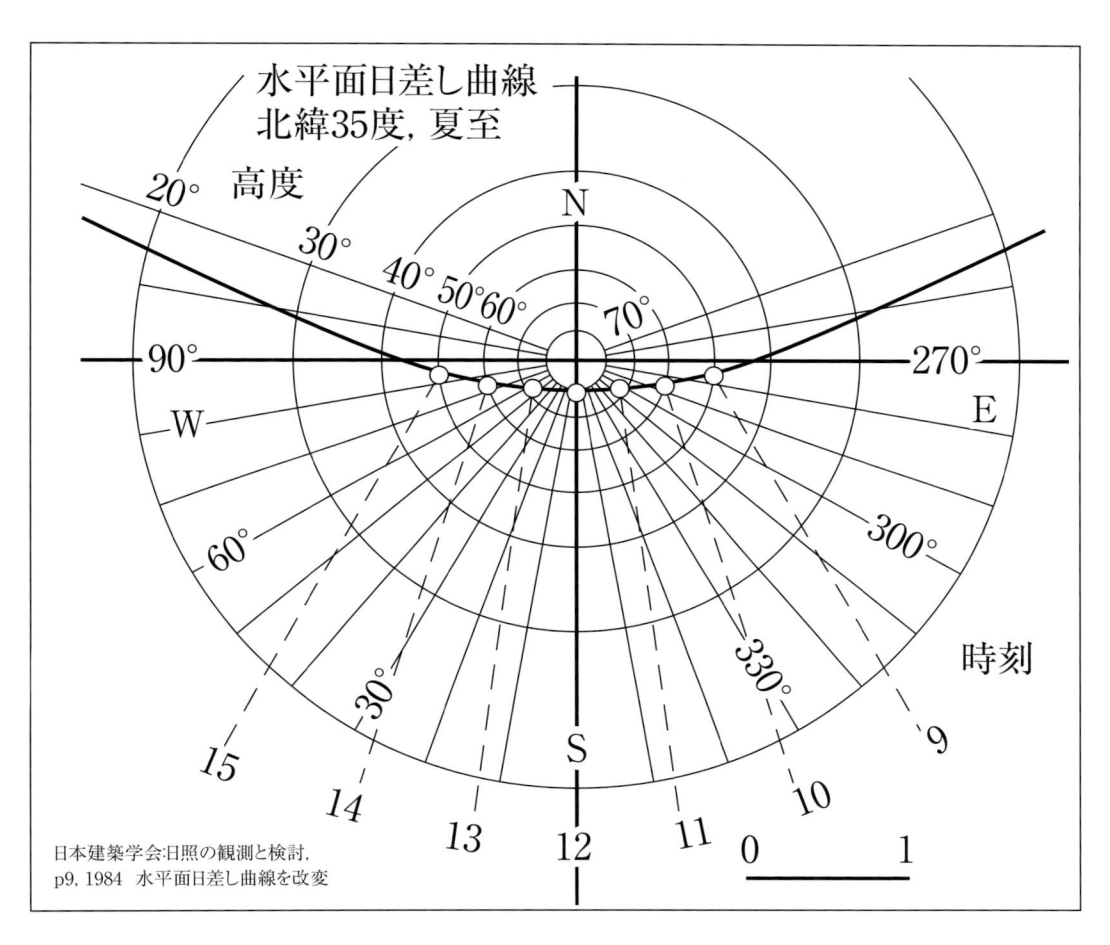

付図-3.1

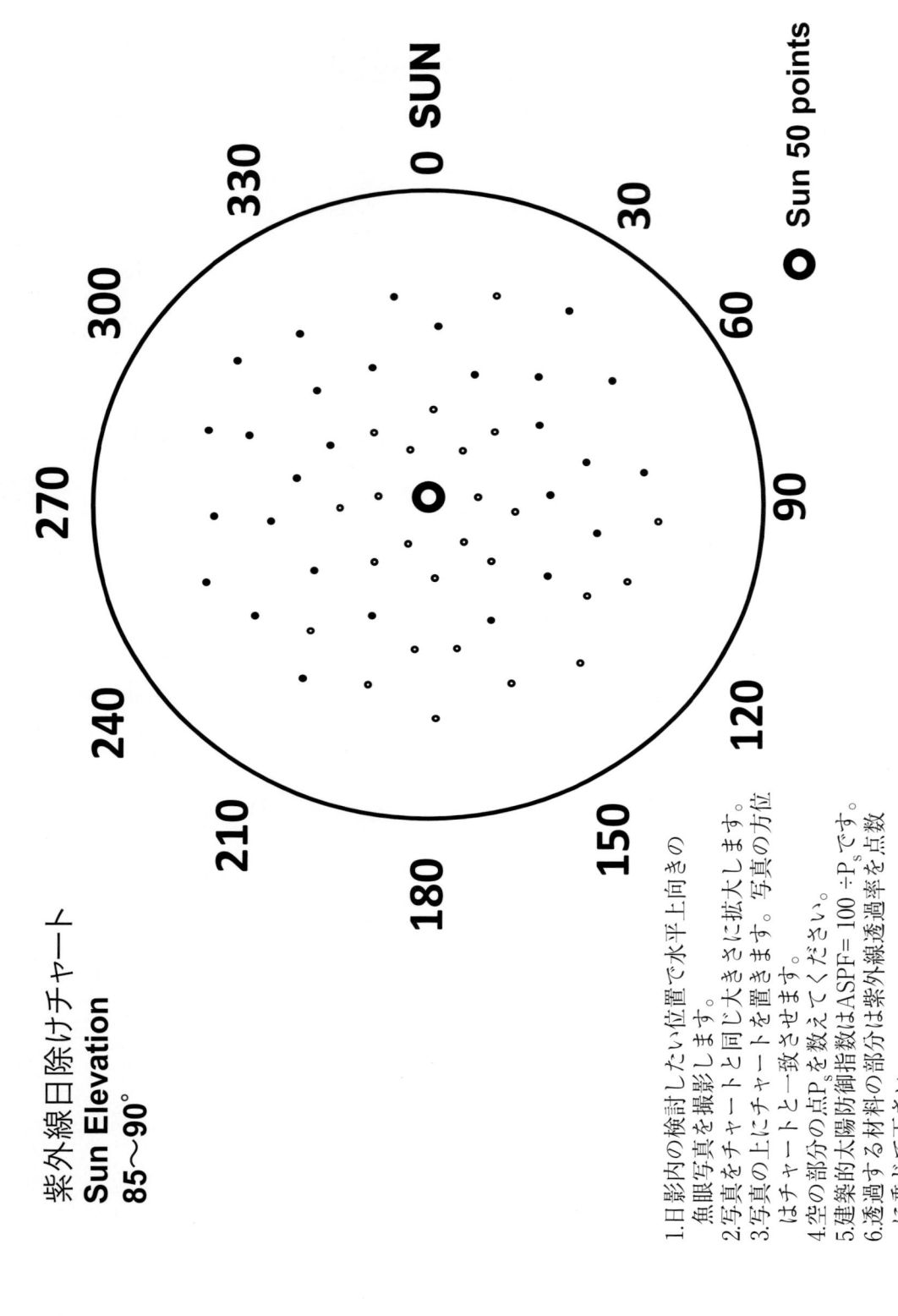

付録

紫外線日除けチャート
Sun Elevation
85〜90°

○ Sun 50 points

SUN
0 SUN
30
60
90
120
150
180
210
240
270
300
330

1. 日影内の検討したい位置で水平上向きの魚眼写真を撮影します。
2. 写真をチャートと同じ大きさに拡大します。
3. 写真の上にチャートを置きます。写真の方位はチャートと一致させます。
4. 空の部分の点 P_s を数えてください。
5. 建築的太陽防御指数はASPF＝100÷P_sです。
6. 透過する材料の部分は紫外線透過率を点数に乗じて下さい。

付図-3.2 紫外線日除けチャート（太陽高度90度）

付録3　夏至の日差し曲線

紫外線日除けチャート
Sun Elevation
75〜85°

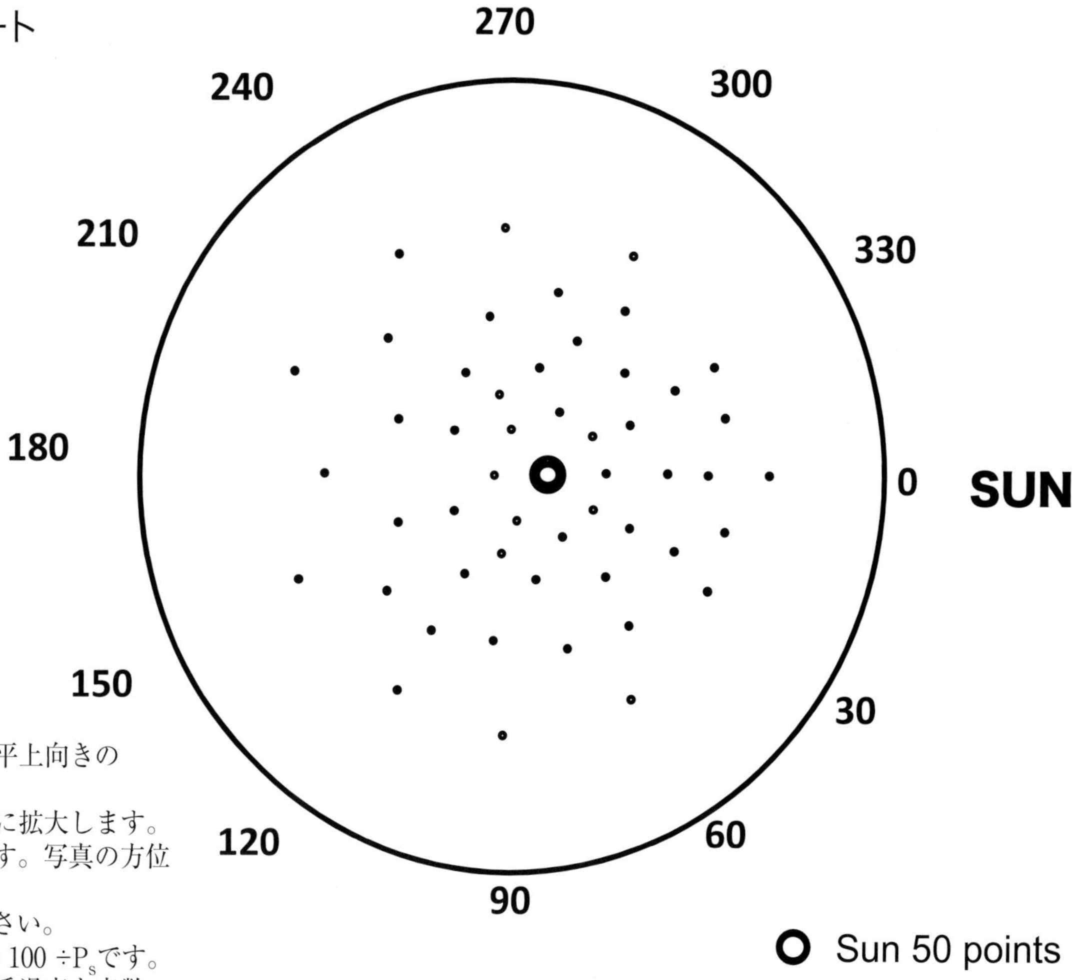

SUN

○ Sun 50 points

1. 日影内の検討したい位置で水平上向きの魚眼写真を撮影します。
2. 写真をチャートと同じ大きさに拡大します。
3. 写真の上にチャートを置きます。写真の方位はチャートと一致させます。
4. 空の部分の点P_sを数えてください。
5. 建築的太陽防御指数はASPF＝100÷P_sです。
6. 透過する材料の部分は紫外線透過率を点数に乗じてください。

付図-3.3　紫外線日除けチャート（太陽高度80度）

付録

紫外線日除けチャート
Sun Elevation
65〜75°

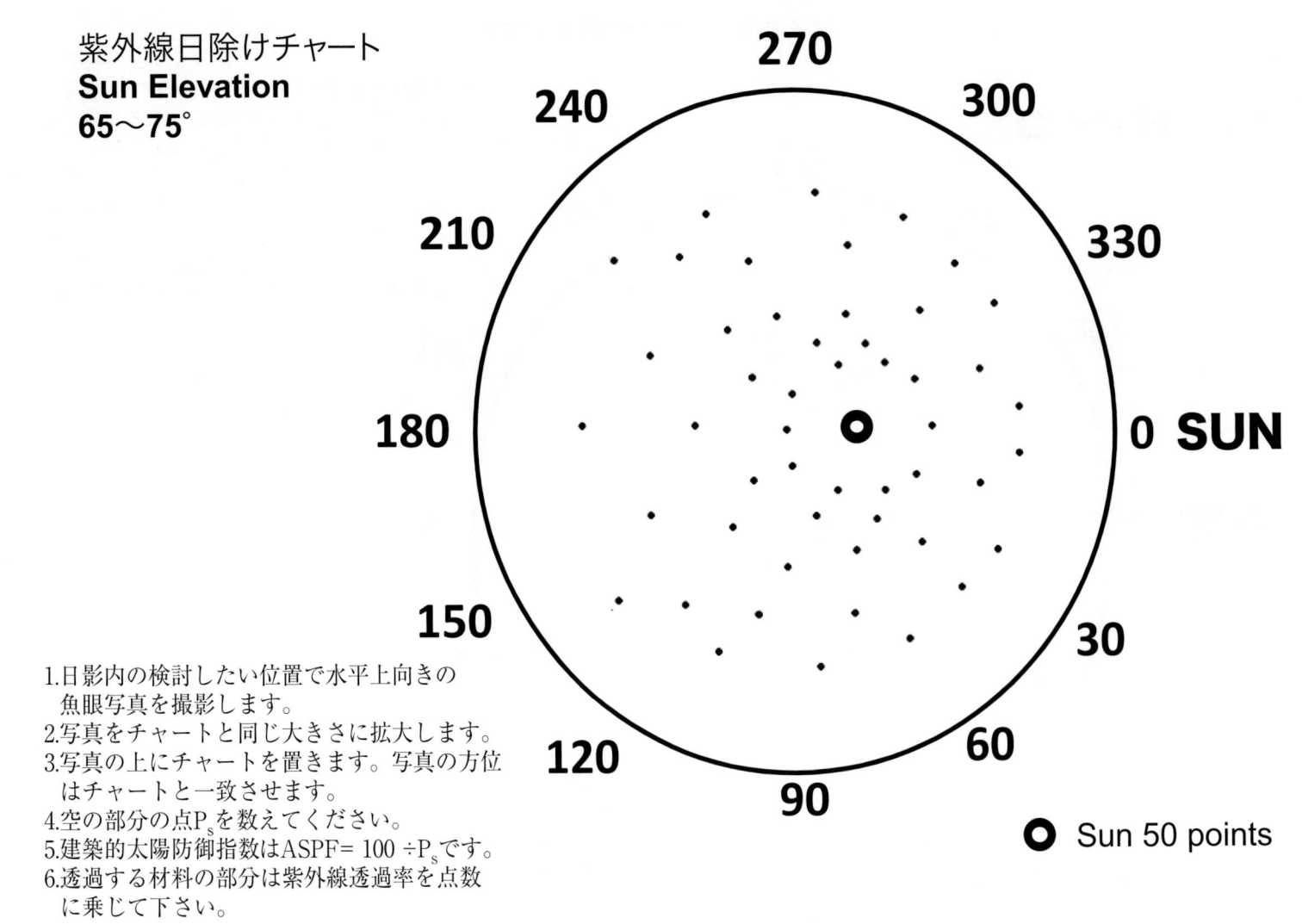

○ Sun 50 points

1. 日影内の検討したい位置で水平上向きの魚眼写真を撮影します。
2. 写真をチャートと同じ大きさに拡大します。
3. 写真の上にチャートを置きます。写真の方位はチャートと一致させます。
4. 空の部分の点P_sを数えてください。
5. 建築的太陽防御指数はASPF＝100÷P_sです。
6. 透過する材料の部分は紫外線透過率を点数に乗じてです。

付図-3.4 紫外線日除けチャート（太陽高度70度）

付録3　夏至の日差し曲線

紫外線日除けチャート
Sun Elevation
55〜65°

1. 日影内の検討したい位置で水平上向きの魚眼写真を撮影します。
2. 写真をチャートと同じ大きさに拡大します。
3. 写真の上にチャートを置きます。写真の方位はチャートと一致させます。
4. 空の部分の点 P_s を数えてください。
5. 建築的太陽防御指数は ASPF＝100 ÷ P_s です。
6. 透過する材料の部分は紫外線透過率を点数に乗じて下さい。

付図-3.5　紫外線日除けチャート（太陽高度60度）

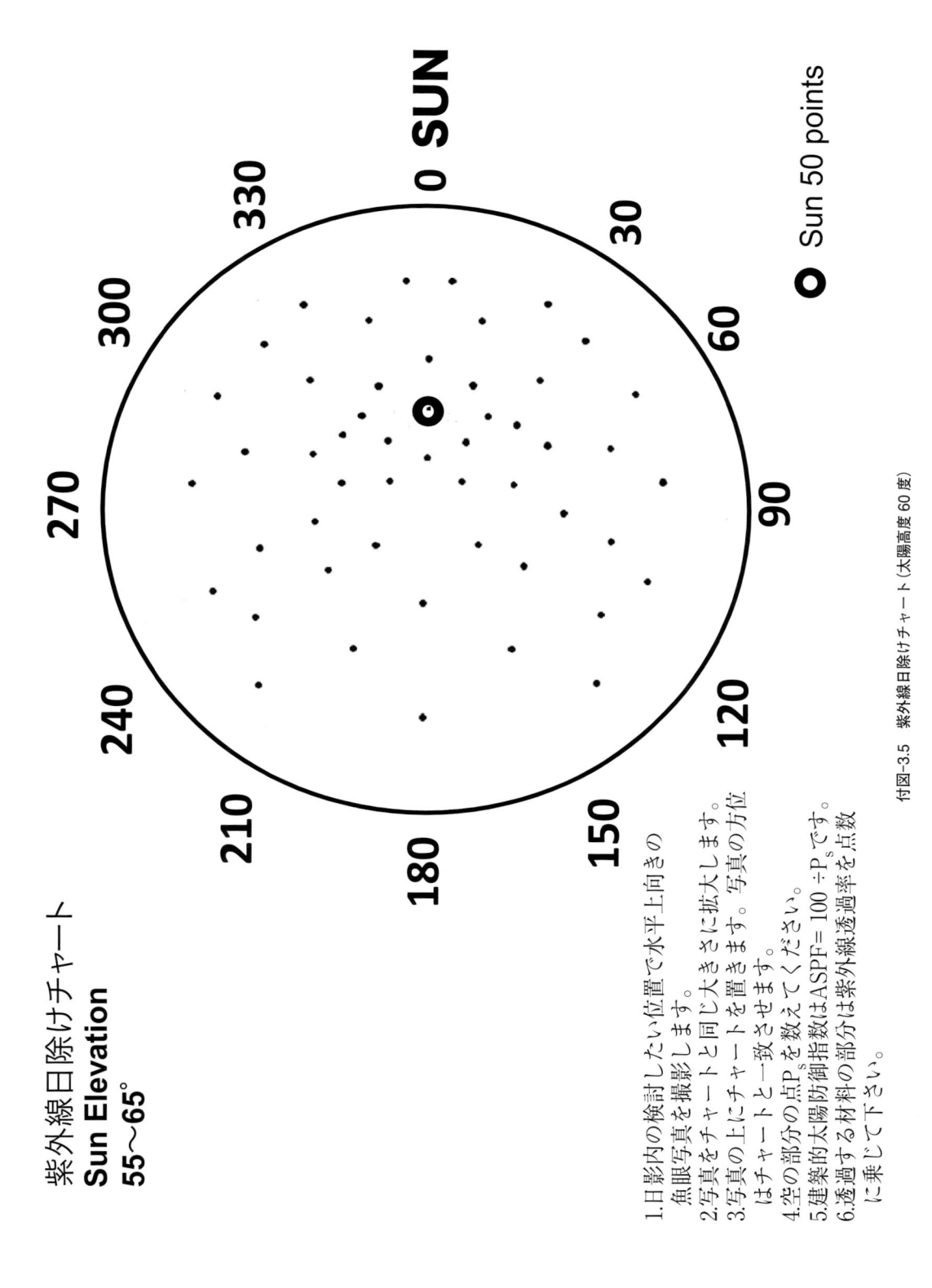

索　引

■あ行

アクセス……………………131
アジア………………………9
あずまや……………………109
アセスメント………………5, 9
遊び場………………………64
暑さ指数……………………92
亜熱帯………………………8
雨除け………………………6, 7
網目状屋根…………………78
アラブ首長国………………41
アルミ………………………17, 35
安全管理……………………119
安全注意義務………………118
アンブレラ…………………17

椅子…………………………8
イスタンブール……………52
イタリア……………………52
緯度…………………………6, 10, 93
イベント……………………1
飲食…………………………6
インド………………………50
インドネシア………………13

Welcome ドーム……………69
浮き上がり…………………178
乳母車………………………107
海の家………………………72
海ほたる……………………76
雨量…………………………14
運動競技場…………………10

H 鋼…………………………70
円軌道………………………93
園児…………………………38
園児日除け率………………173
鉛直…………………………87, 194
炎天下………………………118, 134
塩分…………………………125

王立植物園…………………35
オーストラリア……………6
オーニング…………………33

オープンテラス……………186
屋外テラス…………………18
屋外プール…………………10
奥行…………………………21
オゾン全量…………………92
オゾン層破壊………………57
オフィス……………………29
温帯…………………………8
温度上昇……………………4

■か行

カーテン……………………7, 18
カーペット…………………7
海塩粒子……………………125
海岸…………………………38
海岸域………………………89
開口部………………………16
海水浴客……………………78
海水浴場……………………5, 6, 125
解体撤去……………………5
快適性………………………104
快適範囲……………………104
海抜…………………………10
海浜…………………………1, 10, 92
海浜休憩所…………………125
海浜公園……………………76, 173
海浜砂………………………155
海浜陸端……………………125
開放感………………………6, 18
外力…………………………6
街路…………………………16
街路樹………………………68
夏季…………………………4, 16
家具…………………………185
拡散放射……………………193
学生センター………………31
影……………………………17
葛西臨海公園海水浴場……128
可視光放射…………………83
荷重…………………………177
仮設…………………………8
仮設構造物…………………5
学校…………………………1
学校行事……………………118

索引

ガラス	17, 53, 141
観客	124
乾球温度	92
環境	14
環境省	1
環境省熱中症予防情報サイト	104
乾湿球温度計	92
乾燥	14, 125
寒帯	13
感度	89
管理者	1
寒冷紗	153
気温	15
気候	14, 128
生地	2, 3
気象庁	101
季節	5
キセノン電球	90
基礎	5, 11
北アメリカ	9
キャップ	10
休憩	24
休憩所	5, 12
休憩場所	113
教育	1, 14
競技場	5
強風	6, 8
魚眼写真	11, 47
魚眼レンズ	95
極射影	95
極射影図	95
許認可	9
均時差	95
グアム	13
杭	72
クイーンズランド	15
空気	16, 59
空隙率	157
九十九里海岸	76
曇り	22
グラスファイバー	69
グレア	35
グローバル・コモン	58
グローバル・ループ	58
景観	6, 8
蛍光ランプ	90
経度	93
夏至	93
化粧品	106
健康意識	14
健康管理	115
建設現場	1, 6
建築家	9, 15
建築材料	155
建築的太陽防御指数	11, 162
建築法規	128
現地調査	9
降雨	6
高応答	90
高温	9, 42
高温多湿	6
光化学反応	89
高感度	89
光感応素子	89
公共空間	14
高原	83
工事現場	3
高湿	9
公設日除け	126
構造	11
構造的強度	151
高地	8
校庭	38
高度	88
行動調査	108
紅斑作用	5, 85, 89
紅斑紫外放射量	85
高齢者	67, 109
コート	136
木陰	1
国際照明委員会 CIE	85
国際標準化データ	91
国立環境研究所	102
個人防御	105
黒球温度	92
黒球温度計	92
固定治具	3
木漏れ	50
ゴルフ	6
コンクリート	5

■さ行

サーファーズパラダイス	21
採光	20
最小紅斑量	101
最大感度	90
索	20
撮影	11
殺菌	83

殺菌作用	89	重錘	70
サナトリウム	181	住宅地	14
三角形	21	集団	14
三角形窓	47	じゅうたん	33
サングラス	105	集団防御	105
散策路	42	自由度	17
サンスクリーン	124	重力式基礎	70
サンタン	101	樹冠	22, 37, 152
サンバーン	101	縮小模型	174
散乱放射	193	主催者	9
		樹種	6
シート	5, 140	シュツットガルト	54
シェルター	29	ジュメイラビーチ	42
塩風	126	樹木	9
紫外線	1	樹木群	20
紫外線カット	2, 10, 107	障がい者	109
紫外線カット化粧品	109, 130	小学生	10
紫外線吸収材	106	小学校	38
紫外線情報	101	商業	1
紫外線透過率	69	正午	13
紫外線反射	74	商店街	1, 10
紫外線反射防御指数	156	照度	29
紫外線被曝	5	照明	24
紫外線日除けチャート	162	常緑樹	113
紫外線防御指数	105	ショッピングモール	37
紫外線保健指導マニュアル	1	白砂	10
紫外反射	92	シンガポール	13
紫外反射率	92	真太陽時	95
紫外放射	83	森林	10, 70
紫外放射輝度計	91		
紫外放射輝度分布	91	スイス	8, 52
紫外放射照度計	90	水平面	87
紫外放射被曝量	90	スカーフ	105
時角	95	スキー	6
色素細胞	101	スクリーン	161
支持棒	9	すだれ	4, 9
支持力	127	スタンド	18
地震荷重	126	滑り台	21, 26
システム	24	スポーツ	1
施設	6	スポーツスーツ	105
自然気流	103		
枝下	22	正射影	95
支柱	3, 9	晴天	4, 88
湿球温度	92	晴天空	88
湿気	2	生徒	118
児童公園	17	性能評価	11
四辺形	21	世界万博	24
シミ	108	赤外放射	83
射影	95	積雪	6, 9
射影図	162	赤道	13, 14
遮断	7, 70	施工	17
シャツ	105	設計	9

205

設計手法 ················15
雪面 ··················10
全天紫外放射 ············86
全天紫外放射照度 ·········90
線日除け率 ·········11，115
扇風機 ·················50

造園家 ·················9
相対放射輝度 ············91
総武線市川駅 ············81
測定基準 ···············89
測定光源 ···············90
測定波長 ···············90
速報値 ················102
ソバカス ··············108

■た行

タープ ··················9
帯域型 ················89
帯域通過フィルター ······89
ダイオードアレイ ········91
体温調整機能 ··········109
大気 ··················93
耐久性 ··················2
滞在時間 ······10，108，126
台風 ···················6
太陽 ··················13
太陽位置図 ············95
太陽高度 ·············4，6
太陽紫外線防御指数 ····106
太陽遮蔽棒 ············90
太陽赤緯 ··············95
太陽直達 ···············1
太陽直達紫外放射 ······86
太陽直達紫外放射照度 ···90
太陽南中時 ············95
太陽放射エネルギー ···148
滞留 ···················3
滞留時間 ··············29
滞留場所 ·············113
タスマニア ············36
暖房 ··················15

地域性 ················13
地軸 ··················93
地物 ·················154
地物反射 ·········10，148
チベット ··············9
中緯度 ··················8
張弦アンブレラ ········69
張弦梁構造物 ·········58

調度 ·················185
眺望 ············72，126
眺望性 ·················18

通気 ··················31
通行 ··················18
通風性 ················18
机 ·····················5
蔦 ···················140
梅雨 ···················7

低緯度 ··················8
汀線 ·················125
停留所 ················10
ディンギーヨット ······74
デザイン ···············8
撤去 ···················6
鉄柱 ··················18
鉄板 ··················17
テニス ················42
手袋 ·················107
テフロン ··············69
テフロン加工 ·········151
テラス ················33
天空 ··················22
天空紫外線 ···········148
天空紫外放射 ··········86
天空紫外放射輝度分布 ···88
天空紫外放射照度 ······90
天空比 ················95
天空率 ················95
天候 ··················22
電子走査 ··············91
電磁放射 ··············83
天頂 ··················93
テント ·················5
天幕 ··················18

ドイツ ················53
東京都葛西海浜公園 ····78
東京都葛西水族園 ······74
東京都葛西臨海公園 ····78
等距離射影 ············95
透光性 ············2，18
冬至 ··················93
動線 ··············5，11
透明 ··················38
透明ビニール ··········18
等立体角射影 ·········95
道路 ···················6
都市 ··················14
土質 ·················127

土壌	128
図書館	24
ドバイ	41
TOMS衛星	92
トルコ	52
曇天	109

■な行

長ズボン	10
長袖	10
長手袋	105
那覇	85
南緯	15
南中	17
南面	87
西陽	33
日光浴	1, 101
日射	1
日射・紫外線対策	131
日射分布	13
日本大学	91
日本庭園	68
日本標準時	95
日本マリーナ・ビーチ協会	109
ニュージーランド	9, 38
入射	16
乳幼児	5
布	2
寝椅子	72
熱帯	8
熱中症	1
熱中症環境保健マニュアル	1
ネット	4, 5
熱反射	108
軒	64, 140
暖簾	141

■は行

葉	16
パーゴラ	109, 151
バーベキュー	21
バーレーン	45
ハイデラバード	50
白内障	83
博物館	24
橋	29
バス停	5, 17
バス発着所	38
把ちゅう力	127
波長	85
ハット	10
ハノイ	50
パラソル	5
梁	59
葉量	113
ハロゲン電球	90
ハワイ	13
反射	35
反射放射	193
半ズボン	10
半袖	10
万博	5
ヒアリング	9
ヒーター	18
ビーチパラソル	5
ビーチバレー	135
日影	1, 140
日影曲線	11, 97
日傘	2
光	7
光触媒	2
ビクトリア	35
庇	16
日差し	1, 7
日差し曲線	11, 98
美術品	7
ビタミンD	83
ビニールカーテン	38
ビニロン	153
被曝量	152
皮膚	6
皮膚がん	6
ビューフォート風力階級表	177
日除け	1
日除け効率	168
日除け収容人数	168
日除け性能評価	162
日除け面積	168
広場	38
フィリピン	13, 46
フィリピン工科大学	49
風圧力	177
風土	6
プール	24, 116
不快感	9
輻射熱	103

索　引

服装······126
ブラインド······42
ブラウス······105
プラスチックス······17
ブリスベン······15
ブリスベン大学······31
分光感度曲線······89
分光器······89
分光計算······196
分光測定······91
分光透過率······155
分光反射率······155

平均太陽時······95
壁面······16
壁面反射······186
ベトナム······13, 50
ペルー······9
変色劣化······7

帆······15
保育園······5, 10
方位······3, 88
防御性······11
防御方策······110
帽子······10
放射輝度······88
放射強度······193
放射照度計······89
放射束······193
放射熱······104
法律······6, 9
歩行者······7, 16
保護者······109
母子手帳······1
保守管理······6
保守率······158
ホテル······42, 150
歩道······10, 18
ポリエステル······106
ポリエチレン······153

■ま行

マカティ······46
マカティ証券取引所······47
膜······12
膜構造物······3
膜日除け······18
マニラ······46
マリーナ······42

水着······10, 105
水際······125
店面積······18
南アフリカ······9
ミラノ······52

メラニン······101
メルボルン······35
メルボルン博物館······35
面日除け率······11, 115
メンブレンストラクチャ······151

モール······31
木材······125
八重山群島······81
野外喫煙所······69

■や行

屋根······5
屋根瓦······59

遊園地······1
有害紫外線モニタリングネットワーク······102
遊具······17
UVインデックス······11

幼稚園······5, 10
ヨーロッパ······13
よしず······9
ヨット······15

■ら，わ行

来場時刻······10, 126
落葉樹······113
ラチス······59

陸域······89
陸上競技場······69
リクリエーション······1
リサール公園······49
リゾート······131
立体角······91
リバーフロント······33
旅館······150

ルーバー······42, 140

冷帯······13
Rayleigh散乱······88
レジャー······5, 9

レストラン··5
連続性··8

ロープ··116

ワイヤー··································3，33
ワンタッチ··72

■英数字

145 要素··91

Arbour···24
ASPF···162

H 鋼···70

LSR···170

MED···101

Rayleigh 散乱···88

SPF···106
SSR···169

TOMS 衛星··92

UPF···105
UPFR··156
UV Shade Chart···162
UVA···7
UVB···7
UV インデックス·······································11

WBGT···92，103
Welcome ドーム··69
WHO··14

209

あとがき

　建築を熱中症や日焼け予防の観点から解説した書籍は今まで無かった。近年，熱中症により健康を損なう人々が増えたこと，また紫外線による皮膚がんへの危惧から，日除けを主目的とした建築が世界的にも出現し始めたことが，本書の出版につながった。人間は紫外線が弱くなって，出現することができた生物である。紫外線の増加は人間にとって，生存を脅かす脅威である。人間が地球の自然環境を破壊し続けてきたつけが，今，顕在化している。地球が人間に対して反逆し始めたといえる。私達，人類が，次世代に安全な地球を残し，永遠に人類が繁栄してゆくためには，深い洞察が必要であろう。人類の知恵が当面する課題を乗り越えてゆくことを希っている。

　日除けに関する研究のため，世界巡りを開始した頃は，地域で産する資材を用いた風土に根ざした日除けが衰退していく時期にあり，耐久性のある化学繊維を用いた日除けが増す趨勢にあった。このことは風土に根ざしたバラエティに富んだ日除けが減少していくことで寂しい限りである。しかし膜構造物の出現によって，設計の自由度が高まり，新たな形態の日除けが出現しつつある。今後の日除けが楽しみである。本書を執筆中，小惑星探査機はやぶさ帰還となでしこジャパンW杯優勝があり，大いに勇気付けられた。

　本書に記した多くの研究は，過去に小職の研究室に所属した卒業研究生，大学院生と共になされたものであり，ここにお礼申し上げる次第です。日除けの研究を進める上で永年にわたり貴重なご意見をいただいた佐々木政子東海大学教授，竹下秀同准教授，宮内正厚東京家政大学教授，井川憲男大阪市立大学教授，垂水弘夫金沢工業大学教授，上出良一慈恵会医科大学教授，東芝ライテック河本康太郎氏，資生堂長沼雅子氏にお礼申し上げます。また研究のマニュアル化と出版に際しご尽力いただいた新井洋一日本大学教授，財団法人港湾空間高度化環境研究センター（現 みなと総合研究財団）大村哲夫理事長，緒方一成氏，桑山佳久氏，山本雄史氏，加藤章彦氏，技報堂出版石井洋平氏，星憲一氏，およびイラストを描いてくださった長尾亜子氏に厚くお礼申し上げます。加藤未佳博士に全文をお読みいただき貴重なご意見を賜りました，感謝の意を表します。永きにわたり紫外線と日除けに関する一連の研究論文を査読し掲載して下さった日本建築学会にお礼申し上げます。

2012年6月

川西　利昌

著者略歴

川西　利昌（かわにし　としまさ）

1945年生まれ
桐朋高等学校，日本大学理工学部を経て，
1970年日本大学大学院理工学研究科電気工学専攻修了
2001年千葉大学大学院教育学研究科学校教育臨床学専攻修了
日本大学理工学部海洋建築工学科教授
工学博士，修士（教育学），学校心理士
海洋建築環境工学の教育研究に従事

紫外線・熱中症を防ぐ日除け　　定価はカバーに表示してあります。

2012年7月20日　1版1刷発行　　ISBN 978-4-7655-2558-9 C3052

著　者　川　西　利　昌
発行者　長　　滋　彦
発行所　技報堂出版株式会社

〒101-0051　東京都千代田区神田神保町1-2-5
日本書籍出版協会会員　　電　話　営　業（03）（5217）0885
自然科学書協会会員　　　　　　　編　集（03）（5217）0881
工学書協会会員　　　　　　　　　Ｆ　Ａ　Ｘ（03）（5217）0886
土木・建築書協会会員　　振替口座　00140-4-10
Printed in Japan　　　　　　　　http://gihodobooks.jp/

©Toshimasa Kawanishi, 2012　　　装幀　ジンキッズ　印刷・製本　昭和情報プロセス

落丁・乱丁はお取り替えいたします。
本書の無断複写は，著作権法上での例外を除き，禁じられています。

◆ 小社刊行図書のご案内 ◆

昼光照明デザインガイド
― 自然光を楽しむ建築のために ―

日本建築学会 編
B5・170頁

【内容紹介】「建築の歴史は窓の歴史」と言われるほど，窓は建築物のもっとも重要な要素であり，「採光」は窓の持つ重要な機能の一つである。一方，電灯照明の歴史はエジソンの時代から約120年に過ぎない。歴史的長さから考えて，ヒトがより親しんでいるのは昼光照明であると言える。本書は，昼光照明による理想的な環境をめざすためのガイドブック。昼光照明に関わる最新の技術や状況に合わせた設計資料を整備するとともに，将来に備えその可能性を広げるために，根本的な意義と基本的な理論についてまとめている。第1～4章でおよその昼光照明設計に対応，第5章～第7章が基礎編（理論編）となる。

海洋性レクリエーション施設
― 計画とデザイン ―

畔柳昭雄編 編
A5・314頁

【内容紹介】脚光を浴びている割には，その施設整備の立ち後れが指摘される海洋性レクリエーション。本書は，今後新たな展開をみせることになると思われる海洋性レクリエーション諸施設の計画について，実務を踏まえて詳細に論じた書で，マリーナ，海浜公園，海水浴場，ボーディング拠点，海釣り施設，ダイビングスポットの7施設をとり上げ，その現状，課題，計画の考え方から，立地条件，施設計画，規模・配置計画，環境計画，景観計画，デザイン計画，管理運営計画までを詳細に解説している。

都市の緑はどうあるべきか
― 東京緑地計画の考察から ―

真田純子 著
A5・206頁

【内容紹介】「緑」には環境改善の役割が期待され，1970年代初めには法制化も行われ，都市内の緑地の確保や緑化が義務づけられた。しかし，その中で「緑」は無条件に良いものと見なされ，いかに増やすかといった量的側面だけが課題となっている。本書は，実現しなかった「東京緑地計画」の考察を通じて，緑は単に存在すれば意義があるのではなく，その自然の楽しみ，行楽の楽しみ，また風景として捉えることの重要さを論考する。

雪と建築

日本建築学会 編
A5・132頁

【内容紹介】日本各地で降る雪の性質や量は，気温や地理的要因により異なり，建築物で起こる雪の問題を複雑にしている。また，地方の過疎・高齢化や都市の過密化，建築物の高層化に伴い，そこで起こる雪問題も変化してきている。本書は，雪国における建築計画において，検討すべき課題を整理するとともに，雪に配慮した建築物を設計する上で，必要とされる基本的知識をまとめた書。建築関係者，実務者などが雪にかかわる建築を企画・設計する際の座右の書である。

暮らしに活かす 雨の建築術

日本建築学会 編
A5・160頁

【内容紹介】雨水とのつきあい方，暮らし方の知恵と工夫を探りつつ「健全な雨水循環」に役立つ建築をつくることを提案し，これを「雨の建築学」と呼んだ。本書は，技術的側面を中心にした事例集ではあるが，「雨の建築学」の理念を踏まえてこれを発展させ，有効に活かすという役目を担っており，ただ数多くの事例を羅列的に取り上げるのではなく，一つひとつの事例を吟味，整理して，丁寧に解説することに努めている。

活かして究める 雨の建築道

日本建築学会 編
A5・196頁

【内容紹介】近年，雨量の増加やゲリラ豪雨など，雨や水に関する問題が増えてきている。そのような中で，人々が雨とどう付き合っていくか，雨ときちんと向き合い，上手に付き合って行くことをテーマに雨水の活用法や建築物への取り込み方をやさしく解説した書。「雨の建築」が取り組む基本概念を明らかにした後，雨水活用の用途ごとに具体的な取り組み方法を示す。また，実践のための制度整備や環境学習，市民や自治体の活動などについても触れており，幅広く語ったものとなっている。

技報堂出版　TEL 営業 03(5217)0885 編集 03(5217)0881
FAX 03(5217)0886